歴史家の調弦

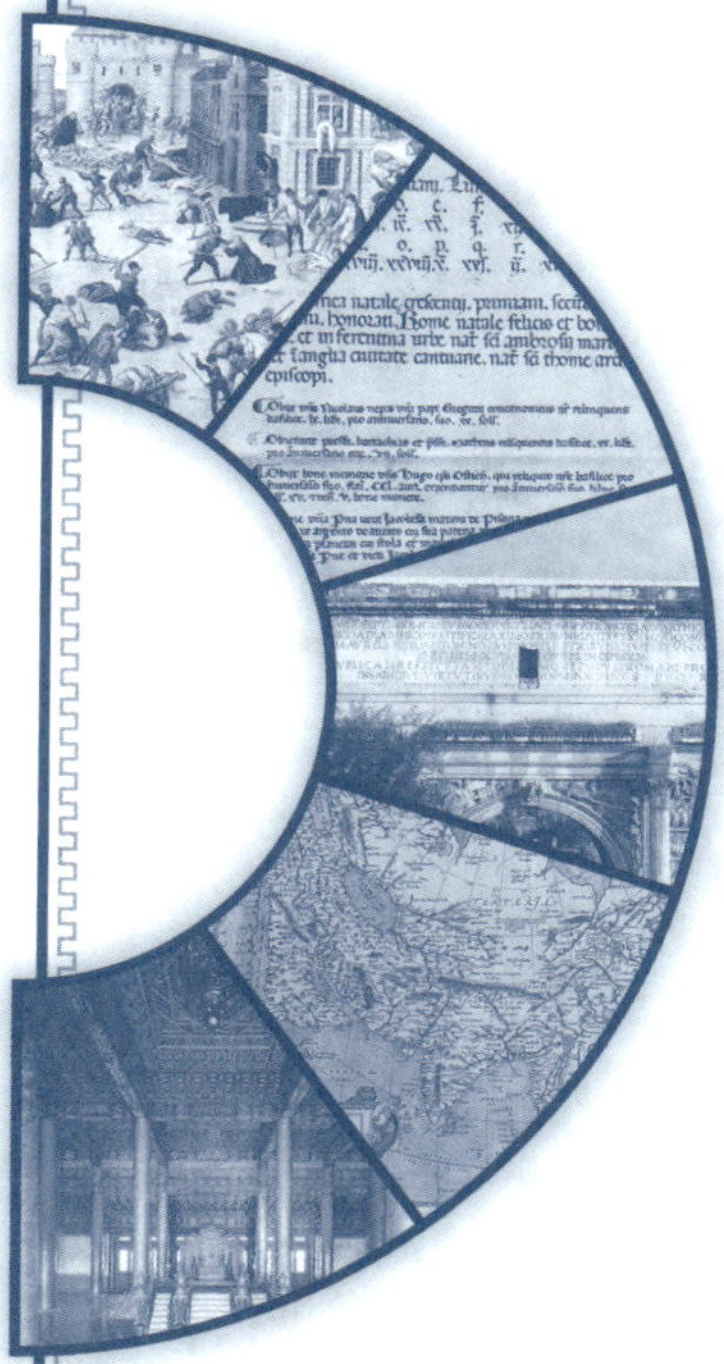

上智大学文学部史学科 編

上智大学出版
Sophia University Press

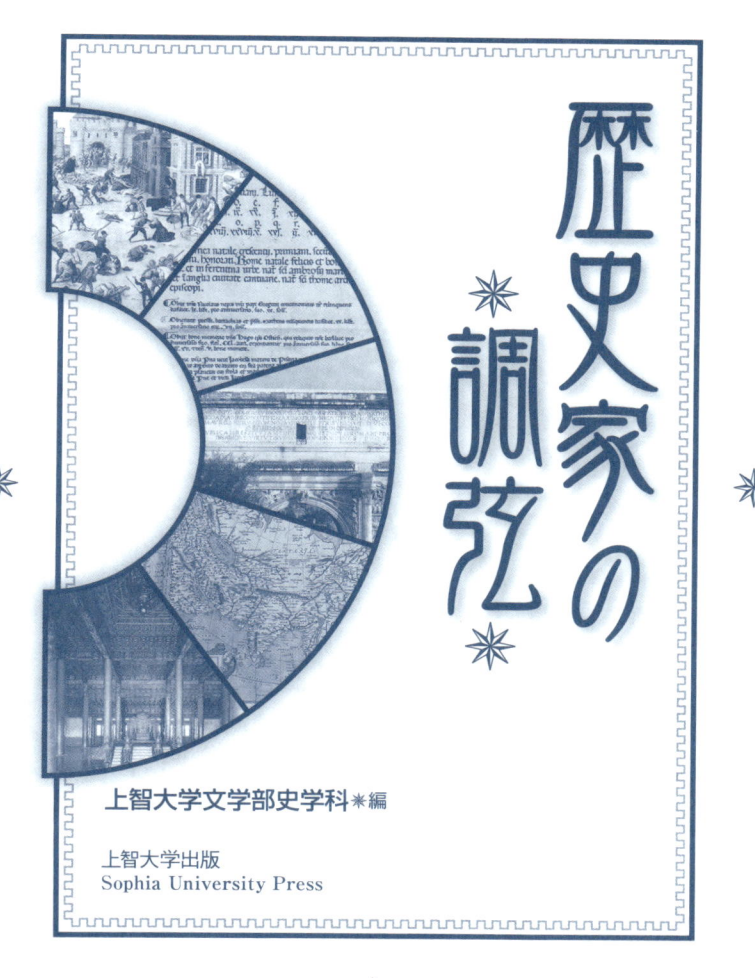

序にかえて――「ポスト真実」の時代と歴史学――

笹川裕史

「ポスト真実」（post-truth）という奇妙な言葉が、いまや時代の空気を象徴するものとして語られています。といっても、「真実」それ自体に何か大きな変化が生じたという話ではありません。問われているのは、「真実」に向き合う私たちの姿勢や価値観の変容です。

たとえば、事実と明らかに異なる発言を繰り返し、誤りを指摘されると相手の主張を「フェイクニュース」と一蹴してたじろがない権力者が登場し、根強い支持を得ています。日本でも公文書の組織的な改ざんや隠蔽、政策選択の基盤となる経済統計の不正などが発覚しました。そして、その後の対応をみていると、当事者たちには「真実」を尊重して究明しようとする誠意ある意欲がほとんど感じられません。「ポスト真実」という言葉には、学術的・科学的な知見を含めて、「真実」がかくも軽んじられ、かつてほど大切にされなくなっているのではないか、という切実な問いかけが込められています。

問題を抱えているのは、権力者たちばかりではありません。ソーシャルメディアがひろく普及し、人々がそれぞれに知りたい情報・聴きたい意見だけを瞬時に入手できるようになり、他方で、不都合で面倒な異論に遭遇して視野をひろげる機会がむしろ少なくなっているようにみえます。こうして、玉石混淆の膨大な情報のなかから「真実」をたぐりよせるリテラシーが減退しているとすれば、「ポスト真実」の時代にからめとられる危険な兆候です。

このような時代の空気のなかで、歴史学の存在意義がより一層重要度を増しています。いうまでもなく、歴史学が「真実」を見極める手がかりは史料にほかなりません。歴史家は、史料的な裏付けがあってはじめて何かを論じることができるのです。しかし、史料が伝える諸情報が、そのまま「真実」というわけではありません。そこには、虚偽、歪曲、偏向、誇張、欠落など、「真実」を遠ざける諸要素が常にまとわりついています。歴史学は、そのような史料とどのように向き合い、どのように批判し、「真実」に接近できるのかが問われ、手探りで自らの方法論を鍛えてきました。その過程で積み上げてきた試行錯誤や創意工夫、あるいは惨憺たる失敗例も少なくありません。このような特質をもって発展してきた歴史学は、「ポスト真実」にあらがう智恵やヒントも豊富に持ち合わせているはずです。

さて、本書は、広範な時代・地域を取り上げつつも、主として、そうした歴史学における史料との向き合い方に重点をおいています。この点は、私たち上智大学文学部史学科がこれまでに刊行してきた『歴史家の工房』（二〇〇三年）、『歴史家の散歩道』（二〇〇八年）、『歴史家の窓辺』（二〇一三年）を踏襲しました。本書は、これら『歴史家』シリーズの四冊目にあたります。
読者のなかには、『工房』の刊行からすでに一六年も経過し、「またしても史料論なのか、歴史学にはほかに論ずべきテーマはないのか」と、いぶかる向きもあるかもしれません。ほかに論ずべき重要なテーマは、もちろん沢山あります。しかし、歴史研究の原点が史料にあり、とりわけ前述した今日的な時代状況にあっては、史料をめぐる真摯な議論を避けるわけにはいきません。しかも厄介なことに、史料をめぐる論点のひろがりや深みといったものはおよそ尽きることはなく、歴史研究の醍醐味、面白さとも分かちがたく結びついています。その意味で、これから歴史研究の世界に足を踏み入れる読者には、まずは史料と格闘する歴史家の現場をぜひとも見ておいてほしいと思います。

本書に登場する主な史料群の一端を列挙すると、碑文、伝承、故実書、書簡、古地図、絵画、建造物、巡礼記、追悼書、政府内部文書、怪異談記録、さらには大学の学内報にいたるまで、実に多岐にわたっています。これは、近年、私たちを取り巻く環境や問題意識が大きく変化し、それにともなって歴史学の扱う対象が飛躍的にひろがったことの反映です。なかには、「この程度のことを論じるのに、これほど細かく複雑怪奇な「史料の森」を探索しなければならないのか」という声も聞こえてきそうですが、ここにこそ、歴史学という学問の真骨頂があります。性急に答えを求めて近づくと冷たくはねつけられますが、覚悟を決めて丹念に探索してみると、「史料の森」は当初は想定もしていなかった豊かな姿を私たちに見せてくれます。

さらに、本書の刊行を決断した、もう一つの事情があります。前作の『窓辺』の刊行以降、私たち史学科教員の顔ぶれが大きく変わり、世代交代も一気に進んだことです。常勤の教員に限定すると、本書で初めて『歴史家』シリーズの執筆に加わったメンバーが五名にのぼります。実は私もその一人で、全体の半数を占めています。したがって、同じく史料論を議論していても、これまでとは随分と異なった視点やセンスが読み取れるはずです。

ちなみに、顔ぶれの変化と合わせて、史学科の組織編成も変わりました。一昨年、若いメンバーが中心となって史学科の将来構想をとりまとめ、「交流と比較から構想する歴史学」、「一国史的な視野狭窄の打破」をスローガンに掲げました。それにともない、「日本史」・「東洋史」・「西洋史」の伝統的な三区分に沿ったコース制を廃止するとともに、「超域史・隣接学系」の科目群を導入しました。理念がしっかり根づくまでには、なお道のりは遠いのですが、旗幟を鮮明にした潔さに共感しました。若いメンバーの果敢な挑戦に大きな期待を寄せています。

最後に蛇足ですが、本書のタイトルに触れておきます。「調弦」の辞書的な意味は、演奏家が本番前に曲目の性格や特徴に合わせて、弦楽器の音律や音色を整える行為を指します。歴史家の仕事にもこれとよく似た側面を含んでいます。歴史家が作品を紡ぎ出す過程、あるいはその前段階で実はさまざまな工夫や配慮、つまり下ごしらえを行っています。使用する史料の有効性と限界を慎重に見極める地道な作業もその一つです。こうした作業は専門家にとっては当たり前であって、出来上がった専門論文で明示的に言及されることはまれですが、本書では、そこに光を当て、初学者や一般読者にも分かりやすく、歴史家の最先端の仕事を題材にして手の内を明かしながら解説しています。史料論を抽象的に論じるよりも、具体的な作業の現場に案内した方がより深く理解していただけるものと考えます。

本番を前にした舞台裏で、「調弦」に集中する演奏家たちの緊張した面持ちを想像しながら、本書を読んでいただければ幸いです。

二〇一九年三月　史学科の教員を代表して

目次

〈西洋史〉

本書の一部には、今日の人権意識に照らして差別的な表現や用語ととられかねない箇所もありますが、歴史的「史料」を読み解くという本書の趣旨からも、当時の時代背景に鑑み、そのまま掲載しました。

せめぎあう環境／文化

——伊豆稲取、八百比丘尼の深層へ——

北條勝貴

一　はじめに

八百比丘尼像と出会う

「金目鯛を死ぬほど食べたい」という妻の提案で、伊豆急のスーパービュー踊り子を駆り、初めて伊豆稲取駅に降り立ったのは、二〇一五年三月上旬のことだった。いつも校務や原稿に追われ、プライベートで旅行をする余裕などまったくないので、せめて結婚記念日のあるこの時期くらいはと、毎年一泊二日で関東近郊の温泉を訪ねているのだ。行き先はたいてい妻任せのため、恥ずかしながら当時のぼくは、「伊豆稲取」という地名さえ不案内な状態だった。その土地がいかなる性格、来歴を持っているかなど、端から知る由もない。稲取の駅を出た時点で、ぼくの頭のなかには、「金目鯛の水揚げ率が日本一で、おいしい場所」という情報しか、入っていなかったのである。

静岡県賀茂郡東伊豆町大字稲取は、伊豆半島の東側、天城山の南東麓が海に迫る小さな入り江の漁村である。急峻な地勢の大半は山林で占められ、住宅地は、断崖の多い海岸付近に集中している。妻の目当ての料理屋も、駅から東南の海岸方面へ下っていった、まさに漁港に面して店を構えていた。冬期、金目鯛は旬のはずだが、水揚げも競りも終わった正午過ぎとあって、湾内には幾つもの漁船が停泊しているものの、静かに波に揺られているばかり。市場にも人気はなく、数える程度のカモメが舞う下を、トラネコが悠々と歩いている。それでも店の前の階段には、食事の順番を待つ観光客が列をなしていた。短気な質で、ふだんならすぐに別の店を探しに行ってしまうのだが、この日は、目を爛々と光らせた妻の手前もあってしばらく我慢。いざ昼食にありつくと、確かに、待った甲斐はあった。食べることにほとんど無頓着なぼくでも、「おいしい」とはっきりと感じるしゃぶしゃぶ、刺身――金目鯛尽くしの料理を堪能できた。

そうしてお腹が膨れると、今度は歴史学者としての血が騒ぐ。実は、港へ至る途中の道端に、一八二七（文政一〇）年の鯆霊供養塔を確認していたのだ。傍らには、赤い頭巾を被せられた、地蔵と見紛う僧形の道祖神（伊豆型道祖神。単座丸彫の石像が一般的）が鎮座している。「鯆」とはイルカのこと、近世稲取で、イルカの追い込み漁が盛んに行われた痕跡である。道祖神は、辻に祀られていたものが、道路や宅地の開発に伴って移動され、一所にまとめて置かれたものだろうか。ぼくにとって、専門的に研究している事象でもあるので、ほかに生業、信仰に関する何らかの痕跡がないか、期待が高まった。

温泉に浸かるには、まだ時間も早い。店を出て、少し散策でもしてみようと辺りを見回したところ、入江の隅、外海への出口付近に、周囲の土地より壇状に嵩を増し、鳥居を配した一角がある。近づいてみると、どうやら先ほどの道祖神が、幾つか集められているらしい。しかし何か特別ないわれがあるのか、侵蝕が進んで顔かたちも分からない大ぶりの像を中心に、合計四体が墓域のようなスペースに安置され、説明板まで付けられている。この地域特有の信仰対象を、ここで代表して解説しているのかなと、顔を近づけてみて驚いた。なんとこの中央の像は、道祖神ではなく〈八百比丘尼《やおびくに》〉像であり、そう解釈したのは、あの折口信夫だというのである。

実はぼくは、知らぬ間に、〈国文学の発生〉の現場に遭遇していたのだ。

二　八百比丘尼と海をめぐる負債感

折口信夫による〈発見〉と伊豆型道祖神　国文学・民俗学の大成者のひとりである折口信夫（一八八七〜一九五三）は、その最初の論文集である『古代研究』第二部国文学篇（大岡山書店、一九二九年）の口絵に、先に述べた八百比丘尼像の写真（穂積忠撮影）を掲載している。なぜ、よりにもよって、伊豆稲取のこの像なのか。その理由については、同書第三部民俗学篇二（大岡山書店、一九三〇年）へ全体の跋文として付された、「追ひ書き」に詳しい。やや長くなるが、左に引用しておこう。

……文学篇の扉の処に出した「八百比丘尼」の石像は、四年前の正月、伊豆稲取のれふし町で見つけたもので、おなじ本の中にある房主頭の「さいの神」、帳面をひろげた女姿の「さいの神」らしいものとの間に、すゑてあつたのである。此神像は、土地の人すら、唯「さいの神」とより、今では考へて居ない様だ。が、左に担げた、一見蓮華らしい手草が、葉の形から、椿と判断する外ない。八百比丘尼の信仰の造形記念物としては、今日の処、此石像より知らない私は、非常に喜んだ。……近代のは皆房主頭で、地蔵様との区別がなくなつてゐる様である。その配偶なる女性が、八百比丘尼と結びついた径路を思はせたかつたのである。椿も亦、上代から見える神木で、市の祭りに臨む神の手草・杖であつた。山から神聖な男・女の里の鎮魂に携へ来る木である。其枝を杖にする山の神女が、山姥と

> なる一方、不死の八百比丘尼の信仰が出来ても、手草はやはり、椿であつた。旧年に花さく山茶花は、椿の字を宛てる花木の元の物である。それに代へて、今の椿を用ゐる様になつたのだ。海には「たぶ」、山には「つばき」、この信仰の対照を見せたかつた点もある。……八百比丘尼を採つた第一の理由は、別にある。漂浪する巫女の神語りとしての文学は、古代の海部――或は、山部――其後の「くゞつ」「ほかひ」から、近代まで筋を曳いてゐる。盲御前・歌占の類から、念仏比丘尼・歌順礼の輩の生活が其である。
>
> 　八百比丘尼を中心として、かうした因縁語りが、長い連環をなしてゐる。日本文学の発生を説く事に力を入れたあの本には、適当らしく考へられたのであつた。当時、私は凝視点を、口頭詞章の上に据ゑる方法を、国文学史の上に試みを積んで、稍自信の出かけた際であった。此態度を表白するには、此上もない物と考へずに居られなかつた。……〔折口一九九五、四八三～四八四頁〕

右にあるとおり、折口は、稲取で問題の像に出会ったとき、日本列島における文学の発生を口承の世界に求めようとしていた。神聖な山から共同体を訪れた漂泊の巫女に、神霊が憑依して行われる神語り、その神の言葉が、やがて祝詞になり、歌謡になり、神話になってゆくのだと。古代、列島のもろもろの地域には、特色ある環境とそれに適応した生業に基づく、多様なシャーマンが躍動していた。彼／彼女らの記憶は中世以降の説話・伝承のなかで変形し、山のそれは椿などを持った山姥、海のそれはたぶなどを持った八百比丘尼として、おのおの新たな姿を獲得していった。たぶや椿は、例えば『万葉集』に載る飛鳥・海柘榴市衢のツバキのような、古代の市に立つ神聖な樹木

図１　現在の八百比丘尼像（筆者撮影）

図２　折口信夫発見時の八百比丘尼像（穂積 忠撮影）

を踏襲するもので、それを依り代に神を招く巫女を幻視させる痕跡でもある。稲取の尼形道祖神を八百比丘尼とみた折口にとって、その手草である椿は、山／海の連関と、山姥／八百比丘尼が本源的に同一のものであったことを示す証左と映ったのだろう〔このときの折口の旅については、伊藤高雄二〇〇五、小川直之二〇一四を参照〕。

　折口説の妥当性については、いまはしばらく措くとして、しかしこの像の手草は、本当に椿と認めてよいのだろうか。証拠となる確実な史料があるわけではなく、根拠は右「追ひ書き」の傍線部のような、折口一流の直観的解釈でしかない。

　前述のとおり、現状の像は侵蝕がひどく、手の形状すら定かではない。しかし、『古代研究』の口絵写真を確認すると、確かに通常の蓮花にはない先の尖った葉が刻まれており、椿としてもよいようにみえる。東伊豆町教育委員会発行の『わがふるさと　東伊豆町　改訂版』でも、「稲取東町の塞の神は、三体ならんでいて、中央の玉つばきの小枝とぞうりを手にしているのが八百比丘尼の像といわれています〔傍点引用者〕」としている〔東伊豆町教育委員会編二〇一二、三一頁〕。木村博によれば、伊豆型道祖神は、おおむね笏、扇子、宝珠、中啓、巻物、帳面、大福帳、瓶子、剣、あるいは男根などを持物とし、何も持たない場合は合掌をしている。束帯の男神像、姫形の女神像、僧尼の姿をしたものなどがみられるが、性的要素は希薄という。笏や扇子は神像から、中啓は僧形、宝珠は地蔵、瓶子は観音、剣は不動などの仏像からの影響かもしれない。巻物や帳面は、目一つ小僧が十二月八日に村々を歩いて病を振りまく対象の人間を記録、道祖神に預けて二月八日に回収に来るという八日節供（コト八日）の習俗に基づくもので、人々はどんど焼きの際に道祖神を火炎のなかに投じ、この記録を焼く態で病厄を祓ったらしい〔木村・鈴木茂一九七六、木村二〇〇三など参照〕。木村はまた、帳面には「道村神」「村中安全」「守護帳」などと彫られた例があると報告しており、厄災が一定のアクションを通じて幸福に転じるという意識を認めることができる〔木村・鈴木一九七六、一九〜二〇・四六〜四九頁、木村二〇〇三、三二〜三四頁〕。目一つ小僧が病厄を与えるのは悪行をなした人間だが、神霊の視点ではいかなる行為が〈悪〉に当たるのか、普通の人間には分からない。ゆえに村落に生きる誰もが、殺生など、生きるうえで否応なく犯してしまう罪業に不安を抱え、行事に参加することになる。このような、いわば〈生活の罪〉を自覚し消し去ろうとする習俗は、中国の南北朝時代、仏教と道教が交渉しお互いに変質してゆくなかで生まれたもので、列島文化においては、殺生禁断思想を通じ喧伝された古代にまで遡る。人間の寿命を縮める三尸という虫の封じ込めを目的とした、庚申信仰とも通じあう形式である〔北條二〇一六、二一八〜二三七頁〕。同時に豊漁祈願をなす場合もあるというから、路傍に鮪霊供養塔と道祖神が並んで安置されていたのも、信仰の裏付けがあってのことなのかもしれない。

しかし、伊豆型道祖神が花を持っているという事例は、他にあまり聞いたことがない。杓子や瓶子、男根と解釈されたもののなかに、本当は花のつぼみを表現したものがあったのだろうか。地蔵とともに稲取の各所にみられる、観音の蓮花の影響も想定できるが、折口の注目した〈八百比丘尼〉像には、それだけでは説明のつかない何かが感じられる。

八百比丘尼とは

ではそもそも、〈八百比丘尼〉とは何なのだろうか。「比丘尼」は仏教を奉じる女性出家者のことで（本来は三四八の比丘尼戒を受けた者をいった）、「八百」はその年齢を意味する。八百万神《やおよろずのかみ》のように本来は多年を指すに過ぎなかったものが、やがて実数として認識されるようになったものだろう。すなわち八百比丘尼とは、八百歳に至っても若く美しいままに生きる、伝説上の尼僧のことである。その史料的初見については、すでに柳田国男が、中原康富『康富記』文安六（一四四九）年五月二六日条、広橋綱光『綱光公記』同年六月八日条、瑞渓周鳳『臥雲日件録』同年七月二六日条などに、若狭から上洛した八〇〇歳（または二〇〇歳）の白髪の老尼、「白比丘尼」に関する記述のあることを指摘している〔柳田一九六四（一九一四）〕。しかしそれらには、未だ、比丘尼が長寿を得た原因については語られていない。それを明かす物語が生じるのは、古代の神話的要素に仏教、中国思想などが絡まりあった一種の中世神話としてであり、列島各地に多様なヴァリエーションをもって展開してゆく〔詳しくは、酒井董美二〇〇二参照〕。小野地健の整理を参考にすると、その最も一般的な形式は、以下のようにまとめることができるだろう。

(a) 竜宮や蓬莱といった神仙境に入り、歓待を受ける男が、自分への馳走として、人魚が殺され料理されるのを目撃する。男が気味悪がって食べられずにいると、帰り際に土産として持たされる。

(b) 土産に喜んだ男の妻、もしくは娘が、知らずにこれを食べてしまい、不老不死となる。

(c) その妻／娘は、周囲の人間と次々に死に別れ、何度も夫を亡くして無常観に苛まれ、出家して尼となり諸国を放浪、各地に椿・松・杉などを植える。

(d) 最終的に若狭〔現福井県〕に辿り着き、八百歳で入定する〔小野地二〇〇五、五一～五二頁〕。

神仙の住む世界から持ち帰ったものが悲劇を招くという前半は、古代に淵源を持つ最もポピュラーな昔話のひとつ、浦島伝説に類似する。不老不死を求めながらも得られずに終わる、あるいは獲得しても幸福に至らないというパターンは、実証的に確認できる現存最古の神話「ギルガメシュ叙事詩」や、その異伝《ヴァリアント》＝変奏である『旧約聖書』創世記にまで遡れる古いものである〔標準版「ギルガメシュ叙事詩」の「第十一の書板」では、盟友エンキドゥの死を前に、生命の秘密を知るウトナピシュティムのもとを訪れたギルガメシュが、苦労して不死の生命をもたらす草を手に入れながら、居城ウルクに帰還する途中、それを蛇に奪われてしまうエピソードを載せる（月本昭男訳一九九六、一五五頁）。列島文化の場合にも、かぐや姫を失った諦念のなかで嘆く帝が、姫から贈られた不死の仙薬を焼き捨ててしまう『竹取物語』のように、せっかくのギフトをあえて手放すという展開が少なくない。不老不死という永遠性が逆に無常観を強め、それを獲得できた喜びよりもむしろ哀しみを深くする八百比丘尼伝承も、それらの系統に属するものだろう。

右の(c)は、地域の伝承としては、ランドマークである古樹にまつわる物語、地名の起源を説明するものとなっていよう（例えば、弘法大師の立てた杖が巨樹になった、といった杖立伝説の類）。

図３　稲取漁港鯆霊供養塔（筆者撮影）

古来、神々や英雄、高僧などを主体に生産され続けてきた物語形式だが、常緑樹の椿、松、杉などが、いずれも不老長寿を象徴するアイテムである点が特徴といえる。(d)の若狭は、八百比丘尼伝承の本源地ともされる場所で、現小浜市の空印寺には、八百比丘尼が八百歳で入定したという洞穴もある。橋本裕之は、若狭と大和（現奈良県）を繋ぐお水送り／お水取りの行事、大和に伝わる若水迎えの習俗などとも関連させせながら、若水とは若返りの水（変若水）であり、同地は不老不死の実現する常世国と認識されていたのではないかと推測している〔橋本一九九七（一九九二）〕。

イルカの漁と供養　日本列島の環境は、よくいわれるとおり緯度・経度上絶妙の位置にあり、水が豊かで変化に富んだ地形は、確かに生命の育成にもよく適していよう。しかし、植物や動物が生命を全うし種族を残すことと、人間が長寿と数的繁栄を求めて生きることとは、規模と質が複雑に異なる。人間が環境に順応すべく作り出した社会・文化が、生態系を抑圧して生命の繁栄可能性を縮減し、かえって人間の生存さえ脅かすこともありえた。例えば、近世に東北地方を襲った数々の飢饉などは、ちょうど気候の寒冷化していたことが前提にあるものの、米穀を租税の中心、もしくは交換の単位とする古代以来の制度が存在しなければ、南方品種のイネを寒冷地域にも一律に栽培しようとしなければ、少なくとも深刻な情況は回避できたかもしれないのである。このような意味で、自然との関係が近現代以上に不安定であった古代〜近世には、ふつうに生存することさえ困難な時期がたびたびあった。そうしたなかで、豊かな実り、生命の横溢への祈願と、不老長寿への憧れは、人々の心に自然と生じるものであったろう。

けれどもぼくらは、生きるためには、他の生きものを殺して自らの糧としなければならない。生業と殺生の間には、イコールに近い関係がある。七世紀以降になると、仏教の一般化とともに、殺生を罪業とする考え方が、広く列島社会に喧伝されていった。仏教の基本的な教説である因果論や輪廻説を通じ、生きとし生けるものはみな、生まれ変わり死に変わるなかで繋がりを持った親子・

兄弟／姉妹であり、それを殺したり食べたりすることは、自分の肉親、もしくは自分自身を殺したり食べたりするのと同じである——そうした考え方が次第に根づいていった。とくに厳島神社や阿蘇神社、諏訪大社など、狩猟・漁撈と密接に結びつき豊饒を保証してきた神社の周辺では、自責の念が過度に強まったためか、「畜生ならば人間に殺され食べられてその一部になったほうが、ともに成仏する道が開けて功徳になる」という、〈殺生功徳（善行）論〉まで生じるに至った。稲取でも、生業に伴う負債感が強く存在したらしいことは、鯆霊供養碑の建立自体からうかがい知れよう。

最近中村羊一郎は、多彩な文献から近世・近代のイルカ追い込み漁を描き出しているが〔中村二〇一七〕、例えば十八世紀の木崎盛標『肥前州産物図考』（国立公文書館蔵）「江豬漁事」には、湾内に囲い込まれたイルカの群れが次々に浜へと引き揚げられ、切り刻まれ輪切りにされて、海水を血に染めてゆく様子を具体的にみてとれる。環境保護団体や国際社会からの批判をみすえ、「冷静な判断」を求める中村の意図とは裏腹に、イルカの解体を芸者連れで見物する大尽、肉片をくすねてはしゃぐ子供たちなど、『産物図考』の描写からは、殺生の快楽渦巻く祝祭的空間が立ち上がる。

ふつう、人間が他の動物を捕殺する狩猟は、その動物に人間が狩られるという逆転の危険性を、多かれ少なかれ孕んでいる。弓矢や鉄炮などを持たずに素手で向かいあった場合、ぼくらの脆弱な肉体など、彼らの力、鋭い爪や牙を前に、瞬く間に打ち倒され、切り刻まれてしまうだろう。しかし、巨大で力の強いクジラとは違い、イルカの追い込み漁で、人間が生命を落とす危険は少ない。人間が浜に揚げようと手を触れただけで、イルカたちは抵抗を止めて大人しくなる、との所伝もあ

図４　『肥前州産物図考』江豬漁事

出典：国立公文書館デジタルアーカイブ
https://www.digital.archives.go.jp/das/meta/M1000000000000078113.html

る。勢いその捕殺は、一方的な虐殺になりやすい。読者の方々のなかには、学校の生物の授業で、カエルやハツカネズミの解剖をした経験をお持ちの方もあるかもしれない。ぼくにも、最初のメスを入れる際には強烈にあった抵抗が次第に薄れ、「これを切ったらどうなるのか」「これを外してしまうとどうなるのか」といった、好奇心に満ちた残酷性に置き換わってゆく体験があった。『産物図考』に描かれた人々の心理にも、類似の動きが見出せるのではなかろうか。従順なイルカたちを次々と捕殺してゆくなかで、人間の酷薄さは次第にエスカレートしてゆく。

『古事記』中巻　仲哀天皇段には、敦賀の気比大神の神名起源譚として、同神とホムタワケ（後の応神天皇）とが名前を交換するエピソードがみえる。神は、名を換えるための幣（贈り物）として「鼻を毀《こほ》てる入鹿魚《いるか》」を浦一面に寄せ、人々はその鼻の血が臭かったために、同浦を「血浦《ちぬら》（転じて都奴賀《つぬが》）」と呼んだという（引用は、新編日本古典文学全集に拠った〕。時代を隔ててはいるが、イルカの追い込み漁は、縄文時代から近代に至る歴史を持つ。中村は、『古事記』の記述にその反映を読み取ったうえで、イルカを女性の生まれ変わりとみる民俗伝承を紹介し、その血に染まった海に新たな太子の誕生の暗喩を見出す〔中村二〇一七、二三二～二三五頁〕。生と死が交錯する空間のなかで、祝祭の終わったあと、人々は何を思ったのだろうか。中村はまた、イルカ供養の行われる背景に、捕殺・解体されるその身体構造が人間を連想させること、群れどうしで助けあう習性、鳴き声などを挙げているが〔同書、二二六頁〕、殺戮のあとに押し寄せる心理的反動には、やはり大きなものがあったと考えられる。同じ海洋哺乳類のクジラに関しても、やはり捕鯨をめぐる供養碑、法名を記した位牌が各地にみえ、肥前唐津呼子浦の『小川島鯨鯢合戦』のように、彼らを捨身の菩薩（仏陀になるべき存在が、修行の一環として自身の肉体を人間に与え、救済しようとしているとの考え）とみた追善供養の勤修もうかがえる〔松崎憲三二〇〇四（一九九八）、北條二〇一八〕。

ややロマン的な想像に過ぎるかもしれないが、血に染まった浜辺に立ち尽くした人々は、自らの行為に恐怖して、慰霊碑を建てずにはいられなかったのではなかろうか。

三　災害と海霊の報復

海・生存の贈与・負債感　漁業に携わる人々が、その生業を海からの〈収奪〉と捉え、一種の後ろめたさ、負債感を抱いていたことは、災害をめぐる心性からも確認できる。例えば、八百比丘尼伝承における禁忌の核ともいうべき人魚について、一七四三（寛保三）年の菊岡沾涼『諸国里人談』巻一は、次のような伝承を載せる。

若狭国大飯郡御浅嶽《みせんだけ》は魔所にて、山八分より上に登らず。御浅明神の仕《ママ》〔使カ〕者は人魚なりといひつたへたり。宝永年中乙見村の猟師、漁に出けるに、岩のうへに臥たる体にして居るものを見れば、頭は人間にして襟に鶏冠のごとくひらひらと赤きものをまとひ、それより下は魚なり。何心なく持たる櫂を以打ちければ即死せり。海へ投入れて帰りけるに、それより大風起つて海鳴頃一七日止ず。三十日ばかり過て大地震し、御浅嶽の麓より海辺まで地裂て、乙見村一郷堕入たり。是明神の祟といへり〔引用は、『日本随筆大成』に拠った〕。

若狭は、先にも書いたとおり、小浜をはじめとする八百比丘尼信仰の中心地でもある。御浅嶽は「弥山嶽」とも書き、仏教で世界の中心に位置するとされる須弥山に準えたものらしい。現在は青葉山と呼ばれ、福井県大飯郡と京都府舞鶴市の境界に位置する。血浦＝敦賀も含めると、みな三〇キロ圏内に入るほど近接しており、イルカ漁と人魚、八百比丘尼伝承が関連している可能性を示唆する（人魚が山神の使者とされていることも、折口の指摘する八百比丘尼の椿との関係を考えると、重要性を増す）。注目したいのは、人魚を殺生したことに対する御浅明神の祟りが、自然災害となって村を襲っていることである。

東日本大震災の大規模かつ凄惨な被害は記憶に新しいが、海岸部は内陸部に対し、暴風や高潮、津波など、複雑な自然災害が起こりやすい。都市や村がまるごと失われてしまうという伝承の形式は、東アジアでは中国後漢時代の歴陽陥没譚以来各地にみられ、何らかの現実の災害を反映している場合も多い〔北條二〇一四参照〕。海の生命の恩恵を受けて生活している人々は、いいかえれば、その生存を海から〈贈与〉されているわけであり、イルカの供養塔を建てるような負債感のなかにあって、時折襲い来る海の脅威にも、報復と諦めざるをえない心情があったのかもしれない。

時期的には近い一七四八（寛延元）年だが、地理的には南西へ遠く隔たった西村捨三『宮古島旧史』にも、「よなたま」というやはり広義の人魚の伝説が、同じような海の報復の物語として掲げられている。

むかし、伊良部島の内、下地といふむらありけり。ある男、漁に出てゝ、よなたまといふ魚を釣る。この魚は、人面魚躰にして、能くものいふ魚となり。漁師思ふやう、「かゝるめつらしき物なれは、明日いつれも参会して、賞翫をせん」とて、炭をおこしあふりこに、のせて乾かしけり。其夜人しつまりて後、隣家に、或童子俄に啼をらひ、「伊良部村へ」なんといふ。夜中なれば、其母いろいろこれをすかせとも、止ず泣きさけふ事いよいよ切なり。母もすへきやうなく、子を抱て外へ出たれは、母にひしといたきつき、わなゝき、ふるふ。母も怪異の、おもひをなす、所に、はるかにこゑをあけて、「よなたまよなたま、何とて遅く帰るそ」といふ。隣家に乾かされし、よなたまの曰、「われ今あらすみの上にのせられ、あふり乾かさるゝ事、半夜に、およへり、早く犀を、やりて、迎ひさせよ」と。こゝに、母子は身の毛、よたつて、いそき伊良部村に、まいる。人々あやしみて、「何とて夜ふかく、来る」と問ふ。母しかしかとこたへて、翌朝、下地村へ立かへりしに、村中、のこらす洗ひつくされて、失たり。今にいたりて、其村の跡形は、あれ共、村立はなく、なりにけり。彼母子いかなる、隠徳、ありけるにや。か丶る、急難を、奇特に、のかれし事こそ、めつらしけれ〔引用は、国立国会図書館近代デジタルライブラリーに拠った〕。

漁民たちによるよなたまの捕食は、何ら特別な行為ではなく、漁に出て魚介を獲っては喰らう日常生活の一場面に過ぎない。だとすれば、その結果として起きた一村壊滅の大津波も、その日常生活によって醸成される負債感を反映したものだろう。イルカやジュゴンといった海洋哺乳類を、安易に伝承上の人魚に比定することはできないが、先の中村の指摘のとおり、魚の姿をしていながら身体の内部構造が人間に近いことは、漁民たちに種々の想像を抱かせたと考えられる。異種性の強い魚にはあまり感じない殺生の後ろめたさが、イルカなどに対しては強烈に生じ、災害時に自らを納得させる説明形式——大きな被害に見舞われたのは、イルカらに象徴される海の生き物たちを殺し、そのことで自らの生命を永らえさせてきたためだ——として作用した可能性は充分に認められよう。

稲取の災害習俗　ところで、やはり稲取にも、これまで多くの災害に見舞われてきた痕跡がある。東伊豆町の東側に広がる相模灘には、ほぼ真東に三原山を擁する伊豆大島がみえ、そこから南へ利島、新島、式根島、神津島……と、大小の伊豆諸島が並んでいる。この地域では、いうまでもなく三原山の火山の影響が色濃く、大きな断層帯が通り、以前からたびたび、地震や津波の被害を経験してきた。稲取断層帯は、伊豆半島南東部の静岡県賀茂郡河津町から伊豆大島西方沖にかけて分布し、概ね東西方向に延びる右横ずれを主体とする断層である。断層面は、重力方向にほぼ垂直で、地下の長さは約二三キロ（海域約一七キロ、陸域約六キロ）、幅は約一〇キロに及ぶ。地上にみえる部分は稲取大峰山断層と呼ばれ、一九七八（昭和五三）年一月十四日の伊豆大島近海地震で出現、東伊豆道路を切断して稲取中学校の校庭を横切り、北西方向へ約三キロに渡って稲取岬付近を横断した。同地震の震央は大島近海付近、震源の深さは約三キロで、マグニチュードは七・〇。震度は大島で五、石廊崎で四、網代で四。その揺れは、東北から北海道、近畿に至る広汎な地域で感覚されたという。被害は、死者二五人、負傷者二〇五人、住居全壊九六戸、同半壊六一六戸などで、半島の東側では、稲取を含む東伊豆町に集中していた〔正木和明・楓重彦・飯田汲事一九七九〕。もちろん、一村全体が陥没してしまうような地割れがあったわけではないが、先の若狭御浅嶽の伝承を彷彿とさせるような惨事が、近年にも生じていたことを確認できるのである。

すでに指摘されているとおり、八百比丘尼信仰のなかには、不老不死の薬を、庚申待の堂内で獲得する形式の伝承がある。庚申信仰については先にも触れたが、人間の体内に巣食う三尸という虫が、庚申の日に宿主の眠っている隙をついて天へ昇り、天帝にその罪業を告げ口するとの考えに基づく。天帝に悪事が知れると、自分たちの寿命を削られてしまうため、人々は寄り集まって寺社や村堂の内に籠もり、お互いが眠らぬように見張りながら、朝まで過ごすのである。いうまでもなく無病息災を祈る習俗だが、背景に、「生きている限りは罪業を作ってしまう」との認識があることは注意される。八百比丘尼信仰には、やはり〈生存の贈与〉に対する負債感がつきまとう。稲取のコト八日の習俗にも同種の心性がうかがえ、問題の伊豆型道祖神が、八百比丘尼像である必然性もみえてくる。

ところで稲取の海岸地帯（田町・西町・東町のハマ三町）には、やはりこの負債感との関係がうかがえる、ハンマアサマと呼ばれる年中行事が伝えられている。これは、毎年九月八～九日の重陽の節句に行う流し雛の一種で〔重陽の節句は五節句のひとつで、九月九日に行い、菊の節句ともいう。陰陽五行思想においては奇数は陽数、これが重なると陽気が強すぎ不吉になるため、同日に邪気を祓い、長寿を祈る〕、ハマユウ（俚言でハマオモト、ハンマアサマ）の葉で数体の侍、サンマやイカの形を作り、一晩床の間に柏餅を供えて祀る。そうして翌日、夕方までに海へ行き、「イカとサンマになってござっしぇえ」などと声を上げて、泣き真似をしながら流すのである〔最初期の調査記録として重要なのは、青柳清孝一九六九、最新かつ最も詳細な研究としては、静岡県教育委員会文化課編二〇〇九があり、関連資料も整理・掲載されている〕。愛知県の三島（日間賀島・篠島・佐久島）にはオカヅラサンという類例があるが、孤立民俗に近いうえ、草人形の数や形状、その意味づけなど、地域的・時代的多様性が大きく、いまのところ近世以前の記録もみつかっていない。起源についても不明な点が多く、それを説明する〈物語り〉が初めて記録に現れるのは、一九七〇（昭和四五）年頃に東伊豆町で編まれた『町のあゆみ』に載る、東町上島竹平氏の談話においてであった。

昔の稲取は村の大部分の家が漁業に従事した。或る年、漁期になっても一向に不漁で漁師達は浜や海辺に出ては只沖の方を眺めては遊んで居た。或る日沖合に賑いがあった。そこで一人の老人が言うのに、「御前達は沖に行って見ろ海は賑やかで一ぱいだ。何かあるに違いない」といった（注。「賑」と言うのは、漁師仲間の言葉で、「海鳥が一ヶ所に集合して、その下には魚等が居ることが多い」と言うことを意味している）。そこで漁師たちは老人の言に従い沖に出た。現場に着いた所魚群ではなく数人の武士の死がいであった。そこで漁師達は、「貴殿等を陸に揚げ葬ってやる。又神様として祭ってやるからどうか烏賊や秋刀魚が獲れるようにして呉れ」と頼んだ。その後大漁が続いたと言う。以後漁師の家では「はんまあ様」と言って、浜木綿の葉で雛人形を作り、その前に烏賊と秋刀魚の形を作って祭る事になった。九月九日の節供の日である。翌朝これを海に流す時に烏賊と秋刀魚が来て呉と泣くまねをして「オーイ・オーイ」と言う〔静岡県教育委員会文化課編二〇〇九、九三頁〕。

そのプロットは、概ね次のように整理できるだろうか。(a)不漁になる、→(b)ある日、沖合に海鳥の群がりを発見、船を出してみると武士の屍だった、→(c)屍に、「供養してやるから豊漁にしてくれ」と祈願し、埋葬する、→(d)大漁が続く、→(e)以降、武者たち（海難者）の供養と豊漁祈願を兼ねて祭事をなすようになった。突発的な自然災害の意味を神霊の所行に求めて説明し、その要請（多くは祭祀や供養）を確認し遂行することで、社会不安の鎮静化を図る物語りであろう。天の譴責、神の祟咎や仏罰として、現代に及ぶあらゆる時代にみえ、古くは古代中国殷帝国の甲骨卜辞にまで遡れる、常套的形式といっていい。明治維新から第二次世界大戦後に至るまで、稲取は何度か社会的・経済的な危機を経験しているが（天城山が宮内省の御料地となることで入会権が喪失し、巨額の共同負債が発生したところを、内務省の地方改良運動に伴う初代稲取村長田村又吉の多角的農業経営により、「模範村」として表彰されるまでに回復・発展したことなどが知られている）、その過程で語り出されたものかもしれない〔静岡県漁業組合取締所編『静岡県水産誌』全（同所、一八九四年）の「第二区　第七小区稲取」では、稲取のサンマ漁は、安房を所払いになった船頭某（のち、又四郎と改名）の伝授により、一七七〇（明和七）年に創業されたという（静岡県教育委員会文化課編二〇〇九、九一頁）。このときにも、何らかの〈危機〉が前提にあったのかもしれない〕。

稲取岬には、「ハンマアサマの碑」と呼ばれる、一八九二（明治二五）年の水難供養碑、近年の供養五輪塔からなる石碑群があり、周辺の法華、念仏などの講中が輪番で供養を行っていて、昭和三〇年代に祟りがあったとの報告もある。隣接する三河地域には、海難者の怨霊＝七人ミサキを連想させる七人塚なども残っており、また東町や西町には、一六一五（元和元）年の徳川大坂城攻めにかかる「御免の旗」や、鎮西八郎為朝の筆になるという「院宣の御旗」など、地域の〈歴史的遺物〉が伝存する。現在、ハンマアサマの起源譚は、一六一五年の大坂夏の陣で滅亡した豊臣家の家臣たちが、漂流したまま亡くなっていたのを供養したとの内容に変質している。飯田瑞穂子は、稲取岬が海上遭難者供養の伝統のある場所であり、同地に鎮座する龍宮神社の霊威をはじめ様々な怪異が出現し、人の住まない「サムシイ」空間であったことなどを指摘している〔飯田二〇〇二〕。もともとは重陽の流し雛に過ぎなかったものが、伝承地域の重複から海難者供養の伝統と習合し、歴史遺物に付随する言説を取り込むことで、物語の詳細化も進んだものだろう。

しかし看過できないのは、草雛を、「イカとサンマになってござっしぇえ」と泣き真似をしなが

図５　稲取岬海難者供養碑（筆者撮影）

ら流すことである。いうなればこれは、狩猟採集社会に多く見受けられる、〈送り祭儀〉の形式だろう。よく知られているのはアイヌのイヨマンテだが、コタンで育てた仔熊をもてなし、父母の待つ精霊の世界へ送り返す（すなわち殺害し、祀る）ことで、より大勢の仲間（毛皮と肉、あるいは胆嚢〈熊肝〉）を伴って戻ってきてくれること、すなわち豊猟を願う。形式は様々ながら、特異な習俗ではなく、列島社会においても縄文時代以降、各時代・地域にその痕跡が見出せる〔北條二〇一四b〕。ハンマアサマの創り出す祭儀の時空のなかで、送られる海難者は、漁の対象の魚介へと姿を変えてゆく。その種的転換をめぐる想像力の背景には、魚介の殺生に伴う海への負債感と、度重なる地震・津波を説明する海からの報復といった認識が、強固に作用していると考えられる。

四　おわりに

トランス・スピーシーズ・イマジネーション（Trans-Species Imagination）**の世界へ**　以上のように考えてみると、稲取の一道祖神像に椿の手草を認め、〈八百比丘尼〉像と判断した折口の直観は、正鵠を射ていたように思えてくる。八百比丘尼信仰と庚申待習俗との関わりは、そのまま伊豆型道祖神信仰と八日節供習俗との関わりに重複してくる。十二月八日に村々を徘徊する恐ろしい目一つ小僧は、庚申信仰の三戸であり、稲取岬に供養された海難者であり、イルカやサンマなどの亡霊であり、そうして八百比丘尼自身でもあったのだろう。病をもたらす記録を道祖神ごと火へ投じるどんど焼きも、草鞋を海へ流すハンマアサマも、厄災を幸福へと転じる、〈生存の贈与〉に対する負債感を解消する装置なのだと解釈することができる。稲取を歩き、点在する寺院に入ると、伊豆型道祖神のほか、幾つもの小さな地蔵、観音の石像を目にすることができる。日本列島のどの地域にでもみられるものだが、考えてみると、観音の本来の霊験は水難救助であり、地蔵も地獄信仰が確立する以前は、同様の役割を担っていたらしい〔北條二〇一五〕。世界は、こうした正当化の装置で充ち満ちている。それらはお互いに関連しあいながら、ヒトの誕生以来発生と拡大、変質と消滅を繰り返し、幾重にも及ぶ文化の層を成して現在に至っている。その存在は、同時に、人間が自分を取り巻く自然環境に対して抱く負債感が、いかに深く大きなものかをも暗示していよう。そうした装置＝物語りのなかで、海難死者はイカやサンマ、あるいはイルカへ、神仏へ、自分自身へ、そして自然へと繰り返し転換し、回帰してゆく。自己から他者へ、自類から異類へ、変転を続けるなかで救済、解放を求めてゆく。

八百比丘尼像と出会って以来、我が家では毎春、稲取を訪れることが年中行事となった。常宿のホテルはまさに稲取岬、ハンマアサマの碑の正面に建っており、屋上の露天風呂からは、広大な空と海のパノラマを楽しむことができる。未明の景色などはまた格別で、満天の星空のもと、闇のなかに瞬く稲光や、寂しげに海原をゆく漁船の灯を眺めていると、何とも表現できないような不思議な気持ちになってくる。そんなあるとき、海風に吹かれるぼくの脳裡に、海と人の思いが織りなす一片の物語が浮かんだ〔北條二〇一七。文化人類学者の近藤祉秋による書評も参照〔近藤二〇一九、一三三〜一三四頁〕〕。そのなかで美しい八百比丘尼は、自然と魚そのものへと姿を変えていた。異類へ変身する想像力《トランス・スピーシーズ・イマジネーション》が、ぼくのなかに目覚めたのだろうか。

【追記】トランス・スピーシーズ・イマジネーション（以下、ＴＳＩ）は、ぼくの造語だが、自分とノンヒューマンを置き換える想像力は、前近代社会、民族社会を特徴づける重要な心性である。人間は、他者に共感する想像力をもって社会を構築したが、ＴＳＩは、人間のノンヒューマンに対する過度の暴力を抑止し、人新世と呼ばれる現代にあって、分断を調整する機能が期待される。心理学の分野では、例えばＧ・Ａ・ブラッドショーが、トランス・スピーシーズ心理学を提唱し、象のトラウマ治療と人間のそれとを交渉させ、新たな成果を生み出している〔Bradshaw, 2010〕。

【参考文献】

〈史　料〉

・菊岡沾涼『諸国里人談』、日本随筆大成第二期二四（日本随筆大成編輯部編、吉川弘文館、一九七五年）
・木崎盛標『肥前州産物図考』、国立公文書館デジタルアーカイブ（http://www.digital.archives.go.jp/das/image-l/M1000000000000078113、二〇一七年三月八日：最終アクセス）
・月本昭男訳『ギルガメシュ叙事詩』（岩波書店、一九九六年）
・西村捨三撰『宮古島旧史』、国立国会図書館近代デジタルライブラリー（http://kindai.ndl.go.jp/info:ndljp/pid/993872、二〇一七年三月八日：最終アクセス）
・『古事記』、新編日本古典文学全集（山口佳紀・神野志隆光校注・訳、小学館、一九九七年）

〈研究論文〉

・G.A. Bradshaw, *Elephants on the Edge: What Animals Teach Us About Humanity*, Yale University Press, 2010.
・青柳清孝「伊豆稲取東町区　漁業家族の年中行事」（『東京女子大学付属比較文化研究所紀要』二七、一九六九年）
・飯田瑞穂子「村落社会における民俗の変容と相互作用―〈ハンマアサマの噂〉をめぐって―」（『信濃』五四―一、二〇〇二年）
・伊藤高雄「『古代』への歩行」（國學院大學折口博士記念古代研究所・小川直之編『折口信夫・釋迢

空—その人と学問—』おうふう、二〇〇五年）
・小川直之「折口信夫の民俗採訪」（『現代思想』四二―七／臨時増刊「総特集　折口信夫」、二〇一四年）
・小野地健「八百比丘尼信仰の死生観」（『人文研究（神奈川大学人文学会誌）』一五五、二〇〇五年）
・折口信夫『古代研究』第三部　民俗学篇、折口信夫全集刊行会編『折口信夫全集』三／古代研究・民俗学篇二（中央公論社、一九九五年、初刊一九三〇年）
・木村博・鈴木茂『せえの神さん　伊豆の道祖神』伊東編（サガミヤ選書／千秋社、一九七六年）
・木村博「伊豆の道祖神をめぐる二、三の問題」（『日本の石仏』一〇八、二〇〇三年）
・近藤祉秋「マルチスピーシーズ人類学の実践と諸系譜」（『たぐい』一、二〇一九年）
・酒井董美「八百比丘尼伝説—山陰を中心にその伝承の種々相を考える—」（『鳥取短期大学研究紀要』四六、二〇〇二年）
・静岡県教育委員会文化課編、静岡県文化財調査報告書六〇『稲取のハンマアサマ』（同教育委員会、二〇〇九年）
・中村羊一郎『イルカと日本人』（吉川弘文館、二〇一七年）
・橋本裕之「聖なる水の湧きたつところ」（同『王の舞の民俗学的研究』ひつじ書房、一九九七年、初出一九九二年）
・東伊豆町教育委員会編『わがふるさと　東伊豆町　改訂版』（同会、二〇一二年）
・正木和明・楓重彦・飯田汲事「一九七八年伊豆大島近海地震の被害と震度について」（『愛知工業大

学研究報告B専門関係論文集』一四、一九七九年）
・松崎憲三「鯨鯢供養の地域的展開Ⅱ―捕鯨地域を中心に―」（同『現代供養論考―ヒト・モノ・動植物の慰霊―』慶友社、二〇〇四年、初出一九九八年）
・柳田国男『山島民譚集』二、『定本柳田国男集』二七（筑摩書房、一九六四年、初出一九一四年）
・北條勝貴「〈負債〉の表現」（『アジア遊学』一四三／環境という視座―日本文学とエコクリティシズム―、二〇一一年）
・――a「環境／言説の問題系―〈都邑水没〉譚の成立と再話／伝播をめぐって―」（『人民の歴史学』一九九、二〇一四年）
・――b「人外の〈喪〉―動植物の〈送り〉儀礼から列島的生命観を考える―」（『上智大学キリスト教文化研究所紀要』三二、二〇一四年）
・――「放光菩薩紀注釈」（小林真由美・北條勝貴・増尾伸一郎編『寺院縁起の古層―注釈と研究―』法藏館、二〇一五年）
・――「初期神仏習合と自然環境―〈神身離脱〉形式の中・日比較から―」（水島司編『環境に挑む歴史学』勉誠出版、二〇一六年）
・――「〈彷徨〉といふ救済／ザネリの夜―『銀河鉄道の夜』『もののけ姫』に寄せて―」（野田研一・山本洋平・森田系太郎編『環境人文学』二／他者としての自然、勉誠出版、二〇一七年）
・――a「宇宙を渡る作法―パースペクティヴィズム・真偽判断・歴史実践―」（『古代文学』五七、二〇一八年）

・――――b「異類の語る仏教伝来―『豊後国風土記』頸峯地名起源譚の背景を読む―」(『現代思想』四六―一六／特集「仏教を考える」、二〇一八年)

『狩詞記』の史的位置

——故実書から探る室町時代の武家文化——

中澤克昭

一　『後狩詞記』と『狩詞記』

東京帝国大学法科大学政治科を卒業後、農政官僚となった柳田國男は、法制局参事官兼宮内《くない》書記官だった明治四一年（一九〇八）の夏に三か月間、九州・四国を旅した。福岡・熊本・鹿児島をまわり、霧島から宮崎に入った柳田は、熊本県境に位置する椎葉《しいば》村を訪ね、古風な狩猟の習俗と出会う。伝統的な狩猟では、日常とは異なる特別な言語表現すなわち狩言葉（狩詞）を用いる。村長から椎葉に伝わる狩言葉や狩の作法を聞き出した柳田は、それに『狩之巻』という伝書を付して資料集にまとめ、翌年三月に自費出版した。『後狩詞記《のちのかりことばのき》』と題されたこの小冊子は、『遠野物語』とならぶ日本民俗学草創期の名著として知られる。

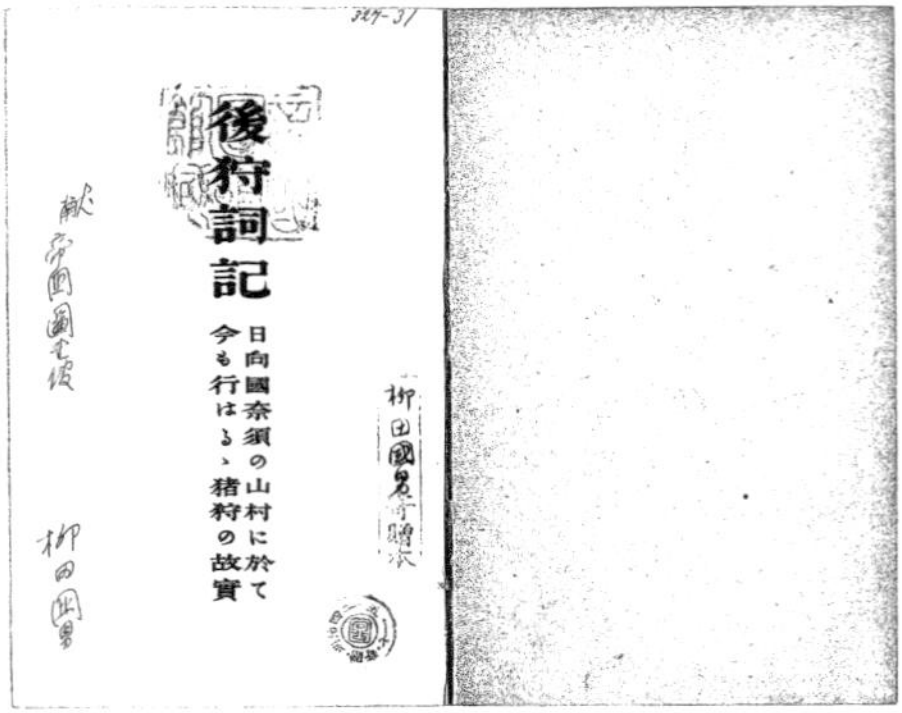

図１　柳田國男から帝国図書館に寄贈された『後狩詞記』の扉
（国立国会図書館所蔵）

『後狩詞記』の「序」第四節に「狩詞記《かりことばのき》（群書類《ぐんしょるい》従《じゅう》巻四百十九）を見ると」とあって、『後狩詞記』という書名は、江戸時代後期に刊行された叢書『群書類従』所収の『狩詞記』を意識して付けられたことがわかる。学者の家に生まれ育ち、歌人でもあった柳田にとって、『群書類従』は自家薬籠中の物であったはずで、狩猟習俗の資料集を企図した際、すぐにこの『狩詞記』を想起したに違いない。

『後狩詞記』については、その成立事情や民俗学史上の意義に関する研究、読み解きなどの著作が少なくない（三浦佑之「柳田国男の目覚め―「後狩詞記」と「遠野物語」―」『国文学　解釈と教材の研究』三八―八、牛島盛光編著『日本民俗学の源流―柳田国男と椎葉村―』岩崎美術社など）。近年も、クライナー・ヨーゼフ編『日本民族の源流を探る―柳田國男『後狩詞記』再考―』（三弥井書店）や飯田辰彦『のさらん福は願い申さん―柳田國男『後狩詞記』を腑分けする―』（鉱脈社）など、研究成果が増えている。一方、『狩詞記』については、研究が見当たらない。柳田が意識した『狩詞記』とは、どのような書物だったのか。その史料としての価値を探り、歴史の中に位置付けてみたい。

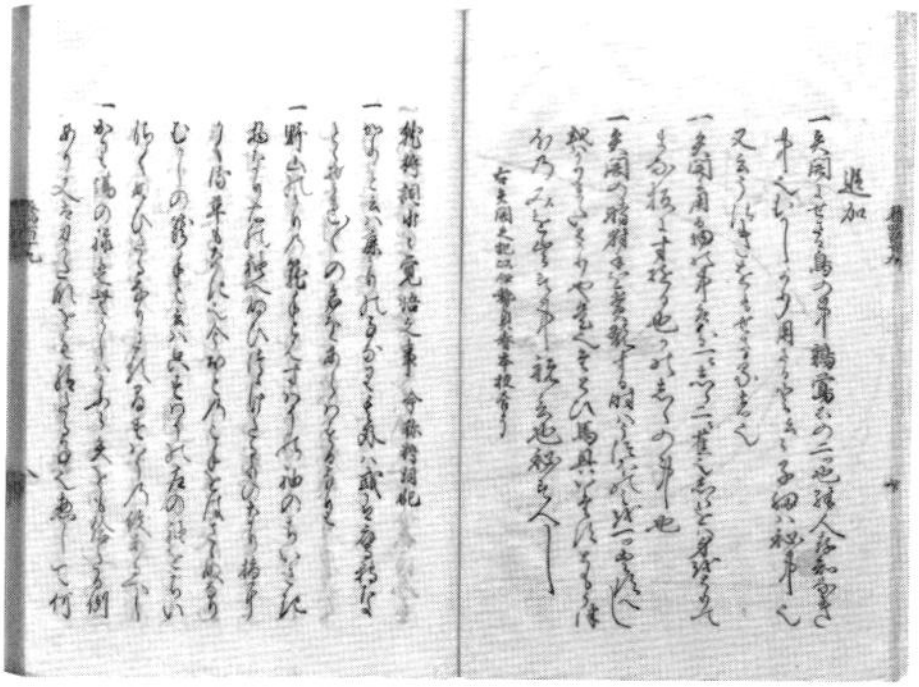

図２　『群書類従』所収『就狩詞少々覚悟之事』冒頭部分

（国立公文書館所蔵）

なお、『狩詞記』の『群書類従』における正確な書名は『就狩詞少々覚悟之事《かりことばにつきてしょうしょうかくごのこと》』であるが、その下に「いま狩詞記と称す」と注記がある。後述するように、伝来写本も『狩詞記』あるいは『狩詞之記』と題するものが多い。本稿でも、『狩詞記』と称することにしたい。

二　『狩詞記』を読む

『群書類従』の活字本（続群書類従完成会）で、『狩詞記』を読んでみよう。全体は五七条からなる。活字本は句点を付しているが、それを含めても総字数は四九〇〇字程度である。内容を概観するために、各条の書き出し部分、説明されている内容の分類などを一覧表にしておこう（表1参照）。なお、原文は全て一書《ひとつがき》だが、参照の便宜のため、1～57まで条文番号を付しておく。

冒頭部分を読んでみよう。まず第1条である。

一　かりと云は鹿がりの事なり。其外《そのほか》は或は鷹狩などと。それぞれの名をあらはするなり。

「狩」と言えば、それは鹿狩のことで、そのほかは例えば「鷹狩」のように、それぞれ何かしら名称を付して呼びわけるものだという。同様のことは、第6条でも述べられている。

一　かりぐらといふ事は。鹿がりにかぎりたり。されば今日のかりぐら。昨日のかりぐらなどと云なり。かりぐらとは。かりの惣名也。

「狩倉（狩蔵）」は、一二～一四世紀の古文書に領主の狩場としてみえる語だが、ここでは狩の総称だと説明されており、やはり鹿狩に限るとしている。

第2条は「狩の籠手《こて》」に関する説明である。

一　野山のかりの籠手とはすはうの袖のちいさき物なり。右の袖へぬひつゞけたるものなり。指にかくる革もなき也。（下略）

「すはう」は「素襖」だろう。室町時代には、麻製で裏地が無く、簡素・軽快な直垂《ひたたれ》を「素襖の直垂」、略して「素襖」と称するようになった。中世武家の日常的な出仕服で、狩猟や犬追物・笠懸の射手の装束にも用いられた。

こうした装束について説明する条文は少なく、多くは狩場での射法・挙動・発声などを含む作法について説いている。なかでも興味深いのは、獲物に矢を射当てたとき、射手が発する「矢答え」であろう。第20・21条にはつぎのように記されている。

一　鹿を射て矢ごたへをするには。かほをあをのけてあゝと長くするなり。（下略）

一　あゝと矢ごたへをする事。鹿にかぎりたる事也。こと物にはせぬ事なり。（下略）

やはり、鹿を射た時に限って、顔を上に向けて「ああ」と矢答えをするのだという。第23条は、その必要性について、つぎのように説く。

一　鹿に同やうに二騎三騎も矢を射付てやりて論をする時は。矢ごたへをはやくしたる人はやく射たるに成べし。其ための矢ごたへなり。

同じ鹿に二～三騎が矢を射込んで、誰の獲物か論争になった時には、矢答えを早く発した者が先に射たことになるという。騎馬武者たちの集団狩猟＝巻狩の雰囲気が伝わってくる。

柳田は一九二〇年代以降、平野部に住み稲作を生業とする農民の生活に関心を移し、日本民俗学の方法と学問としての体系を確立しようとするが、戦後の日本民俗学においては山村の焼畑や狩猟も重要な研究対象であり続け、千葉徳爾、野本寛一、永松敦といった民俗学者によって、各地の狩

	各条の書き出し	分類	備　考
30	射付てやると云事は鹿まへをき…	作法	「射付けてやる」
31	笛の鹿の矢所の事。いかに…	作法	笛で誘寄た鹿の矢所
32	大事の物を誠に射あてんと…	作法	大事な獲物の射法
33	大事の物を射るには弓を射返…	作法	大事な獲物の射法
34	ふせ鳥。かけ鳥を射る時は。…	作法	ふせ鳥を射る鏃
35	ふせ鳥を射事。乗馬の時は。…	作法	乗馬時のふせ鳥の射法
36	ふせ鳥などを馬よりおりて射ば。…	作法	下馬時のふせ鳥の射法
37	かけ鳥を射ば。横鳥こそばより…	作法	かけ鳥の射法
38	むかひて鳥の立はしる事あらば…	作法	走る鳥の射法
39	ふせ鳥。かけ鳥射時は。…	作法	ふせ鳥・かけ鳥の射法
40	ふせ鳥と云事。雉と鶉と二なら…	用語	ふせ鳥は雉と鶉
41	鳥にてもうづらにても見つけ…	用語	鳥・鶉の目付
42	ふせ鳥射べき時。めとりおとり…	作法	ふせ鳥の射法
43	かり場或はかけ鳥ふせ鳥など…	作法	狩場・かけ鳥・ふせ鳥
44	小鳥などはだぬがで射るも不苦…	作法	小鳥・鳥の射法
45	主人又貴人など。何鳥をも射て…	作法	主人・貴人の射た鳥
46	木鳥射る次第の事。鳥にむかひ…	作法	木鳥の射法
47	水鳥を射事。水に居る鳥をその…	作法	水鳥の射法
48	船中にては弓返しをばせぬ事…	作法	船中での射法
49	小牛を射べき事。さくりにのり…	作法	小牛(牛追物)の作法
50	射まじき鳥の事。鶯。鴈。鳩。…	作法	射てはならない鳥
51	矢開にせざる鳥の事。うづら。…	作法	矢開に用いない鳥
52	矢開に用る物の事。取分一に…	作法	矢開に用いる獲物
53	四目にても式のはさみ物を…	作法	四目矢を射た際の発声
54	じんどうにて草鹿。丸物。鳥。…	作法	神頭矢を射た際の発声
55	かぶらにては。ひふつと射と…	作法	鏑矢を射た際の発声
56	かりまたにては。ひやうふつと…	作法	狩俣矢を射た際の発声
57	征矢けんじりにては。ひやうつば…	作法	征矢・剣尻を射た際の発声

(中澤作成)

表1 『狩詞記』の条文とその概要

	各条の書き出し	分類	備　考
1	かりと云は鹿がりの事なり。…	用語	狩の名称
2	野山のかりの籠手とはすはうの…	装束	狩の籠手
3	かり場の禄はむかしはかぶら矢…	物品	禄の品
4	かり詞にうつにひかゆるとは馬上…	用語	「ひらきで」「つぼみで」
5	一ひきの物をばいぬ事也…	作法	一番に通る鹿は射ない
6	かりぐらといふ事は。鹿がりに…	用語	「狩倉」
7	詞にめか〈女鹿〉と云べし…	用語	「女鹿」
8	かり詞の事。大むれが谷より…	作法	狩詞の用法
9	さかない馬にのりておとしかけ…	用語	「さがない馬」
10	さとおつる物と云はたにをくだり…	用語	「里落物」
11	こかされてと云は向も又ははしる…	用語	「こかされて」
12	みねこす物と云は山をもはしり…	用語	「峰越す物」
13	尾をこすものとは山の尾をこす物…	用語	「尾を越す物」
14	かり場のむかばきは夏毛を用…	装束	狩場の行縢
15	鹿笛の事は。かり人の申は。…	物品	鹿笛の材料
16	まき目の鹿とは。いまだまき…	用語	「まき目の鹿」
17	あさはみより本山へ帰る所を…	用語	朝食から本山へ戻る鹿
18	おほづれともいふべし。又…	用語	「おほづれ(大連)」
19	鹿をば行さきをいよと云なり。…	作法	鹿の行先を射る
20	鹿を射て矢ごたへをするには。…	作法	矢答は「あゝ」
21	あゝと矢ごたへをする事。鹿に…	作法	矢答は鹿に限る
22	鹿にあたりたる矢かけず射とをし…	作法	あたり矢の識別
23	鹿に同やうに二騎三騎も矢を射…	作法	同時の場合の判定
24	まへをきの物を射ても矢ごたへ…	作法	前置(鹿以外の獲物)
25	鹿にてもあれ。又まへをきの物…	作法	馬を出すよりも矢答
26	まへをきの物射る矢の事。…	作法	前置の物の射法
27	まへをきの物を引目。四目。…	作法	前置の物の射法
28	鹿又まへをきの物通りたる跡…	用語	「うつ」(けもの道)
29	いとりの物には矢所をきらはず…	作法	射取物の矢所

猟が調査・報告されてきた（千葉『狩猟伝承研究』風間書房、野本『焼畑民俗文化論』雄山閣出版、同『生態民俗学序説』白水社、永松『狩猟民俗と修験道』白水社、同『狩猟民俗研究』法藏館など）。報告されている民俗事例には、「狩倉」や「矢答え」（「矢叫《やたけ》び」とも）をはじめとして、『狩詞記』に通ずる用語が少なくない。若者が初めて獲物を射た時、その手柄を披露して祝う。これを「矢口の祝い」あるいは「矢開《やびらき》」などと称するが、『狩詞記』第51・52条にも、「矢開」の獲物の説明がみえ、歴史と民俗のつながりを感じさせる。しかし、それ以上に興味深いのは両者の差異である。

例えば、これまでの報告をみると、山の神は女神で、しかも嫉妬深く、女性が山に入ることを嫌うと考えられているため、女性が狩猟の準備にかかわったり銃に触れたり跨いだりすることも、不猟や事故の原因として忌避されている、という事例が多い。『後狩詞記』の「狩ことば」にも、「猟師の妻が妊娠中は猪を獲ず」とある。ところが、『狩詞記』には、そうした女性に関する禁忌が一切みえない。さらに、第15条にはつぎのような興味深い記述がある。

一　鹿笛の事は。かり人の申は。はやり傾城《けいせい》のあしだにてつくりたるによくよると申也。

鹿笛《ししぶえ》は、鹿を誘い寄せるために吹く笛だが、狩人によれば、人気のある遊女の下駄を材料にして作った笛は鹿がよく寄ってくるという。兼好法師の『徒然草』（九）に、「女のはけるあしだにて作れる笛には、秋の鹿、かならずよるとぞ言ひつたへ侍る」とあり、中世には男が女の艶《なま》めかしい容姿に迷いやすいことのたとえとして、女の履いた足駄で作った鹿笛に秋の雄鹿は必ず寄ってくる、という表現があったらしいが、『狩詞記』では実際に鹿を誘い寄せる効果があると記されているのである。民俗学で数多く報告されてきた女性忌避とは異なり、むしろ女性の魅力が狩猟に有効に作用することがあると考えられていた。狩猟における女性忌避は、必ずしも古くからあったわけではなく、『狩詞記』が成立した頃には全く問題にされていなかったのだろう。女性を差別・排除する言説の形成過程や「『山の神』とは何か」といった問題を考える際にも、『狩詞記』は重要な史料になりそうだが、いつ頃、どのように成立した書物なのか、それがわからなければ、史料として用いることは難しい。

柳田は、『狩詞記』の成立時期についてどのように考えていたのだろうか。『後狩詞記』の「序」第二節では、中世の「田舎侍」が狩を楽しみにしていたことを説き、続く第三節で鉄砲の普及による社会の変化について語り、そうした歴史の中に『狩詞記』を位置付けている。

鉄砲は恐ろしいものである。我国に渡来してから僅《わずか》に二三十年の間に。諸国に於て数千の小名の領地を覆《くつが》へし。其《その》半分を殺し其半分を牢人と百姓とにしてしまふと同時に。狩といふ国民的娯楽を根絶した。根絶せぬ迄《まで》も之《これ》に大制限を加へた。「狩詞記」の時代は狩が茶の湯のやうであった。儀式が狩の殆《ほとんど》全部に成りかけて居る。（句点は原文のまま）

「『狩詞記』の時代」は鉄砲普及以前で、その頃の狩はきわめて儀式的で、「茶の湯」の様であったという。たしかに『狩詞記』には、鉄砲に関する記述が全く見当たらず、鉄砲普及以前に伝承されていた儀式的な狩猟の作法を伝えているとみてよいだろう。これに続けて柳田は、「まだ遠国の深山には。狩詞記などゝいふ秘伝の写本が京都に有るやら無いやらも考へずに。せっせと猪鹿を逐掛けて居る地頭殿が有った」と述べているから、『狩詞記』は京都で成立した秘伝書であり、地方の武士には知られていなかったと考えていたようだが、それらの根拠は示されておらず、著者についても言及がない。

『群書類従』所収の『狩詞記』の奥書は「右、狩詞記、松岡辰方《まつおかときかた》本をもって校し了《おわん》ぬ」のみである。松岡辰方は、塙保己一《はなわほきいち》をたすけて『群書類従』出版事業にも参画した江戸時代後期の有識故実家で、この奥書は、刊行に際して松岡辰方の架蔵本で校訂したということを示しているに過ぎない。原本の成立事情や著者が判明するような本奥書は見当たらず、『群書類従』がどのような本を底本にしていたのかもわからないのである。

三　武家故実書を探る

国文学研究資料館の日本古典籍総合目録データベースは、『国書総目録』（岩波書店）の継承・発展を目指して構築されており、慶応三年（一八六七）までに著わされた典籍類について、その書名、巻冊、分類、編著者、成立年代、所在（所蔵している図書館など）といった情報を提供してくれる。『狩詞記』および『狩詞之記』を検索してみると、『群書類従』所収の『就狩詞少々覚悟之事』と同内容の写本は、静嘉堂文庫（岩崎弥之助・小弥太旧蔵）、蓬左文庫（尾張徳川家旧蔵）、八戸市立図書館（南部家旧蔵）、高知城歴史博物館（山内文庫）などに所蔵されていることがわかる（最終閲覧は二〇一九年五月一五日。以下同じ）。

見のがせないのは、同データベースが、この『狩詞記』の著者を「多賀高忠」、成立年は「寛正五年（一四六四）」としていることである。この根拠は、写本にみられる奥書らしい。山内文庫本などの画像を確認すると、『群書類従』にはない「〈一本云〉寛正五年十一月　日」「〈多賀〉豊後守《ぶんごのかみ》高忠判」という奥書がある（〈　〉内は小書き）。しかし、この奥書が見られる写本はいずれも江戸時代のもので、「一本」がどのような書物なのかもわからない。

多賀高忠については、二木《ふたき》謙一による詳細な研究がある。それによれば、高忠は応永三二年（一四二五）、近江国犬上郡の多賀高長の子として生まれたらしい。室町幕府侍所の所司であった京極持清の重臣となった高忠は、寛正三年（一四六二）一〇月、所司代となる。文正元年（一四六六）一二月末、持清の京都出奔と同時に解任され、応仁の乱では東軍となった持清と近江・京都を転戦。持清の死後に起った京極氏の内紛では、京極政高に与したものの、文明七年（一四七五）には政高とともに近江を追われ、京都に雌伏。文明一七年四月に所司代に再任され、翌年死去するまで京都の治安維持に従事した。歌道・弓馬の故実をよく学び、『八廻《やまわり》之日記』、『高忠軍陣聞書』、『就弓馬《きゅうば》儀大概聞書《のぎにつきたいがいききがき》』、『犬追物検見《けみ》記（検見故実条々）』、『射手《いて》検見次第』など、多数の故実書をのこした（二木「故実家多賀高忠」『中世武家儀礼の研究』吉川弘文館）。

高忠の『就弓馬儀大概聞書』は、かなり大部な故実書で、その条文数は四四三に達する。後世、『高忠聞書』とも称されてよく流布し、『狩詞記』同様、『群書類従』にも収録されている。通覧してみると、興味深いことに気が付く。『就弓馬儀大概聞書』の第一二七条から第一八五条までが、

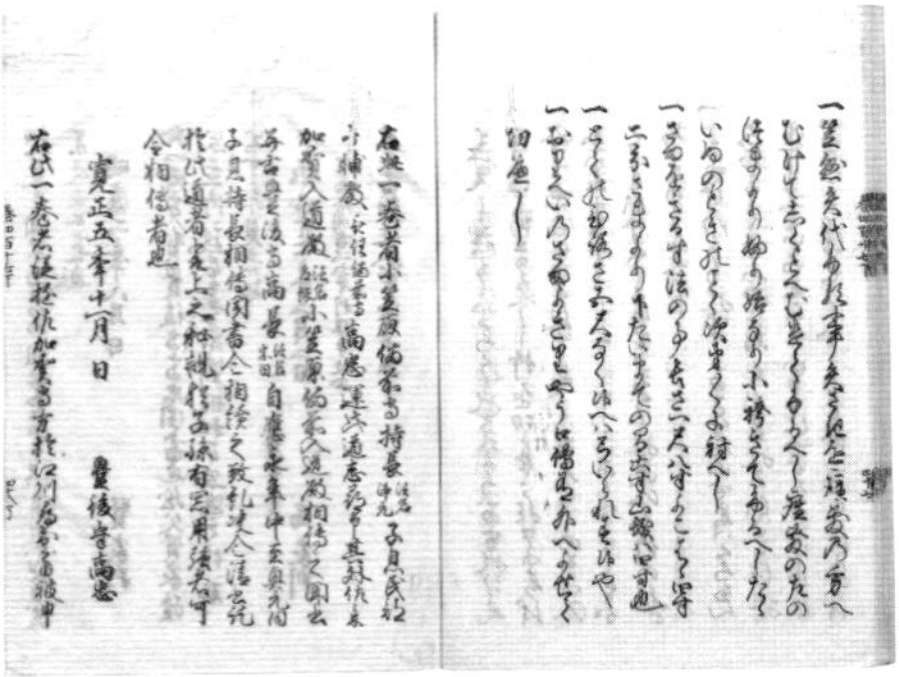

図３　『群書類従』所収『就弓馬儀大概聞書』本奥書
（国立公文書館所蔵）

『狩詞記』とほぼ同文なのである。『狩詞記』には見当たらない条文（第一三五条・第一七九条）が挿入されていたり、『狩詞記』では二条に分けられていることが（第一四条・第一五条）、『就弓馬儀大概聞書』では一条にまとめられていたり（第一四一条）ということはあるが、『就弓馬儀大概聞書』は『狩詞記』の全てを含んでいる。

『狩詞記』の原本『就狩詞少々覚悟之事』が、『就弓馬儀大概聞書』よりも先にまとめられていたのか、それとも同書から抽出したものが『就狩詞少々覚悟之事』なのか、今のところわからないが、『就弓馬儀大概聞書』にはつぎのような本奥書があって、その成立年がわかる。

　右、此《こ》の一巻は、小笠原備前守《びぜんのかみ》持長〈法名浄元〉、子息民部少輔《みんぶのしょう》殿〈備前守に任ぜらる〉、高忠此の道志す運びに尋ね申す。その外佐々木加賀入道殿〈法名道統〉、小笠原備前入道殿相伝の聞書、ならびに古豊後守高長〈法名宗圓〉、応永年中より、興元・同子息持長に至り相伝聞書これを相続せしめ糺決《きゅうけつ》致し、清書せしめおわんぬ。此の道に於いては、最上の秘説。猶子孫器用強者有らば、相伝せしむべきものなり。

寛正五季十一月　日
豊後守高忠

ここに、「寛正五季（年）十一月」と「豊後守高忠」がみえる。『狩詞記』の諸本にみえる「〈一本云〉寛正五年十一月　日」「〈多賀〉豊後守高忠判」は、この奥書によるのかもしれないし、同じ寛正五年一一月に『就狩詞少々覚悟之事』も成立したのかもしれない。いずれにしても、同年に『狩詞記』の内容が全て揃っていたと考えてよいだろう。

この奥書によれば『就弓馬儀大概聞書』は、多賀高忠が弓馬の道を志した際、小笠原持長とその子「民部少輔」持清に尋ねて記したものだという。確かに、同書第二七条の後に「寛正五年三月十五日、高忠の宿所に於いて尋ね申し候」、同じく第三七条の後に「長禄四年（一四六〇）九月八日の夜、尋ね申す」と、尋ねた日時の注記がある。

持長・持清から直接聞いただけではなかった。高忠は、「佐々木加賀入道」すなわち京極高数が小笠原持長の父「備前入道」興元（満長）から相伝した「聞書」、さらに高忠の父「古豊後守高長」が応永年中に興元とその子持長から相伝された「聞書」を相続していた。『就弓馬儀大概聞書』は、それらの「聞書」によって正否を糺《ただ》し、清書したものだという。

小笠原氏についても、二木謙一の研究を参照しなければならない。室町幕府の故実・礼法は、三代将軍足利義満の時に整備されたものが多く、弓馬故実については小笠原満長（興元）が重要な役割を担うようになっていたらしい。その子持長が六代将軍足利義教の弓馬師範をつとめたことから、京都小笠原氏が室町幕府の弓馬故実の中心となり、持長の子持清は八代義政の師範、その子政清は九代義尚・一〇代義材（義稙）の師範をつとめた（二木「室町幕府弓馬故実家小笠原氏の成立」前掲『中世武家儀礼の研究』）。

諸大名や幕府直臣らの中にも京都小笠原家に弓馬故実を学ぶ者があらわれるが、多賀高忠もその一人であった。『就弓馬儀大概聞書』は、高忠が学んだ故実の集大成的な著作と言えようが、彼が個々の儀礼についてまとめた書物も少なくない。石川文化事業財団お茶の水図書館の成簣《せいき》堂文庫には小笠原家本（満長の子孫が相伝した故実書群）があり、そのなかの『矢開之次第』は室町中期の原本とみられるが、その奥書から、高忠が持長らに様々な弓馬故実を学んでいたこと、そのなかから個々の行事・儀礼について抽出した「聞書」も作成されていたことなどがわかる（川瀬一馬『新修成簣堂文庫善本書目』石川文化事業財団お茶の水図書館）。

『狩詞記』は、京都小笠原氏が相伝していた故実を学んだ多賀高忠が、寛正年間すなわち一五世紀の中頃までにまとめたものだった。高忠が参照した小笠原満長やその子持長らの「聞書」は、後世、先例として重視される三代足利義満の時代に語られていた故実を含んでいたはずだが、そうだとすると不可解なことがある。

まず、『狩詞記』のなかには、室町殿に関わる記述が全く見えない。『就弓馬儀大概聞書』のなかには、「御所様の御むかばきの緒は紫革為《たる》べし」（第三六条）、「公方様など別而《べっして》御らんぜられ候はんときは十字書候」（第七一条）というように、「御所」・「公方様」すなわち室町殿の故実を説く条文がある。ところが、『狩詞記』には、そうした室町殿に言及する記述が全く無いのである。

そのためであろうか、『狩詞記』は写本が少ない。そもそも、鹿狩とその「狩詞（狩言葉）」に関する故実書が少ない。先ほども利用した日本古典籍総合目録データベースで検索してみると、書名に「狩詞」を含む典籍は三件、「狩言葉」を含む典籍も三件（うち一件は「狩詞」と同一書）しかない。例えば、同データベースで書名に「犬追物」を含む典籍を検索すると、実に四六一件もあらわれる。同じく「弓馬」で検索すると一二七件、「笠懸」を検索すれば一一九件、「流鏑馬」も一〇五件ほどみつかる。いずれの場合も近世に成立した故実書を少なからず含んでいるが、それにしても、「狩詞（狩言葉）」との多寡の差はあきらかであろう。

狩猟の故実書全般が少ないわけではない。先ほどみたように、『狩詞記』は第1条で鹿狩以外の狩猟の例として「鷹狩」をあげているが、鷹狩（放鷹）の故実書（鷹書）が膨大に伝来していることはよく知られている（塚本学「鷹と人間社会」『江戸時代人と動物』日本エディタースクール出版部、三保忠夫『鷹書の研究』和泉書院ほか）。日本古典籍総合目録データベースで書名に「鷹狩」を含む典籍を検索すると、その数は二〇件ほどだが、そもそも鷹書はそれだけで「放鷹」という一大ジャンルを形成しており、「放鷹」に分類される典籍の数は軽く一〇〇〇件を超える。『狩詞記』のような鹿狩の故実書が少ないのは何故なのだろうか。

四　武家首長の狩猟

九世紀初めまでは天皇も鹿を獲物とする狩猟を実践したが、一〇世紀頃から王朝の貴族社会は

「穢」の観念を肥大化させ、殺生を最悪の罪業とし、堕地獄を恐れるようになった（苅米一志『殺生と往生のあいだ』吉川弘文館ほか）。古代から家畜の肉の食用は忌避されていたが、この頃から四つ足の獣を狩る貴族も激減する。猛禽類によって鳥や兎を捕獲する鷹狩は王朝文化として続けられ、鷹で捕獲した鳥（特に雉）は卓越した価値をもつ食材とされるようになったが、一二世紀には貴族社会において鹿肉食が忌避されるようになる（平雅行「日本の肉食慣行と肉食禁忌」脇田晴子他編『アイデンティティ・周縁・媒介』吉川弘文館）。一方、武士たちは猪や鹿を狩り、その肉を食した。彼らは鷹狩も行ったが、合戦同様の騎射で鹿や猪と渡り合う巻狩を厭わなかったのである。

関東にあらたな政権を樹立した源頼朝は、建久四年（一一九三）の三月から四月にかけて、下野《しもつけ》の那須野、浅間山麓の三原野、五月には富士の裾野で大規模な巻狩を挙行した。『曾我物語』でひろく知られる富士の巻狩である。『吾妻鏡』によれば、頼朝は多数の武士を従えて、富士山の南東、駿河・伊豆両国にまたがる藍沢と富士野の狩場で巻狩をくりひろげ、嫡子頼家がはじめて鹿をしとめるとおおいに喜び、現場で山の神に感謝する矢口祭を行った。千葉徳爾はこの巻狩の意味について、名実ともに軍事政権の首長となった頼朝は、関東平野を見下ろすようにそびえる三つの火山の裾野をめぐる巡狩を行って神を祀り、統治者としての資格を神に問うたのではないかと考えた（千葉前掲書）。石井進は、頼家がはじめて鹿を射とめるやいなや、その日の狩を終えたことは、嫡子が軍事政権の首長の地位を受け継ぐ資格をもつ者であることが神によって認められたという重大な意味があったからだと解釈している（石井『中世武士団』小学館、のち講談社学術文庫）。

しかし、その後も武家政権の首長がこのような巻狩を挙行し続けたわけではなかった。頼朝の狩猟は、二代頼家に受け継がれたが、三代実朝は狩猟を好まなかった。摂関家の子を将軍とした幕府では、北条氏が有力御家人の合議を主導するようになり、やがて北条氏の嫡流（＝「得宗」）が権力を独占することになる。建長四年（一二五二）、北条時頼が親王を将軍として鎌倉へ迎えた頃から、いわば鎌倉の京都化が進行した。叡尊・忍性ら西大寺流律宗の影響もあり、北条一門のなかにも狩猟や肉食を罪悪視するものが増加し、平安王朝において形成された穢の観念や殺生罪業観、特に四足の獣の狩猟・肉食を忌避する観念が鎌倉幕府の中枢部でも強まってしまう（平前掲論文）。

この観念が、室町の将軍にも継承される（中澤「武家の狩猟と矢開の変化」『東国信濃の古代中世史』岩田書院）。康暦二年（一三八〇）、足利義満は宝幢寺《ほうどうじ》を創建し、そこに開山堂を建てて「鹿王院」と称した。翌永徳元年（一三八一）頃から義満は、武家様花押のほかに公家様花押を用いるようになり（図4参照）、やがて公家様花押のみを使用するようになるが、彼の公家様花押は「鹿」の字の象形化したものであったことが指摘されている（上島有『中世花押の謎を解く—足利将軍家とその花押—』山川出版社）。同二年、相国寺を創建した義満は、境内に小御所を建立し、翌年、それを「鹿苑院」と名付けた（今枝愛眞『中世禅宗史の研究』東京大学出版会）。

「鹿苑」は、北インドの波羅奈国（現在のバラナシ北東郊のサールナート）にあった鹿野苑のことで、釈迦が悟りを開いた後、初めて説法し、五人の比丘を導いた聖地であった。古代インドの仏教説話ジャータカに、この鹿野苑の由来を語ったつぎのような話がある（干潟龍祥『改訂増補

天下静謐祈祷事
近日殊可致精誠之
状如件

図4　日下に足利義満の公家様花押がみえる御判御教書
（東寺百合文書マ函−七四、京都府立京都学・歴彩館所蔵）

ジャータカ概観』春秋社）。

　釈尊は前生、ニグローダという鹿として生れ、五百の鹿群の王であった。時の国王は肉を好み猟師に毎日鹿狩をさせていた。ニグローダ鹿王は鹿たちと相談し、国王に請い、毎日群の中から順番に一頭ずつ王へ差し出すかわりに、狩猟は止めてもらうことにした。毎日一頭ずつ鹿が殺されることになったが、ある日、みごもった牝鹿がその一頭に選ばれた。ニグローダ鹿王はこれを知ると、自分が身代りになると国王に申し出た。国王はこの鹿王の慈愍《じみん》心の深さに感動し、以後国内で一切の殺生を禁じた。

　ジャータカは、『本生経』として日本にも伝来しており、この説話もよく知られていた。例えば、一三世紀後半に成立した『沙石集』にも、「昔、鹿野苑に鹿王ありけり。五百の群鹿を領ず、これ釈迦菩薩の因行也」（五本の四）とみえる。一三五六年成立の『諏方大明神《すわだいみょうじん》画《え》詞《ことば》』もこの説話を利用して諏方社の狩猟神事を説明した。「鹿王」の「鹿」を自らの花押とし、「鹿苑」を院号とした義満にとって、殺生とりわけ鹿狩は考えられない罪業だったにちがいない。

　応永二年（一三九五）に出家した義満は、北山殿を造営し、同一五年、そこで死去した。法号は

「鹿苑院天山道義」。北山殿は、その舎利殿（金閣）を中心に「鹿苑寺」とされる（鹿苑寺編『鹿苑寺と西園寺』思文閣出版）。四代義持も六代義教も、義満の忌日にあわせて厳格な殺生禁断を命じており、その後も室町殿が鹿狩を実践した形跡は無い。室町殿が鹿を獲物とする狩猟とその肉の食用を忌避していたからこそ、『狩詞記』は「公方」に言及することが無く、鹿狩の故実書は少ないのだろう。

五　狩猟のヒエラルヒー

『狩詞記』の史的位置を探ることで、室町殿の一面がみえてきた。ただ、ここで確認しておきたいのは、室町殿が巻狩を実践しないからといって、獣を狩る文化が消えたわけではないということである。在地社会では、神事（供物）、害獣駆除、食料・皮革の調達などのため、獣猟は必要不可欠であった。例えば、嘉吉三年（一四四三）九月二二日、山名教清が鞍馬寺に参詣した際、教清の家人（家臣）たちは鞍馬路沿いの市原野で坂迎《さかむかえ》（酒宴）の準備をして教清が鞍馬から下りてくるのを待っていたが、この時、市原野の郷民は鹿狩の最中で、郷民の放った矢によって手負いとなった鹿が教清の家人たちのところへ走ってきた。家人たちはこれを捕らえようとしたが、郷民たちも「一矢」を射た獲物を譲らず、両者は鹿を取り合って喧嘩となり、弓矢の射ち合いになったという（『看聞日記《かんもんにっき》』同日条）。

大名であっても京都を離れると獣猟を実践する者がいた。例えば、管領細川政元も近江や丹波で

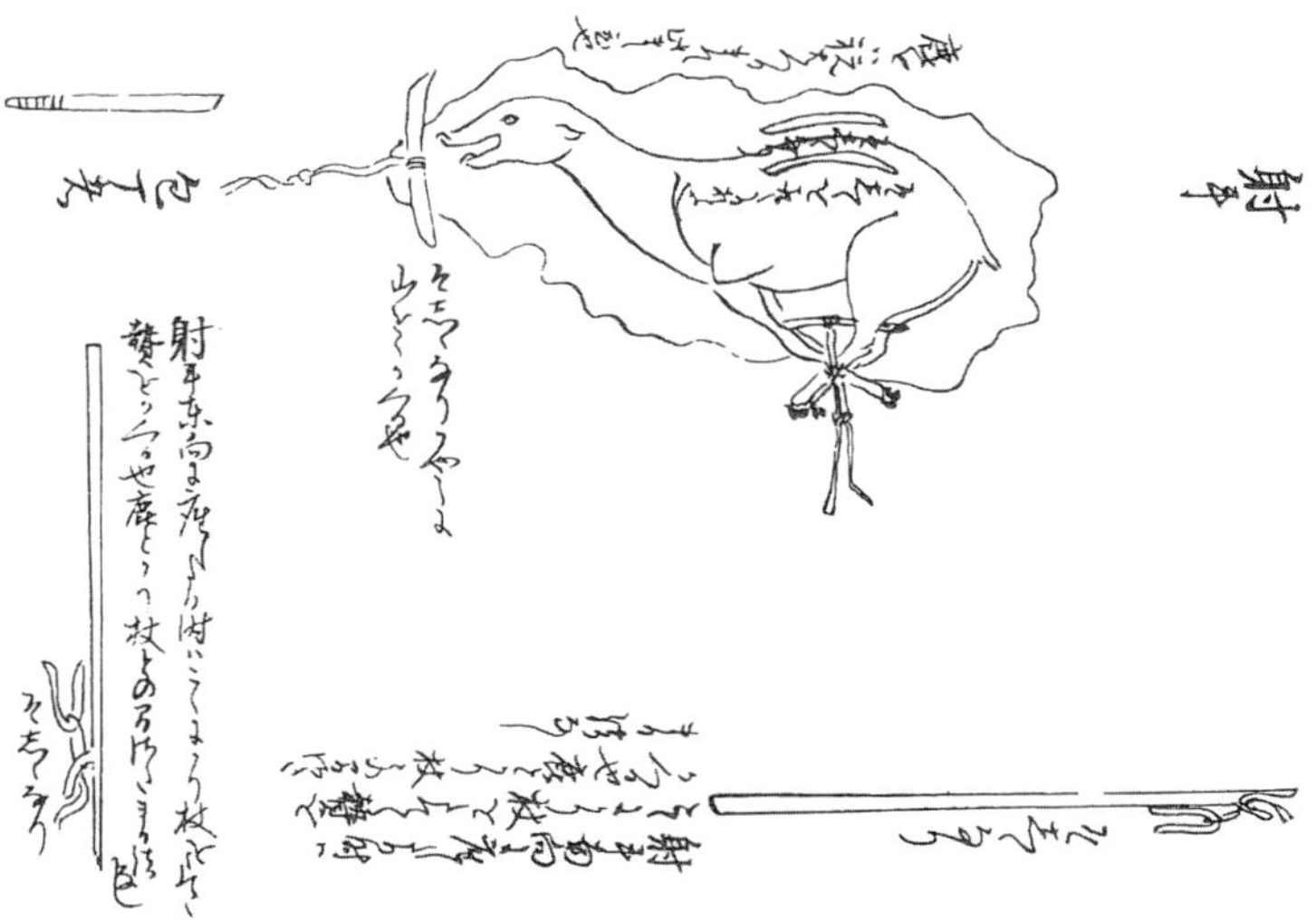

図５　『弓馬集書』第十四冊「鹿之矢開之事」
（部分、国立公文書館所蔵）

鹿狩を行っている。長享元年（一四八七）九月、将軍義尚が近江守護六角高頼を討伐するため坂本に出陣すると、これに従った政元は同年一二月、琵琶湖畔で大規模な鹿狩を行っており、その様子が京都にも伝わった。『蔭涼軒日録《いんりょうけんにちろく》』同月一一日条に「去十日、京兆《けいちょう》群衆を集め大《おお》獦《かり》を作《な》し、鹿七十餘頭これを取る。大略大湖に溺れる所を獲ると云々、凡人数三萬人と云々」とみえる。政元は、永正二年（一五〇五）正月にも大津で狩猟を行っており、「上下一二三萬人」が動員されたと伝えられている（『後法興院記』同一九日条）。翌三年の正月には、飛鳥井雅俊らと共に丹波で鹿狩を行っており、その際、政元は誤って「カリマタ（狩俣）」で人を射たという（『尚通公記』同月二一日条）。武家であれば実践したとイメージされがちな狩猟だが、室町殿と諸大名との間には明確な差があり、一六世紀以降も、鹿狩や鹿を獲物とする矢開の故実（図５参照）について学ぼうとする武士はいた。

こうした狩猟の階層差を考える上でも、『狩詞記』は興味深い史料と言えようが、あわせて考えなければならないのは、鹿肉食忌避と鹿狩故実との関係である。先ほどふれたとおり、王朝の貴族社会では一二世紀に鹿肉食忌避が強まり、中世の肉食忌避は鹿肉食が中心になった（平前掲論文）。室町殿もそれを受け継いだと言えようが、そもそもなぜ貴族社会は狩猟の獲物の食用まで禁忌とするようになったのか、そしてその中で鹿肉が忌避の中心になったのはなぜなのか、その理由はまだ解明されておらず、今後の課題とされている。

一方、『狩詞記』は、獲物としての鹿にきわめて高い価値を認めている。第34〜48条は鳥の射法を説き、射てはならない鳥を書き上げる第50条に「木ねずみ・むさゝび」、神頭《じんとう》（的矢の一種）の射法を説く第54条に「うさぎ・たぬき」が見えるものの、猪・熊・羚羊《かもしか》などの獣には全く言及しない。第49条で「小牛」の射法について説いているが、これはかつて犬追物と同じように牛追物を行っていたことを説明するもので、狩猟ではない。条文の大半は鹿狩の作法について説いている。なぜ鹿の狩猟がこれほど重要視されるのだろうか。柳田は『後狩詞記』の「序」で、「鹿は狩の主賓であった。（中略）あらゆる狩の中で鹿狩は最も興が高い」と述べ、「射当てた時の歓はつまり所謂技術の快楽である」とする。そうした「興」あるいは「快楽」故に、鹿狩の価値は高かったのだろうか。おそらくこの先には、動物観の変遷や鹿の生態と神聖視との関係などもふまえて考えるべき問題が待ち受けているに違いない。

大航海時代の日本認識

――未知の国から一六世紀グローバル経済の主役へ――

川村信三

一　はじめに

上智大学史学科が世におくる「歴史家」シリーズは約二〇年の歴史をもち、これで四作目である。その都度、自身のテーマが（近世）史の枠におさまっていない居心地の悪さを感じてきた。我が国では明治の大学制度が誕生してヨーロッパのランケのドイツ史学派（ランケの高弟ルードヴィッヒ・リースが東京帝国大学の史学科を誕生させた）の影響をうけ、西洋史、日本史、東洋史の三区分を当たり前のように踏襲してきた。この区分はあくまで便宜的なものであるはずなのだが、絶対的な区分として使用されつづけ、おかげで上智大学も日本史、東洋史、西洋史の枠組みでカリキュラムを構成している結果、歴史家シリーズがその三区分を受け入れている。その際、日本史でありながら、実は世界史との連携を強く意識し、なおかつ史料的根拠は西欧人の残した欧文史料であるという日本史の特殊分野を扱う筆者のアウェー感は尋常ではない。

幸いなことに、近年、歴史学の三区分に世間も少しずつ違和感をもち始めている。西洋史に南北アメリカは入るのか。アメリカの先住民族の歴史は西洋史でとりあつかうのか。アフリカ史は帝国主義植民時代なら西洋史、違った意味でイスラームの中東史分野となる。歴史学が発展し、ヨーロッパ中心史観がゆらぎ、各地の民族文化に注目があつまると、これまでの区分ではほとんど把握しきれなくなる。ようやく、「超領域」あるいは「トランスナショナル」という視点が強調されはじめた。領域には中心と周縁が存在する。その中心にとどまることなく、周縁に分け入り、はっきりと区分されることのない「グラデーション」の多様性をみていくためには、領域同士がぶつかり、まじりあって、互いに境界を越えていくという「発想」がなんとしても必要である。しかも「隣接領域」という考え方をもって文化の交流に注目していく。まさに、筆者がこれまでアウェー感をもっていた歴史が、ようやく陽の目をみる時代になりつつあるということだろうか。ただ、それは、同時により複雑な事象（語学や諸地域の背景）を理解しなければならない負担を伴うものであるという覚悟も必要となる。

二 「大航海時代」にかわる歴史の新たな切り口

筆者が専門としている分野は、一六世紀から一七世紀における「東西交渉史」である。より詳しくは、日本とヨーロッパの文化接触であり、さらにいえば、日本とポルトガル・スペインを中心とするカトリック諸国の文化・思想（キリスト教）の邂逅の歴史である。これは一般には、「大航海時代」と言い表され、中学や高校における世界史の一つの重要なテーマの中にある。誰が言いだしたのか、実は、「大航海時代」とは、日本でのみ通用する呼称である。世界的には「大発見時代」（The Age of Great Discovery）ということの方が一般的だ。ローマ帝国以後発展をつづけた西ヨーロッパのキリスト教国が、イスラーム勢力を「再征服運動」（Reconquista）で駆逐し、ルネサンスと宗教改革を経たのち、科学技術発展の端緒を手にして海洋に乗り出していった時代である。その担い手となった「再征服運動」の立役者であるポルトガル、スペイン両王家の強力な支援の下、ヨーロッパが数々の発見をなしとげたのが「大発見時代」である。ポルトガルのリスボンを訪れると、その時代がこの国にとっていかに「黄金時代」と意識されたかがよくわかる。リスボン市街にながれる大河テージョの河岸に「ベレンの塔」と称される建造物を目にする。かつて囚人監獄であった堅牢な、一見すると可憐な館にも思える小ぶりの要塞であるが、その横に大海に乗り出したイベリア半島のキリスト教徒たち（航海王エンリケから、ザビエルの姿も）の彫像が立ち並ぶ舟形レリーフが屹立し、手前の地面には世界地図が描かれている。各地の発見年が西暦で記されているのだが、驚くべきことに、日本の部分に「1541《ママ》年」とある。つまり、日本は一五四一年（ポルトガル人の来航は一五四三年）に「発見された」ということのようだ。なにか、日本という未開のジャングルがあり、そこに暮らす人が発見されたといわんばかりである。友人のポルトガル人歴史家に表記に誤りがあるし、「発見」はないだろうと抗議したところ、そうやって日本は「世界」の中にくみこまれ「認識された」のだから「発見でよい」というのだった。なにか釈然としない。しかし、確かに日本はポルトガル人のおかげで「世界」の中に位置を占めたのは事実だ。

冒頭にも述べたように、もはや「ヨーロッパ中心主義」の歴史観一辺倒ではものたりなくなっている現在、「大発見時代」にかわり「大航海時代」の特徴をより鮮明にするこころみはないものだろうか。最近、「グローバル化」ということばが頻繁にもちいられるようになったが、この「グローバル」という意味を一六世紀の世界認識にあてはめると、現代のグローバル化とはまたひと味ちがった別の視点での「歴史」をみいだせるのではないかとも思う。

三　一五〇〇年という「歴史の転換点」

一九八〇年ごろまで活躍したハーバード大学のジョセフ・フレッチャー（故人）という歴史学者がいた。専攻は西アジア史で、十数か国語を堪能に操ったという語学の天才であった。一五〇〇年を境に「歴史の転換」がユーラシア大陸全域で起こったと提唱した人だ。[(1)] フレッチャーの提唱した歴史展望では、一五〇〇年までのユーラシア大陸には様々な自己完結した領域が併存していた。インドのムガール帝国、イランのサファヴィー朝、オスマントルコ、モンゴル周辺の旧藩国、モスクワ大公国、そして中国では漢民族である明王朝の繁栄期である。最初、これらの国は境を固く閉ざし周辺と交わろうとはしなかったが、やがて、自己の完結性を保持しながら周辺諸国との交流の原則をうちたてていった。同時に、各文化圏には、時代的に共通する様々な要素、例えば「人口増加」「宗教改革」などが指摘でき、はっきりと世界は新しい時代へと変貌しつつあったという。ヨーロッパ（ポルトガル）人の参入もこの時期に重なる。

フレッチャーはこのとき、「文化」はたがいに混交したり、より下位のものがより上位のものに統合吸収されたりするのはほとんど稀で、その基本的なスタンスは「並存」（juxtaposition）あるいは「共存」（coexistence）だったという。つまり、文化が交じり合うというより、例えていえば、「プラグ」と「ソケット」のように、各方面で「接続」し始めたということである。[(2)] つまり、電流が一方的にある方向から別に流れるのではなく双方向の現象であるように、その文化間にはお互いに「交流」するという積極的な要素が認められる。そこに圧倒的な上位者と下位者の区別は意識されにくい。それが一五〇〇年以後の一〇〇年であるとして、これをきわめて重要な「歴史的転換点」ととらえるべきなのだと主張した。

四　一六世紀の交流の特異性

ここで、私たちは一八世紀以後の帝国主義列強時代のヨーロッパ優位の世界を思い起こす。しかし、一九〇〇年に起こっていたことと、一六〇〇年に起こっていたことは、同じようにヨーロッパ人の世界各地への参入という外面上の類似とはうらはらに、まったく質を異にした文化現象だった。例えば、豊臣秀吉はヨーロッパ人の宣教師や商人から一方的に「教えをうけ」「有用な武器や商品を手に入れた」わけではない。そこには、一方の他方に対する「絶対的優位」という要素はみあたらない。秀吉は、好ましければ受け、いやならはっきりと拒絶できた。これが一六世紀と一九世紀の違いである。まず、「歴史の色眼鏡」をはずして、一六世紀的な現実の歴史コンテキストにおいて様々な事象をみるということを心がけたい。

先に、もうひとつの「グローバル化」という言葉をつかったが、実はこの言葉を多用する現代の研究者の中にも、一六世紀と一九世紀の違いを認識することなく、歴史を考察する態度がみられる。有名な例では、『近代世界システム』で一躍有名となったウォーラーステインである。(3) この議論は後に検証するつもりだが、その概略だけを示すと、その構想する「グローバリゼーション」の中心はあくまでヨーロッパであり、ヨーロッパの「中心」に対し、他は「周縁」と位置付けられ、そうした区別は一五世紀の末ごろから次第に姿を現し一八世紀の産業革命以後の世界で決定的となったとされた。これに対し、多くの賛同と反論がなされたが、特に重要なものが『リオリエント』という著作で示されている。ヨーロッパの覇権以前、すくなくとも一四世紀後半から、ヨーロッパではなく「中国」を中心とした、品物と銀の交換を基盤としたグローバル経済がすでに構築されており、世界のほぼすべての銀が中国に集まったことをもって「グローバル化」の嚆矢とみなすべきだと主張する。[(4)] つまり、「科学革命」と「産業革命」により圧倒的に力をつけた一九世紀の帝国主義ヨーロッパの発想のみをもってしては、正しい「グローバル化」の歴史は語れないということを証明しようとしている。実は、その銀流通の現場に「日本」は深くかかわっている。かかわっているだけではなく、主役すら演じていることは後述する。

一五〇〇年以後の「歴史の大転換期」の中で、ようやく認識されはじめた我が国日本。戦国時代にあたる日本は、戦禍の暗いイメージばかりでは語れない。戦争と並立が全く不可能なような絢爛豪華な「安土桃山時代」を開花させる。この不思議な歴史の謎は、日本史にのみとじこもっていては解けないものである。日本は、急速に「世界認識」の中にくみこまれ、事実、大きな役割を担うことになった。その歴史を、「超領域交流」の立場からみていきたい。

五　大航海時代の日本情報

世界の歴史が転換点を迎え、それぞれの領域の周辺部分で「交流」が盛んとなりはじめた一五〇〇年代、すなわち一六世紀の日本の対外交渉についてグローバルな視点から考えると、境界線上では多くの人々が交流した。アジアにおいてはゴアやマラッカなどでその様相は特に顕著だった。マレー半島のマラッカには九〇以上の言語が飛び交っていたといわれる。この時代の交流の主役は主として商人、軍人、そして宣教師である。そして、日本の対外交流の草分けとして日本人と交流しそれを記録して後代に知らしめているのが、じつはこのグループの中でも、かなりマイノリティな「宣教師」だったことに注目したい。商人や軍人ももちろん記録をのこす。実際、メンデス・ピント（Mendes Pinto, 1509？–1583）のような冒険家は多少誇張を加えて日本の状況をヨーロッパ人に伝えた。しかし、宣教師が、商人や軍人と全くちがっていたのは、当代一流の知識人であったという事実である。よく知られたことだが、一五四九年に来日したフランシスコ・ザビエルは当時のヨーロッパの最高学府パリ大学（ソルボンヌ）のマギステル（修士）だった。この人物が描写する「日本」は、理解力の背景や視点などから商人、軍人の記録よりはるかに良質なものであったといわざるを得ない。しかし、このザビエルも来日直前には、日本情報を、その質の良し悪しは度外視して、できるだけ多く収集することに躍起となっていた。ここでは「大航海時代」、特にフランシスコ・ザビエルの研究の第一人者である岸野久氏の論考に負いつつ、ザビエルの手にしたであろう

日本情報を整理する。ザビエルのみならず、その来日の二〇年後までに注目すべき日本情報はおおよそ以下の五つとなる。(5)

(1) 一五〇二年、ポルトガル語版『マルコ・ポーロ(東方見聞録)』
(2) 一五四三年、エスカランテ報告
(3) 一五四七年、ジョルジェ・アルヴァレスの日本報告
(4) 一五四八年、ニコラオ・ランチェロッティの日本情報
(5) 一五七四年、フワン・ロペス・デ・ベラスコ編『新大陸地誌総記』の日本記事

(1)は、よく知られたマルコ・ポーロの『東方見聞録』のポルトガル語訳としてリスボンで刊行されたものである。それに、ヴェネチア人のニコラオの書、ジェロニモ・エステヴァンという人物の書簡(一四九九年)が加えられている。東方諸国、地方の状況と風習の概観が記され、世界初の日本情報として、大航海時代の技術によって海洋に出たポルトガル人の好奇心を駆り立てたものである。しかし、この段階ではまだ「日本」がどこにありどのような国なのかは不明であった。ただ「黄金の島ジパング」へのあこがれのみが先行した。

(2)は、ガルシア・デ・エスカランテ・アルバラド(Garcia de Escalante Alvarado)というスペイン人の報告書である。この人物は商人として来日経験があるとする研究者(ジョセフ・シュッテなど)がいる。一五四二年のメキシコ総督メンドーサにより、アジアに派遣された艦隊の一員としての覚え書きである。のちにミンダナオ島でポルトガル人との戦いで投降し、その後捕虜としてリ

スボンに逼留したとき、メキシコ総督にこの報告書を送っている。一五四三年というから、種子島に上陸したポルトガル人の中にこの人物が含まれていた可能性を否定できない。

(3)の日本報告はイエズス会のフランシスコ・ザビエルに日本人ヤジロウを紹介した（一五四七年一二月上旬）人物の手になる日本報告である。作者であるジョルジェ・アルヴァレス（Jorge Alvarez）は商人であり、ヤジロウとザビエルが相まみえたのはマラッカであったことから、このあたりを往来していたのであろう。ザビエルはこの人物に接触し、熱心に日本情報を聞きだした。事実上、この本は最初の信頼に値する日本情報といえるかもしれない。

(4)一五四八年にはイエズス会のニコラオ・ランチェロッティ（Nicolao Lancellotti, 生年不明—1558）の日本情報が残されている。その前年一二月に、ザビエルは日本渡航の準備を開始した。ランチェロッティはイタリアで生まれて一五四五年インドにわたり、後にゴアの聖パウロ学院（神学校）の責任者（院長）となった人で、個人的に集めた日本の情報をザビエルに提供した。原文はローマ・イエズス会古文書館に所蔵

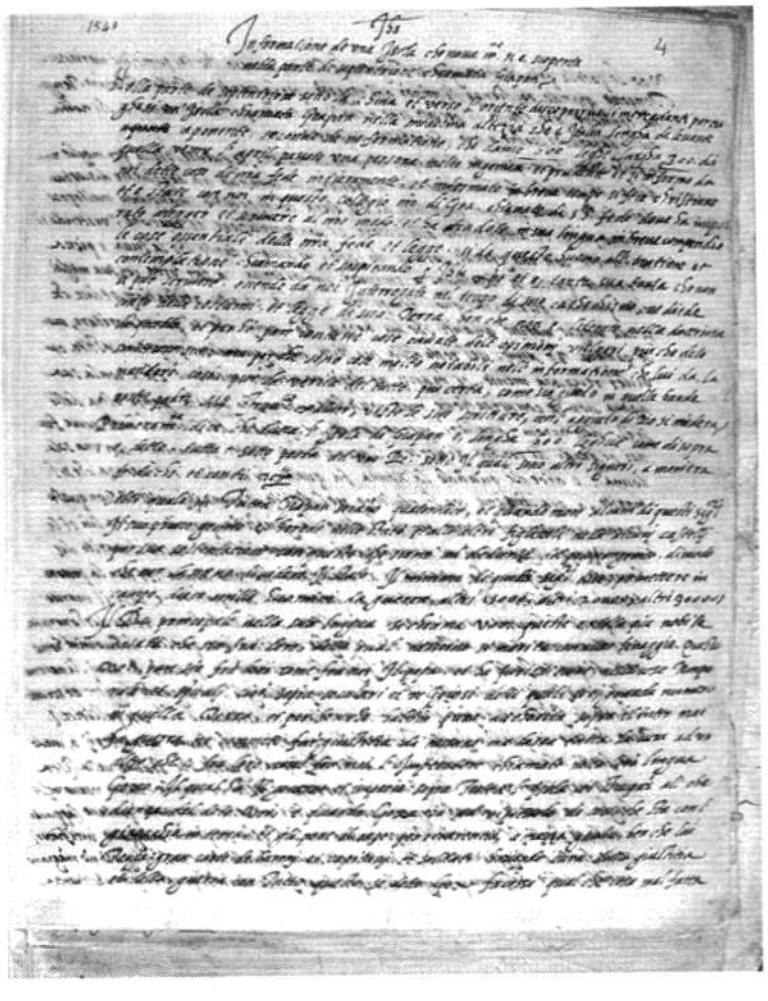

図1　ローマ・イエズス会古文書館に残るランチェロッティの手紙

されている（Jap. Sin. 4. 4）（図1）。

⑸は、さらに時代がすすんで、一五七四年の日本情報である。ザビエルの来日からすでに二〇年を経過している本格的な日本紹介記事である。著者フワン・ロペス・デ・ベラスコ（Juan Lopez de Velasco, 1598年没）は一五七一年、スペインの新大陸枢密院に設置された「世界誌・年代記編纂掛」の初代長官を務めた人物で、一五七四年にこの『新大陸地誌総記』を完成させた。この中には日本関係（琉球を含む）の情報が記されている。

かくして、種子島へのポルトガル人の上陸（一五四三年）、そしてザビエルの来日（一五四九年）をもって、にわかに具体化し始めた「日本認識」がヨーロッパ人の間に誕生した。文書報告などにのこされている「日本情報」は極めて断片的で、日本の実情を正確に把握したものとはいえないものの、「大発見時代」の新たな一ページを開いたことは確かで、ヨーロッパ人の世界観は日本から極東全域に広がっていった。文書史料のみでなく、その過程は別の資料、すなわち「地図」にあらわれてくる。

六　世界に認識された「日本」——地図上の表記として——

「地図」とは不思議な存在である。単に地形と地名が記録されているだけなのかと思いきや、実際は球形の大地を平面に広げて世界を把握しようとした人間の知恵の結晶であり、その記述のみをたよりに多くの冒険家、商人、軍人、宣教師らが自国の港から船出した。そうした「地図」の別の性格は、単に地名が明記されているということばかりでなく、それを作成した人々の「世界観」すなわち「認識」の写しであるということである。つまり、現地体験をもつか、あるいはそうした体験者の伝聞をまとめて図に記す作業は、単なる書き写しではなく、聞き手の「世界観」を如実に反映するものである。例えば、一九七〇年代に中華人民共和国で作成された中国全図には、台湾との境界線がなく、周辺の異民族地域もすべて中華人民共和国となっていることは世界の一般認識とはずれていたとしても、地図作成者が世界をどう考えているかという点ではある一つの事実を示している。同じことは多くの国境紛争地域の地図表記にみられる。つまり、「地図」とは、自然科学的な資料という以前に、人の心の中にある「意識」の写しなのである。

一六世紀ごろから盛んに作成されはじめた「世界地図」は、わずかな情報をもとに作成者が描き出した「心性」の記録であったともいえる。情報が収集され、知識が増すにつれ、「地図」に書き込まれる情報が変化する。それは客観的な事実とともに、作成者の思想でもある。そうした観点から、日本が世界地図の中にどのように登場

図2　『インド北部と大タタールの図』（1522年）

（上智大学キリシタン文庫蔵）

していったかを知ることは重要であろう。

一五二二年、ヴェネチアの印刷所で一つの地図がつくられた。タイトルは『インド北部と大タタールの図』(Tabula superioris Indiae & Tartariae Maioris)とされているものである(図2)。一五二二年といえば、すでにポルトガルがインドの諸地域(ゴア、カリカット、コーチン)の拠点を植民地とした時期であり、またマラッカを中心として活動した商人たちの情報からインド・中国についての関心がにわかに高まっていた。この極めて希少な地図(Tabula)の中に、なんと、まだ発見もされていない日本が「Zipangri」という名で書き込まれている。すぐにわかるのは、この地図作成の際に使われた情報はマルコ・ポーロの『東方見聞録』のみだということである。もちろん架空の書き込みであり、作者は「黄金の国」が中国のさらに東にある島であることを期待をもって書き加えたようである。数値も書き込まれているが詳しいことはわからない。なぜ「ジパング」が「ジパングリ」になるのか。おそらく手書きの情報を見ていた作者が、欧文筆記体で「Zipangu」となっていたものを、最後の「gu」を、「gri」と誤読したものと思われる。実際の筆記体では、「u」は頻

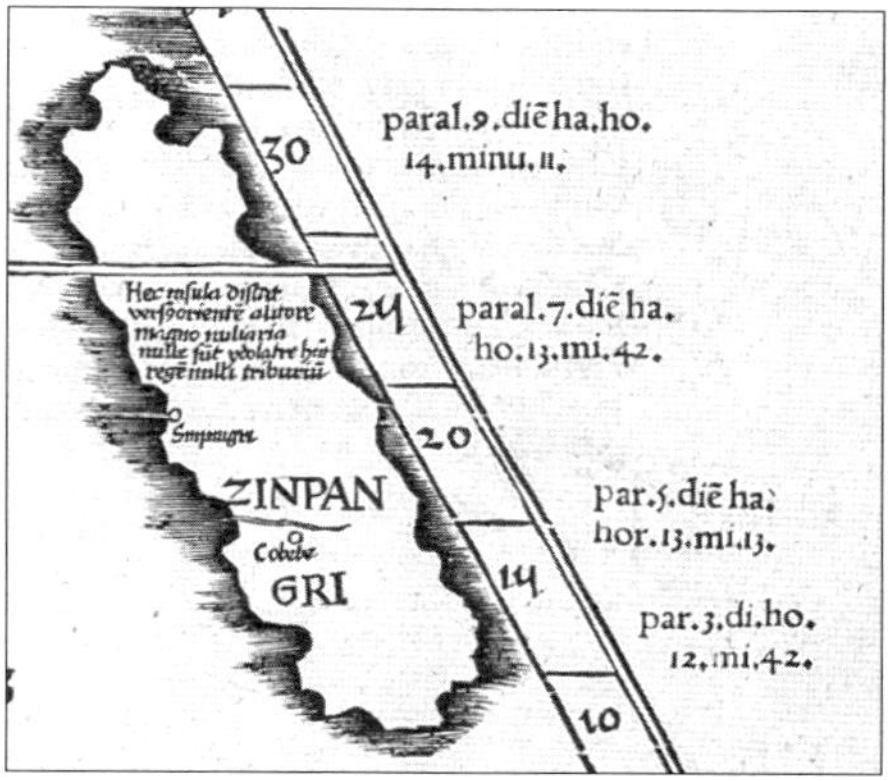

図3 (図2拡大図)

繁に「ri」とまちがって読まれることがあるからだ。

次に興味をひく「地図」は、一五二八年にボルドーネ(Benedetto Bordone, 1460–1531）の著した『世界島嶼志』の中に挿絵として極東部分に挿入されている「日本図」である（図4）。「日本」が「Ciampagu」となり、ジパングなのかジパングリなのかもわからない表現となっている。まだ、現実の日本が確認されていないことを端的に示す。ちなみに、一四九六年に制定されたポルトガルとイスパニア両王による『トルデシリャス条約』が「世界分界線」を大西洋上に引き、その東半分をポルトガル、西半分をイスパニアにしたことはよく知られているが、一五二〇年代には、マゼランとその乗組員たちの航海によって「地球」の実態が実証されてから、分界線の裏側が議論の対象となり始めた。結果として一五二九年サラゴサ条約が結ばれ、地球の裏側にあたるモルッカ諸島やフィリピン諸島のあたりで交差したポルトガルとスペイン両国が領域確定を進めていたときの地図である。やはり、ヨーロッパ人にとって「日本」はまだ想定外の夢の島だったようである。ボルドーネの挿絵地図は日本を単独の島として描いた出版物としては最古のものの一つとされる。

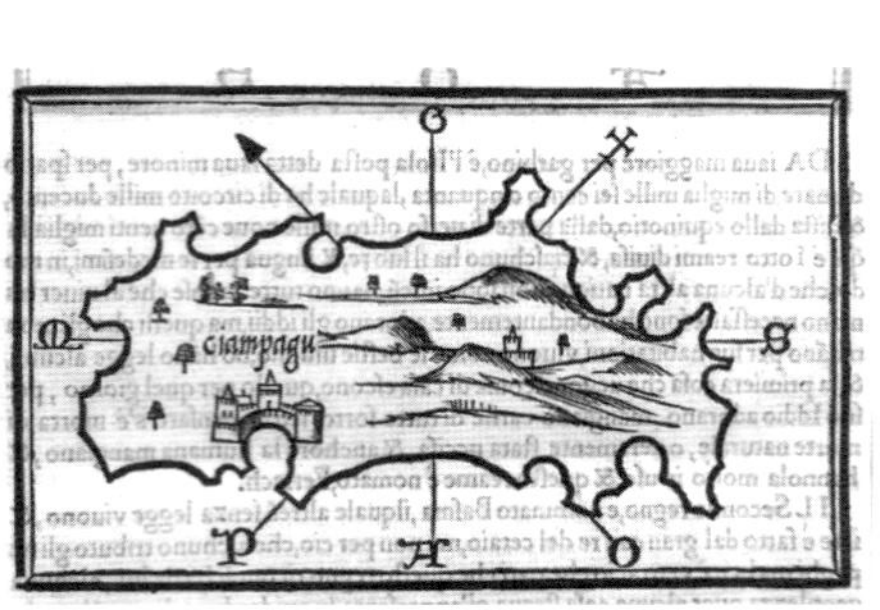

図４　『世界島嶼志』の日本国（1528年）
（上智大学キリシタン文庫蔵）

時代は進んで、ザビエルが来日したのち、鹿児島から有名な「大書簡」（一五四九年一一月五日鹿児島発）などを発信した当時の「地図」上の記載に変化は生じたのであろうか。そのころに作成された地図の代表として、一五五〇年のセバスチャン・ミュンスター（Sebstian Münster 1488-1552）作のアジア図がある（図5）。その地図としての精度は、これまでに見た地図とほとんど大差はないが、「JAPAN」と記された島の中への書き込みが少し詳細になっているのがわかる。例えば、「Meaco」（都）、「Amanguca」（天草）、「Burugo」（おそらく豊後）、「Congashima」（鹿児島）などの記載が加わっている。これらの記述には、明らかに現地を訪れたザビエルの情報が反映されている。ザビエルの情報がヨーロッパにおいて整理されより広くいきわたる直前の興味深い結果といえる。

ザビエルの書簡は一四四が残され、行く先々の人々と風習、習慣について書かれている一五四九年鹿児島発

図5　セバスチャン・ミュンスター作のアジア図（1550年）
（上智大学キリシタン文庫蔵）

書簡とその次の書簡が日本情報として特に重要である。ザビエルの書簡はヨーロッパに到着するやすぐに出版刊行され、多くのヨーロッパ人が日本の「発見」に欣喜雀躍した。とくに、トリエント公会議（一五六三年閉会）に参集したカトリック教会の代表者たちは、宗教改革の失地補填として極東に大きな希望の光を見出せるとして喜んでザビエルの書簡を読んでいた。

興味深いのは四国と思われる島に「Tonsa」の文字が見えることである。四国には阿波や讃岐、伊予もあるのに、なぜ「土佐」のみでこの島の総称としているのか。これも伝聞の日本情報と関係しているようである。このころ、イスパニアのガレオン船が太平洋航路を見出した矢先であった。メキシコ（ノヴァスパン）から出発し、ルソンで停泊したのち、帰路は東シナ海の黒潮にのり、太

図6　アブラハム・オルテリウス作アジア全図
（上智大学キリシタン文庫蔵）

図7　「タタールおよび大シャム（中国）」（1570年）
（上智大学キリシタン文庫蔵）

平洋を日本の関東沖で東に進路をとってメキシコに戻る航路を用い始めていた。その際、おそらく、船の乗組員たちは、沖合から見える特徴的な陸地を、現地の情報から「土佐」とした可能性がある。「認識」の深まりという意味でも重要なプロセスである。

次に取り上げる「日本図」は、一五七〇年、アブラハム・オルテリウス（Abraham Ortelius, 1527–1598）が作成した二枚のアジア図である（図6）。一五七〇年にアントワープで出版された『世界の舞台』という書物の中に銅版画のアラビア半島から日本までを俯瞰する「アジア図」があり、また一五七〇年、「タタールおよび大シャム（中国）」と題された地図は極東を拡大した図となっている（図7）。オルテリウスはアントワープの名家の出身で、近代地図作成の第一人者として知られ、のちにメルカトル図法で有名となるゲラルドゥス・メル

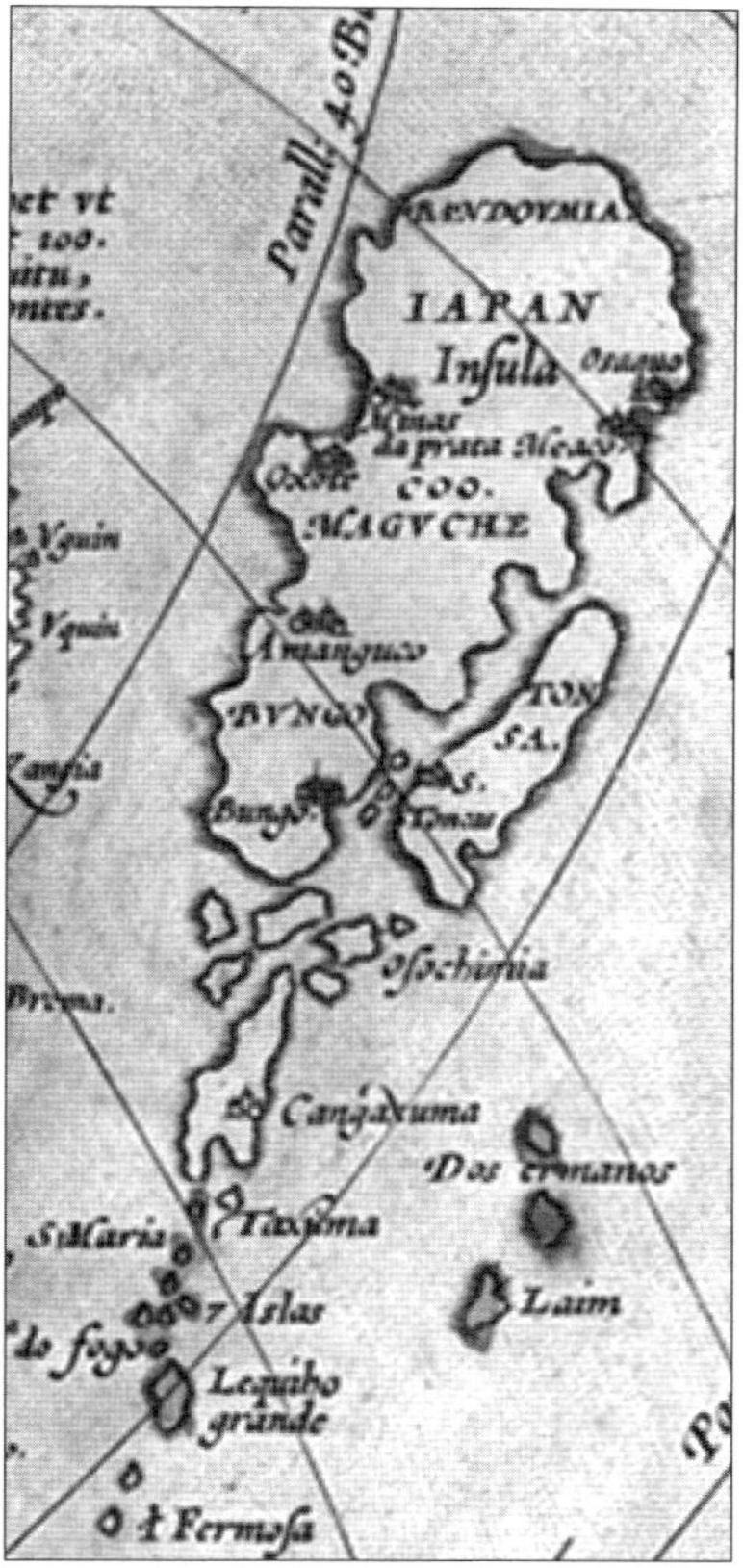

図8　（図6拡大図）

カトルと親交を深め、その技法に大きく影響を受けた人物である。

オルテリウスがアジア全図および極東部分の地図に記入した「日本」を詳細にみると、当時のヨーロッパ人の「日本認識」として興味深いことが浮かび上がる。前者のアジア全図には、スペースの関係上日本の扱いは補足的で、その記述内容は、これまでに見た諸地図と大差がない。「Bundomia」（坂東）や「Tomo」（鞆）という地名が加わった程度である。この二つの地名はザビエル書簡の影響と思われる。前者は、ザビエルが日本の知識人相手に討論を画策した際、日本における「大学」（最高学府）の名を尋ねた際、多くの日本人が「坂東の学校」を指摘した。つまり足利学校のことであり、ザビエルはそこに赴くことを夢見ていた。ヨーロッパの大学とのアナロジーが理解されたのか、地図上にもその名がはっきりとしめされている。「鞆」は瀬戸内海航路の要衝の港「鞆の浦」で、日本情報として瀬戸内海を航行した経験のあるザビエル起源の可能性が高い。

図９　（図７拡大図）

オルテリウスは「極東図」の「日本」についてつぎのような書き込みを印刷している。「ヴェネチアの人、M・ポーロによってZipangriあるいは黄金の島と呼ばれた。大シャム国（元）に攻撃され、戦争となったが、(元の)遠征は無益に終わった。」(Japan insula, á M. Paulo Veneto Zipangri dic. ta, olim chryse, a Magno Cham olim bello petita sed frustra.) 元寇の情報はヨーロッパ人も理解したらしく、この島の国民の戦闘力の評価が暗示されている。

そして、この二つの日本図に共通する、きわめて重要な「日本情報」が書き込まれている。「アジア全図」(図6)ではポルトガル語で「Minas da Prata」、極東の部分図(拡大)(図8・9)では「Minas de Plata」という文字である。言葉通りでは、「銀鉱山」という意味である。

マルコ・ポーロは日本を「黄金の島」と呼んだが、実際は「銀の島」として知られていたということになる。銀をめぐる経済的グローバリゼーションの中心的役割を日本が果たしたことについては本稿の重要事項である。

七 「アジア図」から浮かび上がる「シー・パワー」(Sea Power)としてのポルトガルの力

オルテリウスの「アジア図」には日本を中心とする「極東」が描かれているのと同様に、もうひとつ大きな特徴がある。それは、アラビア半島とインド洋の接点である「ホルムズ海峡付近」「インド両岸」そして、「マラッカ海峡」あたりの地名が詳しく記されていることである。最近、脚光をあびている「地政学」という観点を導入するとその意味がわかる。「地政学」とは、第二次世界大戦までは「戦争の道具」として使われたため、戦後はあまり高い評価をうけてこなかった学問であるが、ここ数年のうちに書店では「地政学」の紹介本が目立ち始め売り上げも上々ということである。アルフレッド・マハン（Alfred Thayer Mahan, 1840–1914）という人物の名も知られてきた（アルフレッド・T・マハン、北村謙一訳『海上権力史論』、原書房、二〇一六年）。司馬遼太郎の『坂の上の雲』の中に登場する米国留学中の秋山真之がワシントンの自宅を訪問した海軍軍人であり、数々の戦争計画を立案した戦略家である。この人が、世界の勢力を「シー・パワー」（Sea Power）と「ランド・パワー」（Land Power）に分類し、やがて覇権をにぎるのは海洋を牛耳る「シー・パワー」であると予言した。つまり、海に面した拠点には、その一帯を支配するために有益なポイントが存在する。その地をおさえることによって一帯の支配を堅固なものにできるという発想である。そのポイントを「チョーク・ポイント」（Choke point 喉を絞める点）という。世界にはいくつかのチョーク・ポイントが分散しており、歴代の海洋戦争のほとんどがその拠点をめぐる争いだったといっても過言ではない。スエズ運河、パナマ運河、ジブラルタル海峡、喜望峰沖、ホルムズ海峡、マラッカ海峡などが世界の重要な「チョーク・ポイント」である。

一六世紀のポルトガル海洋帝国にとって重要だった「チョーク・ポイント」は、喜望峰沖、ホルムズ海峡、およびマラッカ海峡であった。喜望峰は言うまでもなく、インド洋航路を切り開くための重要拠点であり、ポルトガル人はいちはやく制圧した。そして、インド洋を北上したポルトガル人たちは、ペルシャ湾の出口にあたるアラビア半島の角のホルムズ海峡をめぐってマムルーク朝と死闘をくりひろげた。一五〇九年インド西岸のディウ沖海戦で決定的勝利をおさめ、やがてその地の拠点を制圧することによってマムルーク朝を撤退させる。拠点としてのゴアの制圧は一五一〇年、ホルムズは一五一五年である。その隙をついて出てくるオスマントルコとポルトガルは戦闘をつづけることになる。一五六六年ポルトガルとオスマン帝国はインド貿易を分担するという条約を結ぶまで戦闘をつづけるが、ホルムズ海峡を制圧したポルトガルの力は絶大となった。

またポルトガルはもう一つの重要な「チョーク・ポイント」であるマラッカ海峡を制圧するため、いちはやくマラッカ経営に乗り出している。地図をみればすぐに明らかになることだが、この海峡を通らなければ東アジアに行くことが難しくなる。つまり、モルッカ諸島の香料貿易、マニラとの交易、そしてその東（中国と日本）との交易のうえで、ポルトガル人はこの海峡を是が非でも制圧しなければならなかった。そして一五一一年には、はやくもその争奪に成功した。のちに日本との関係で重要となるマカオへポルトガル人が到達したのは一五一三年のことであり、ここを領有するのは一五五七年であった。ポルトガル海洋帝国の「シー・パワー」としての基礎が一六世紀の前半を通じて迅速に構築されていたことがわかる。そして、一五七〇年代に描かれる「アジア図」をそうした「シー・パワー」の観点から眺めることで、ポルトガル人たちが、そしてそれにつづくヨーロッパ人が何を考えていたのかが透けてみえる。

八　「日本銀」は世界経済システムの一翼を担う

「銀の島」日本のグローバル経済に果たした主役の座　地図には、作成者の意図と、もっとも重要な認識が書き込まれることをみてきた。そこで、注目したいのが、まだ日本の実態が知られていない初期段階から書き込まれてきた「銀鉱山」（葡 Minas da Prata、西 Minas de Plata）の文字である。このことをもって、世界の日本認識は「銀」を産出する島というポイントに集約されているようである。

一六世紀前半の世界を変える、いわば世界という身体に血液のように循環し始めるのが「銀」である。コロンブスをはじめとする新大陸の開発者たちは、当初、南北アメリカ大陸の西側、すなわち大西洋側の沿岸を往来し、交易に有効な物資を探し回ったが、期待したものはほとんど何も見いだせずにいた。見いだしたのは、ヴェルデ岬やカナリア諸島、さらには西インド諸島における「奴隷」の労働力であった。奴隷をめぐるストーリーはイギリスの参入により一七・一八世紀に拡大するが、一六世紀初頭はまだ始まったばかりである。

南北アメリカ大陸への注目度を一八〇度転換させたのは一五一三年のパナマ地峡の向こう側にある「南の海」（太平洋）の発見であった。スペイン人探検者バスコ・ヌーニェス・デ・バルボア（Vasco Nũñez de Balboa, 1475–1519）は、パナマ地峡の南に広大な海洋が存在することを初めて確認したヨーロッパ人となった。地図で確かめると、確かにパナマ地峡は北を大西洋、南を太平洋に挟まれた東西にひろがる土地である。一五一九年パナマ町が太平洋側につくられ、そこを起点として、南アメリカ大陸の東沿岸の探索が開始された。ペルーやチリそしてメキシコといった地方、とくにこれらの地が鉱山を多数かかえる地であることが発見され世界的交易の大変革が生じた。とくに、ボリビアのポトシ銀山（一五四五年発見）やメキシコのサカテカス銀山（一五四八年採掘開始）の果たした役割は重大であった。かくして、世界中に南米産出の「銀」が大量にでまわることになった。

しかし、ここで重要なことは、「銀」の世界的流通の一翼をになった重要国として日本を加えなければならないという事実である。一五二六年、ボリビアのポトシ銀山に先んじること二〇年、石見大森で銀鉱石の採掘が開始され、一五三三年には飛躍的な進歩を遂げた。一説には、最盛期の一七世紀前半、年間銀産高を八〇〇〇貫から一万貫にのばしたといわれ、その総量では世界の三分の一をしめたという。その発展の影には、当時の人々の並々ならぬ努力の跡がみてとれる。朝鮮半島からもたらされた「灰吹法」という画期的な技術の導入により、石見大森で採掘された銀鉱石は、その場で精錬できるようになった。それまでは、鉱石をいちいち博多や朝鮮半島にまで送って精錬していたというから面倒な作業であったが、以後は容易に実行できる極めて合理的な結果をもたらすこととなった。アジア図ないしは極東の地図の日本部分にかならず「銀の島」という表記がなされるようになったのは、この歴史的事実を反映するものである。フランシスコ・ザビエルでさえ一五五二年四月八日付の書簡において、日本は「銀の島」であるとはっきり書いている。ザビエルはスペイン人らの注目を日本からそらす意味で、軍事的征服をするのは好ましくないし、好戦的な日本人相手に勝利することは不可能に近いとポルトガル国王に進言し、スペイン国王に伝えてもらえるよう懇願している。多少誇張と方便を加えて述べているザビエルだが、南米におけるスペイン人の行動に早くから懸念を示していたこともあり、日本をそうした地域の二の舞にしたくはなかったのであろうか。いずれにせよ、ヨーロッパ人の「日本認識」の最初にして最大のポイントは「銀を豊かに産出する土地」ということになった。

日本の銀と経済のグローバル化　日本の石見大森から送り出された「銀」はどのような結果をもたらしたのだろうか。この問いに答えるまえに、冒頭でも言及したように、当時の「経済的グローバル化」についての諸説を整理しておきたい。その歴史事実のカギをにぎっているものが「銀」なのである。

世界経済のグローバル化は近代世界システムの開始とともにヨーロッパからはじまったというウォーラーステインの提起した問題がある。すなわち、この世界システムは一六世紀から次第に構築された。その中心は「西ヨーロッパ」諸国であり、「万物の商品化」と「飽くなき自己増殖」をもたらしたという。一四五〇年頃以降、ヨーロッパにおいて資本主義的な「世界経済」の生まれる素地が切り開かれた。その後、市場経済の拡大が促され、「成長」をなにより優先する思考が重んじられた。その世界システムとしての「中核」の位置を西ヨーロッパ諸国が占め、その他は「周縁(辺境)」と位置付けられて支配・従属の関係に置かれた。つまり、ウォーラーステインの説明では、近代の世界経済の主役は徹頭徹尾西ヨーロッパ諸国だというのである。この説明は一八世紀の産業革命以後の世界を見渡すかぎりでは説得力をもつもののようである。しかし、それ以前も同様にヨーロッパが中心的位置を占めていたのか、経済のグローバル化の成立に対する役割がただヨーロッパにのみあったのかという点では疑問をのこすものである。

ウォーラーステイン説に最も有効な反論を加えたのは、歴史学者グンダー・フランクである。その著作は『リオリエント』(Re-Orient)とされ、グローバル経済の中心には、西ヨーロッパに先立って長く「中国」が君臨していたという反論が提出された。サイードの『オリエンタリズム』という著作を読めば、ヨーロッパ中心主義的観点から解釈された「東方」イメージは現実とは程遠い実態があり、それはヨーロッパ人のオリエンタル趣味の反映にすぎないことが理解できるが、『リオリエント』も東洋の真の姿を理解すべきだとして、「東方世界に目を向けなおす」という意味とともに、「東方へ出発点を戻す」という意味もあるようである。

グンダー・フランクの説は要約すると次のようになる。一五〇〇年このかた、世界規模の分業と多角的な交易関係をそなえた「単一のグローバルな世界」が存在した。この世界経済は一〇〇〇年以上前に遡ってアフロ・ユーラシア的なルーツを有する固有の特徴とダイナミズムを持つシステムとして同定できる。世界経済は、すくなくとも三世紀の間にわたって、一八〇〇年頃にいたるまで、「アジア人」によって支配されつづけた。ヨーロッパは、相対的にも絶対的にも、世界経済において周縁的でありつづけた。そして、重要なことに、そのグローバルな市場の車輪の回転潤滑油となっているのが世界規模の銀の流通である。つまり、ウォーラーステインのいうように、ヨーロッパがヘゲモニー(覇者)でありつづけたわけではないということである。

地域的パターンの中心は「中国」　『リオリエント』によれば、世界を一周する世界規模の交易システムと分業体制が存在していたという。世界経済における国際分業、産業分野間の相対的な生産性および、それぞれの地域（リージョン）の競争力は貿易収支と貨幣の流れのグローバルなパターンに反映されている。その主なリージョンは四つである。（一）南北両アメリカと日本であり、これらの地域は銀（貨幣）を輸出用に生産することで赤字を埋め合わせた。（二）アフリカは、金と奴隷が輸出用として機能した。（三）ヨーロッパは恒常的な貿易赤字を埋め合わせるために輸出すべきものを何も生産できなかった。これが可能となるのは工業化をとげ武器輸出などにたよることができる一八世紀以後である。（四）世界経済にとって、真の「中心的」な役割を果たした二大地域とは、「中国」と「インド」である。手工業における卓越と、その製品の質の高さはインドの絹布などにみられるが、それを凌駕するのが絹と陶磁器、のちに茶を輸出する中国である。これらの優れた製品を一六世紀以後の世界が争って手に入れようとした。その引き換えとしたのが「銀」であった。最終的に世界中の「銀」が中国に集まるという事態を引き起こしている。この場合、「銀」は交易品として取引されていて、「貨幣」としての役割ではなかったが、結局のところ「銀」という貴金属に関して「交易品」と「貨幣」の区別はあまり大きな問題ではない。「銀」に値打ちをみいだしあう者どうしが「信用」を介在して取引することでは同じだからである。

中国に集まる「銀」のルートは主に二つあった。一つは南米産銀を受け入れる西ヨーロッパ諸国から。ヨーロッパと中国の直接交易とともに、一五七一年マニラ市造営とともに始まった太平洋の「ガレオン貿易」によって中国に銀が入った。今一つは、中国産「生糸」をマカオで集め、日本銀と交換したというルートである。後者が一時、世界の三分の一を占めたというのであるから、その総量を無視することはできない。

ちなみに、日本銀の世界銀の総量の割合を『キリスト教の世紀』（The Christian Century in Japan）で有名なチャールズ・ボクサー（Charles Boxer）およびグンダー・フランクの統計から示しておく。[(6)] 日本銀は一五六〇年から一六〇〇年では、年平均五〇トン、一六〇〇年から一六四〇年では、年平均一五〇トンから一九〇トンであった。そのピークは一六〇三年の二〇〇トンということである。総計では八〇〇〇トンから九〇〇〇トンになるという。日本銀の中国への輸出はアメリカ大陸から太平洋を渡って中国に達した銀の三から一〇倍、平均しても六から七倍にのぼっていた。日本銀の輸出は、同じ期間にアメリカ大陸からヨーロッパが受け取った銀一万九〇〇〇トンおよび、太平洋を越えて送られた銀一〇〇〇トン強という数字と比較すべき必要があろう。総計二万八〇〇〇トンのうち、八〇〇〇から九〇〇〇トンという数字は、世界の三分の一（三〇％）となる。この日本による世界経済への参入、特に中国経済の流動性への貢献がなかったならば、世界はヨーロッパもふくめて全く違ったものとなっていた可能性がある。つまり、世界の経済グローバル化に「日本」の果たした役割は極めて重大だったということである。ウォーラーステインなどのヨーロッパ人研究者は世界経済から日本および中国が孤立していたと主張するが、それが史実でないことは全く明らかであるという最近の研究動向を支持したい。

マカオ・長崎貿易はけっして周縁のローカル問題ではなかった　メキシコとルソンを結ぶガレオン貿易とルソンおよび中国（漳州）を結ぶ交易と同時に、長崎とマカオを結ぶ交易は、世界経済の流れを一本のグローバルなものとして成立させるために必要であった。残念ながらメキシコとルソン（マニラ）をめぐる「銀」交易の歴史は、それが「密貿易」であったという性格上、記録がほとんどのこされていない。つまり交易の帳簿にあたるものがのこっていないため、状況証拠や他の散発的な統計をたよりに組み立てるしかその概要を知る方法はないといわれている。

日本から大量の銀がもちだされ、見返りに大量の「生糸」が輸入された。それは日本とポルトガル商人の間の交易であったが、これについても確たる帳簿類がのこっているわけではない。ただ、この貿易の仲介者としてのイエズス会宣教師文書にその概要を知る言及が散見される。日欧交渉史の分野で「交通史」として扱われてきた史実の根拠の中心に位置するのは、おどろくべきことにイエズス会書簡なのである。従来の研究では、交易の実態のみならず、修道者として、宗教家としてのイエズス会員が商売に手を染めているという、倫理問題が盛んに議論された。マカオにいたイエズス会の極東の責任者フェルナン・マルティンスは一五九二年につぎのような手紙をローマ本部に送っている。

（イエズス会員は）商人の名を得る一方で、修道士の名を失いつつある。（中略）私たちのカーザ（家）を「修道士のカーザ」と呼ぶものもいるが、一方われわれの面前で「取引のカーザ」と呼ぶものもいる。（中略）シナ人達は（財務担当の）パードレと取引をしにきて、売りたいものの見本を彼の許に持ってくる。（中略）財務係の神父の部屋が共通の廊下にあるため、そしてカーザが小さいので、シナ人に支払いがおこなわれるときには、金（かね）を数える騒音が教会の中まで聞こえることがしばしばあ

る。」（高瀬弘一郎、Jap. Sin. 11-II, f. 267v.）(7)

貿易問題についてイエズス会本部はその禁止を命じ、日本宣教事情に通じていた巡察師アレッサンドロ・ヴァリニャーノは、貿易収入抜きに日本宣教を維持することは難しいとして、宣教費維持のため許容される最低限を貿易でまかないたいとローマの本部に願っている。

本稿では紙幅の都合上、イエズス会生糸貿易問題についてでは詳しくふりかえることはできないが、日本・マカオの銀と生糸の交易が世界経済に果たした役割の大きさと意義を確認しておきたい。

九　むすび

本稿は、日本史の領域を飛び出て、世界史の領域に食い込みすぎたきらいがある。読者には「超領域」史学ということで、このようなアプローチの「日本史」もありえることを、一例として示したまでである。世界における「日本」というテーマは、まさにそれを問いかける「観察者」の認識の深まりである。聞きつけたことを確かめ、実際に体験することで実在理解を深め、それを文書や地図に落とし込んでいく。そのプロセスを客観的に側からながめることによって、新たにわかることも少なくない。そういう意味の歴史も必要であろう。

【註】

（1）ジョセフ・フレッチャー、Joseph Fletcher, *Studies on Chinese and Islamic Inner Asia.* Sury, UK, 1995.

（2）この考え方は、インド史の研究者でカリフォルニア大学（ＵＣＬＡ）のサンジャイ・スブラフマニヤムや南米史の複数の専門家が共有している。スブラフマニヤム著、三田昌彦、太田信宏訳、『接続された歴史』（名古屋大学出版会、二〇〇九年）を参照。

（3）イマヌエル・ウォーラーステイン、川北稔訳、『近代世界システム』（The Modern World-System, 1981）（岩波書店、二〇〇六年）。

（4）アンドレ・グンダー・フランク、山下範久訳、『リオリエント―アジア時代のグローバル・エコノミー』（Re-Orient: Global Economy in the Asian Age, 1998）（藤原書店、二〇〇〇年）。

（5）ここに掲げた「日本情報」については、以下を参照した。岸野久『西欧人の日本発見』（吉川弘文館、一九八九年）。

（6）Charles Boxer *The Christian Century in Japan* University of California Press, 1951.

（7）高瀬弘一郎『キリシタン時代の研究』（岩波書店、一九七七年）、特に第四章「キリシタン教会の経済基盤をめぐる内部の議論」三三三頁―四五二頁を参照。

台湾の「親日」の源流を探る

――日本の台湾統治五〇年とその後の再考察――

長田彰文

一　はじめに

現在、日本では、歴史問題や領土問題が実は存在しながらも、台湾は、親日的なところであるとみなされている。しかし、筆者は、そのような単純なみなし方は表面的なものではないのかとかねてより疑問に感じてきた。筆者は、従来から韓国や日韓関係についての研究を継続してきたが、そのようなみなし方の理由には、日本と台湾のあいだにある歴史のより深いところに対する検証やら考察が不足しているところにあるのではないかという仮説を立てた。そして、二〇一七年度の一年間を台湾で過ごし、台湾各地を回った者として、日本の台湾統治の実態を解明したあと、台湾の「親日」を考察して、私見を表したい。

二　一般的な見解

台湾が親日（非反日）とされている理由としては、一般的に以下のようなことがいわれている。

・台湾は、かつてはオランダや清国などによって統治されてきており、日本が清国からの割譲をうけて統治を開始したのも、台湾の独立を破壊したものではなく、その分だけ反感が少なかった。

・日本による統治の終焉後、新たに台湾を統治すべくやってきたのが中国国民党であったが、中国大陸からやってきていた「外省人」と台湾で生まれて育った「内省人」とのあいだで一九四七年に発生して、後者が前者によって多数殺害されるなどした二・二八事件が象徴したように、その後の国民党による台湾統治がより苛烈に見えたため、日本による統治が相対化された。

これらの一般的な見解は、合っているのか、間違っているのかを考えてみると、間違っているとは言えないと思われる。一方、これらをみて、台湾を「親日」と単純に考えるのは、表面的なものとも考えられる。それゆえ、日本と台湾のあいだの歴史、特に関係が深くなった日本の台湾統治の決定、開始、継続、終焉およびその後の関係の中で重要と考えられる部分をより深く分析することで、台湾の「親日」の源流を考察したい。なお、台湾より一五年後に統治を始めて、同じ時期に統治の終焉を迎えた朝鮮についても、必要に応じてふれる。

三　日本の台湾統治の開始

一八九五年四月一七日、伊藤博文を筆頭とする日本側と李鴻章を筆頭とする清国側とのあいだで下関講和条約が締結されたが、そのことによって日清戦争においての日本の戦勝が確定した。そして、同条約の第二・三条によって台湾島および同島から南西方面の海上に位置する澎湖列島が清国から日本へ割譲されることが決定した。

日本は、台湾人に居住地の選択（台湾に残留するか中国大陸に行くか）をさせつつ、残ることになった台湾人を統治すべく台湾へ乗り込むことを決定した。一方、大陸へ行かず、台湾に残留をすることを決定した台湾人の中には、日本による統治のみならず台湾を品物のように日本に差し出した清国の「裏切り」に対しても大きな不満をいだいた人たちも多数いた。

一方で、同年四月一九日、フランス艦隊が台湾島最北部の淡水に寄港したが、台湾独立派は、フランス人を受け入れ、リーダー格の唐景崧は、フランス艦隊長と会見の場をもった。そして同二三日、露仏独三国の駐日公使がそれぞれ本国からの指示を受けて遼東半島を清国に返還することを日本に「勧告」した。この「三国干渉」を受けた日本においては、拒否論、受諾論、列国会議の場においての協議論が出たが、日本は結局、五月に干渉を受け入れることを決定した。そのこともあって、唐景崧、丘逢甲などの台湾独立派は五月二三日、共和制新国家である「台湾民主国」の独立を宣言した。しかし、在台湾欧米領事たちは、いずれも国家承認やら支援を求めた同国の要請を拒絶するにいたった。そして、同二九日、日本軍は、やはり台湾北部の基隆に上陸し、そこを陥落させた後に台北に進軍した。そのため、唐景崧総統などは六月四日、台北を脱出して、淡水に行き、同七日には台湾を脱出して、台湾の対岸に位置する中国大陸・福建省の厦門に行ってしまった。

その後、劉永福が後継総統に就いたが、劉永福は、日本からの降伏勧告は拒絶する一方、首都と定めた台湾南部・台南から一〇月一九日、やはり厦門に行ってしまい、「台湾民主国」は、ここに完全に崩壊してしまった。しかし、台湾人の民族独立闘争は、台湾人意識や郷土意識を覚醒させる役割もはたした。そして、もし「台湾民主国」が崩壊した後においても、これに関連がある人たちが独立運動を継続したならば、日本の台湾統治および「大日本帝国」それ自体に大きな脅威にもなりえたかもしれない。

日本の台湾統治の開始にしたがって、一八九五年六月一七日、台湾総督府が台北におかれた。そして、その筆頭的存在が台湾総督であったが、台湾総督府官制においては、台湾総督は、（天皇からの）親任であり、陸海軍の大将・中将が就けること（第二条）、陸海軍を統率すること（第三条）、総督府令を発すること（第五条）などの広範な権限が認められていた。そして、初期において総督をはじめとして台湾統治に関わった主要な人たちとしては、以下のような人たちが挙げられる。

初代台湾総督　樺山資紀（一八九五年五月～一八九六年六月　薩摩出身　前海相、のち内相）
二代総督　桂太郎（一八九六年六月～同年一〇月　長州出身　のち陸相、首相）
三代総督　乃木希典（一八九六年一〇月～一八九八年二月　長州出身　のち師団長）
四代総督　児玉源太郎（一八九八年二月～一九〇六年四月　長州出身　のち参謀総長）

彼らは、いずれもいわゆる藩閥勢力の中の「薩長閥」出身の軍人であり、台湾統治初期の性格がいかなるものであったのかがこの人事からだけでも窺える。

また、実際の台湾統治を切り盛りする民政局長（長官）としては、三代の後藤新平（一八九八年三月～一九〇六年一一月　岩手県水沢出身　のち逓信相、内相、外相、東京市長）がいた（写真１）。

写真1　台北・国立台湾博物館で展示されている児玉源太郎（上）・後藤新平（下）の銅像

以上において、特に、樺山総督期には、前述の台湾総督府官制が制定され、総督武官制が定められ、台湾内陸海軍を統率するなどの一方、台湾住民に対する撫育政策もとられた。また、後藤長官期においては、当時台湾で蔓延していたアヘンを一気に取り締まるのではなく、漸禁策をとるなどして、台湾の現実・実情に合った漸進的施策を実施することを図った。

しかし、台湾内では、武装集団・土匪による抗日反乱や一般住民に対する略奪などが頻発するようになり、日本の台湾統治が始まった翌年の一八九六年一月一日、台北北部の士林において芝山巌事件が発生し、日本から派遣された日本人教師の「六氏先生」（その中には、吉田松陰の妹・寿の息子の楫取道明がいた）が同日、抗日ゲリラ約一〇〇人によって殺害されてしまった。それに対する台湾総督府による鎮圧は厳格を極め、犯人の追跡・処罰などがなされる一方、日本の台湾統治は、いっそう強化された。

その後も、日本当局は、台湾統治に対する反抗の動きを鎮圧する一方で、統治される台湾人に対して一定の配慮をみせることを同時並行的に行なった。それでも、その後も、一八九六年六月に台湾中部の雲林地方において抗日武装蜂起が起こり、日本軍が数多くの住民を殺害したため、住民も抗日勢力に加勢し、七月にようやく平定したこと、場所を台中より南に移しての台南地域での抗日抵抗運動の継続、それに対する一八九八年一一月からの台湾総督府による大規模な討伐作戦の開始と多数の抗日運動への参加者の殺害、一九〇七年に新竹県北埔で起こった客家人による北埔事件、それ以降の抗日運動の再開、一九一五年に台南で起こった西來庵事件など、抗日運動は断続的に起こった。

四　台湾統治の「改革」

日本の台湾統治が始まってから二〇年以上経ち、現在は中華民国（台湾）政府の総統府として使われている台湾総督府の庁舎が完成したのと同じ一九一九年、日本が九年前の一九一〇年の韓国（大韓帝国）併合を受けて統治を始めた朝鮮において三・一独立運動が開始し、それは、たちまち朝鮮全土に拡大するにいたった。

三・一独立運動が起こった際の日本の原敬政権は、運動を鎮圧するため、武力の投入にふみきり、日本本国から陸軍六個師団が朝鮮に派遣された。そして、日本軍は、本来は「独立万歳」などと叫ぶものの、非暴力的な方法で運動を展開していた朝鮮人に対して武力を用いて抑え込もうとしたため、流血の事態にいたり、多くの朝鮮人が命を落とした。そのことは、日本の内外、特に米国で大きな非難をよびおこすにいたったが、原敬は、自分が日本外交において最重視しつつも、いくつかの問題で摩擦を生じさせていた日米関係を改善させ、また自分と対立する「山県（有朋）閥」を切り崩すため、「山県閥」の一角であった朝鮮において統治を「改革」することに着手した。その結果、一九一九年八月、朝鮮総督府官制の改正がなされたが、台湾総督府官制の改正もこの時、同時になされた。その結果、朝鮮・台湾両総督に就くことができる資格が、それまでの陸海軍の大・中将に限るという武官制からそれら軍人でも軍人ではない官僚（文官）でもなることができるという文武両官制へと変更された。

ただ、実際には、朝鮮においては、新総督の斎藤実(岩手県水沢・海軍出身　前海相、のち首相)以降、朝鮮総督は、日本の朝鮮統治が終わる一九四五年まで全員が武官出身者であった一方、台湾においては、台湾総督の明石元二郎（一九一八年六月就任、福岡・陸軍出身）が一九一九年一〇月に死亡したのを受けて、後任総督には田健次郎(兵庫県出身、山県系文官から政友会系政治家出身)が就任した。そして、それ以降、一九三六年までの一七年間、田をふくめた九人の台湾総督は、全員が文官の出身であった。

写真２　霧社事件抗日記念碑

以降、台湾では、日本本国においての統治方法を台湾にも導入する「内地延長主義」がとられ、その一例として、帝国大学の一つとして台北帝国大学が一九二八年、設置され、日本統治下の台湾においても高等教育への道が拓かれた（ちなみに、日本統治下の朝鮮においては、同様の大学として京城帝国大学が一九二六年、設置された）。

それでも、一九三〇年および翌年には台湾中部において原住民が日本人数百人を殺害するという霧社事件が発生した。それを受けて、日本当局は、武力鎮圧に乗り出し、結果として日本人の殺害に関わった原住民約七〇〇人が死亡し、約五〇〇人が投降した（写真２）。ここに、日本の台湾統治は開始以来、最大の動揺をきたすにいたったが、日本当局は、原住民に対する同化政策を展開するなどして、何とか乗り切った。

五　「一五年戦争」と台湾

一九三一年九月一八日、「満州」（現在の中国東北部）の奉天（現在の瀋陽）郊外・柳条湖を走る南満州鉄道株式会社の車両に対する攻撃（柳条湖事件）が発生したことを受けて、満州事変（「九・一八事変」）が勃発した。そして、実際には自作自演で柳条湖事件を起こした現地の日本軍である関東軍が「支那の仕業」によそおって「暴支膺懲」の名で満州に進撃した結果、日本が擁立した「満州国」が一九三二年三月一日、建国を宣言した。その「満州国」は、「(日満漢蒙朝の各民族による)五族協和」をスローガンとしたが、実際は、日本の優越を前提として、さらにその後は、それをいっそう深めていった。

ところで、「一五年戦争」という言葉があり、それは、一九三一年勃発の満州事変から、一九三七年からの日中戦争、一九四一年からのアジア・太平洋戦争を経て、一九四五年まで、戦争が足かけ一五年間、続いたという日本での考え方である。そして、日本では、それに対しては肯定論がある一方、一九三三年二月に日中間で交わされた塘沽停戦協定によって満州事変はともかくも決着がついたため、満州事変と日中戦争のあいだには断絶があり、連続的にはとらえられないという否定論があり、学会においては現在でも決着はついていない。

では、その間の台湾においての状況は、どうであったか。

一九三六年九月、海軍出身の小林躋造が新台湾総督に就任し、文官総督は九代、一七年で終了してしまった。

そして、「皇民化政策」が一九三〇年代以降、朝鮮においてと同じく、台湾においても展開された。その「皇民化政策」としては、寺廟の破壊・改築などの手法による神社参拝、「国語」としての日本語の強要、日本の家制度に基づく「氏」をつくらせた上で、日本式の名前に変えさせる「創氏改名」(たとえば、一九八八年から二〇〇〇年まで総統を務めた李登輝はこの時、「岩里政男」と名乗った）などがあった。ただ、台湾においては、同時期にやはり「皇民化政策」が展開された朝鮮においてほど徹底はしなかった。

また、男性に対しては一九四二年、軍隊への志願制が開始し、一九四五年には徴兵制に切り替わった。そして、その「代償」として一九四五年、台湾（や朝鮮、樺太）において衆議院における選挙権が付与されることが決まった。ただし、「内地」においては二五歳以上の男子に与えられていた「普通選挙」とは異なり、制限選挙であり、その条件は、「内地」においては一八九〇年の帝国議会発足時の条件であった直接国税一五円以上を納入している二五歳以上の男子というものであった。しかも、それは日本の敗戦で結局、実施されずに終わってしまった。一方、女性に対しては、「挺身隊」や慰安婦に動員されもした。

そして、アジア・太平洋戦争時、台湾には米軍からの空襲が一九四四年一〇月以降、頻発し、特に、一九四五年五月三一日の台湾大空襲は、台湾総督府庁舎なども破壊し、死者は三〇〇〇人以上に及んだ。

日本は結局、一九四五年八月に連合国側からの日本に対するポツダム宣言を受諾するようになり、同九月には降伏文書に調印することを余儀なくされた。そして、台湾でも同年一〇月二五日、最後の台湾総督兼台湾軍管区司令官の安藤利吉と中華民国・連合国代表の陳儀が台北において降伏文書に調印した。その結果、台湾は、一九四三年一二月のカイロ宣言にしたがって中華民国に復帰した一方、台湾総督府は同日、廃止され、日本の台湾統治は、ここに終わりをつげた。そして、二八万人強の在台日本人は一九四六年以降、漸次日本に帰還し、その帰還は、一九四九年の第六次帰還で終了した。

六　台湾独立運動

台湾独立運動は、「台湾民主国」や一九二〇年代に台湾共産党の活動など、独立をめざすものもあったものの、散発的であり、前述の台湾抗日運動は、朝鮮においての抗日運動とは異なり、独立運動には必ずしもつながらなかった。また、中国共産党は、台湾の独立を認定しなかったということもあった。

その後、一九二九年になると、一三代台湾総督に就任した石塚英蔵のもと、台湾総督府側からも台湾人側からも自治へ向けた動きがあったものの、結局は実現せずに終わった。

一方で、朝鮮独立運動を簡単に見ると、特に大韓民国臨時政府は一九二〇年代以降、中国国民党、はじめは孫文、そして孫文亡き後は後継者となった蔣介石に援助を依頼した。しかし、台湾・朝鮮両独立運動間における連絡や連携は、確認できない。そして、もし両独立運動が協力できていれば、「大日本帝国」にとってこの上ない脅威になった可能性は否定できない。

七　台湾総督（府）および朝鮮総督（府）間の差異が及ぼした影響

朝鮮総督府は一九一〇年の日本の韓国併合後、設立されたが、統治機構・人事・法制度などは、一五年前にできた台湾総督府が先例かつ見本になっていた。

そして、両者間においては、同一の部分が多くあったものの、異なる部分も存在した。

同一点としては、台湾・朝鮮両総督はいずれも立法・行政・司法権をもち、武官総督時は、軍事権ももったこと、また両総督はいずれも（天皇からの）親任官であったことなどが挙げられる。

一方で、差異点としては、中央政府は、台湾総督に対する指示権をもった一方、朝鮮総督に対してはもたなかったこと、朝鮮総督には、内閣総理大臣を経由しての上奏権（天皇に対して意見を述べる権利）があった一方、台湾総督にはそのような上奏権はなかったこと、宮中（皇居内）席次に関しても、朝鮮総督は、第一階中の第六と明示されていた一方で、台湾総督は、明示はいっさいなく、朝鮮総督よりも格下の第一階中の第一一（親任官）待遇であったこと、武官総督時の陸海軍大将が台湾総督に就任の場合も第一階中の第一〇待遇、大臣経験者が台湾総督に就任の場合も第一階中の第八待遇であり、いずれも朝鮮総督よりは格下扱いであった。さらに、台湾・朝鮮両総督府において同一の地位の場合、朝鮮総督府内官吏が台湾総督府内官吏よりも格上という格式であった。

その理由は、はっきりとはしないが、後述のように朝鮮防衛のほうが台湾防衛よりも困難をともなっていたため、朝鮮の重要度が大きかったことがあったためとも考えられる。

八　台湾の「地政学」的位置が及ぼした影響

台湾は、島であるため、どの国とも国境を直接は接しなかった。そのため、島の防衛において、

写真３　台湾総督府庁舎爆撃後の様子

写真４　昭和天皇の皇太子期の台北訪問

中国やロシア（ソ連）と地続きで国境を接している朝鮮のような困難さはともなわなかった。

そして、実際に、日中戦争時には中国大陸から中華民国空軍、アジア・太平洋戦争時には米国空軍がそれぞれ台湾を空襲したものの（写真３）、台湾への本格的な進攻は、その計画自体はあったものの、米軍は結局、フィリピンから沖縄に進攻して、実施されはしなかった。

また、日本皇族は二七人が一九〇一から一九四一年、台湾を計三四回訪問しており、のちの昭和天皇は皇太子時代の一九二三年四月一六日から二七日、基隆、台北、台中、台南、高雄、澎湖・馬公などを歴訪した（写真４）。

一方の朝鮮の場合、一九一〇年の日本の韓国併合後、大韓帝国皇帝の直系を「王族」、非直系を「公族」と定めたこともあって、彼らが朝鮮に「里帰り」することがあったのみであり、のちの大正天皇が皇太子時代の一九〇七年、桂太郎、東郷平八郎などと大韓帝国を訪問し、韓国統監としてすでに赴任していた伊藤博文と合流し、時の「皇太子」李垠と会うなどすることはあったものの、日本皇族が韓国併合後から一九四五年まで朝鮮を訪問したという記録は、「日鮮融和」のために一九二〇年に李垠と結婚した梨本宮方子以外には見当たらない。

九　結　び

日本は五〇年間の台湾統治期、日本人が台湾を利用することを第一目的として「日本式近代化」を導入した。しかし、日本人は、台湾において圧倒的少数派であった（たとえば、統計がある最後の年である一九四三年の台湾人口は、六五八万五八四一人であり、日本人は前述の通り、一九四五年で二八万人強であった）。ということで、日本人だけでは利用・消費しきれない部分を台湾人も利用・消費することがいやおうなしに可能になった。ここで、台湾南部の嘉南大圳・烏山頭ダムの建設を指揮した八田與一についてふれておきたいが、台湾では、近代化に尽くした人物ということで高く評価されている一方、八田は台湾総督府の下級官吏であり、彼が行なったことも、しょせんは日本の台湾統治を強化するものであったということで、反感をもつ人たちもおり、彼らによって二〇一七年四月、台南近郊に建てられた八田の銅像の首が切断されるという事件が起こったが、銅像は彼の命日である同年五月八日までに修復された（写真5）。

さて、日本がアジア・太平洋戦争において敗北し、台湾から退去した後、国際情勢における冷戦

写真５　台南郊外での八田與一像

の開始と展開、戦後の国共内戦と国民党の敗北、台湾への退却、一九五〇年の朝鮮戦争開始と台湾防衛の必要性の増大、朝鮮戦争休戦翌年の一九五四年の米台相互防衛条約調印などによって、米国の影響力が台湾において圧倒的なものとなった。しかし、アジア人たる台湾人は、米国が導入した「米国式近代化」のすべてを受容することはできなかった。そして、台湾人は、「米国式近代化」の前に受容していた「日本式近代化」が全体的に「米国式近代化」より台湾人に合う部分が多かったこともあり、「日本式近代化」を公々然あるいは秘密裏に受容し続けた。やがて、台湾は、韓国、香港、シンガポールとならんでＮＩＥＳ（新興工業経済群）の一つに数えられるほどの経済成長、近代化をはたしたこともあり、自らの手による「台湾式近代化」もはたすにいたった。

台湾では、一八九五から一九四五年までの時期を「日治（統治）時期」、「日據（占領）時期」と称している。そのうち、「日治時期」には、日本に対する否定的な意味は比較的、希薄であるように見える一方、「日據時期」には、日本に対する否定的な意味がある程度ふくまれているように見

写真７　中台統一派の反日的主張

写真６　同じシリーズ本における「日治時期」「日據時期」の並行使用

写真８　台北での慰安婦記念館（左）台南での慰安婦像（右）

える。台湾では、もともと「日治時期」が使われていたものの、そのことに対する批判が挙がったこともあり、馬英九総統期の二〇一三年、「日據時期」の公的使用を表明し、現在では両者が並行的に使われている（写真6）。

そして、台湾内での政治的対立も、日本に対する歴史的な見方に対して影響を及ぼしている。つまり、中台統一派は、歴史問題において「反日」である一方（写真7）、台湾独立派は、「親日（非反日）」である。一方で、台湾人の圧倒的多数は、これら二つの極端な立場のあいだのどこかに位置付けられ、文化面などにおいては「親日」である一方、歴史的な見方においては「親日」とは言えない人が多いように見受けられる。

結論として、慰安婦問題などの歴史問題（写真8）、領土問題などは日台間にも存在し、二〇一九年時点では野党の国民党だけでなく、与党の民進党も、かつての日本の植民地主義には否定的ないし非肯定的である。したがって、日本人は、台湾統治が及ぼした負の部分を再認識し、現在の台湾においての「親日」に甘えないことが肝要であろう。

【主要参考文献】

・浅野豊美『帝国日本の植民地法制―法域統合と帝国秩序』名古屋大学出版会、二〇〇八年
・大石恵「国民政府のアメリカ援助受入と戦後復興」、『東アジア研究』大阪経済法科大学アジア研究所、36号、二〇〇三年
・岡本真希子『植民地官僚の政治史―朝鮮・台湾総督府と帝国日本』三元社、二〇〇八年
・加藤聖文『「大日本帝国」の崩壊―東アジアの1945年』中央公論新社、二〇〇九年

・黄昭堂『台湾民主国の研究―台湾独立運動史の一断章』東京大学出版会、一九七〇年
・――――『台湾総督府』教育社、一九八一年
・駒込武『世界史の中の台湾植民地支配』岩波書店、二〇一五年
・清水美里『帝国日本の「開発」と植民地台湾―台湾の嘉南大圳と日月潭発電所』有志社、二〇一五年
・徐康・吳藝煤編著『臺灣共産黨抗日史實』華品文創、台北、二〇一七年
・末光欣也『台湾の歴史　日本統治時代の台湾　1895～1945／46年　50年の軌跡（増訂版）』致良出版社、台北、二〇〇七年
・張維斌『空襲福爾摩沙―二戰盟軍飛機攻擊臺灣紀實』前衛出版社、台北、二〇一五年
・陳煒翰『日本皇族的台灣行旅―蓬萊仙島菊花香』玉山社、台北、二〇一四年
・陳佳宏『臺灣獨立運動史』玉山社、台北、二〇〇六年
・防衛庁防衛研修所戦史室『戦史叢書36　沖縄・台湾・硫黄島方面陸軍航空作戦』朝雲新聞社、一九七〇年
・――――『戦史叢書37　海軍捷号作戦〈1〉台湾沖航空戦まで』朝雲新聞社、一九七〇年
・森田健嗣「戦後初期台湾における言語政策研究再考―代行された脱植民地化の視覚から」、『日本台湾学会報』日本台湾学会、第16号、二〇一四年
・――――「戦後台湾における脱日本化再考―代行された脱植民地化の視角から」、『アジア・アフリカ言語文化研究』東京外国語大学アジア・アフリカ言語文化研究所、第93号、二〇一七年

・矢内原忠雄『帝国主義下の台湾』岩波書店、一九二七年
・林鴻亦「戦後初期における台湾放送基盤の開発とアメリカの海外援助」、『応用社会学研究』立教大学社会学部、第48号、二〇〇六年
・若林正丈『台湾抗日運動史研究　増補版』研文出版、二〇〇一年

第二代、第七代上智学院理事長クラウス・ルーメルの見た学生運動

——上智大学史資料室所蔵資料を用いた学生運動研究の可能性——

堅田智子

一　はじめに

私たちが忘れてならないことは、上智大学は学問の場であるということです。もちろんそのためには、言論の自由も保障されなければなりません。しかし、その自由は、大学の規則のもとにあるもので、秩序を守った上での自由でなければなりません。

さらにお互いが話し合うことです。話し合った中で、批判し合い、理解し合うことです。

（「学内紛争の経過とその動き」一九六九年、上智大学、七頁）

一九六八（昭和四三）年七月、上智大学一号館は、全学共闘会議系学生（全共闘系学生）により占拠された。これに対して大学側は、一三名の学生の処分を発表した。冒頭に掲げた声明文は、学生の処分理由を全学生の保護者に宛てて送付した際に同封された、副学長クラウス・ルーメル（Klaus Luhmer, 1916–2011）の手紙の一部である。この手紙にはさらに、退学者であっても、みずからの行為を反省し、ふたたび学ぶ意思があれば、大学は受け入れるとある。

一九六八年は、上智大学に限らず、全国の大学で学生運動の高まりが見られた。新聞各紙には連日、学生運動に関する記事が掲載され、雑誌では特集が組まれた。上智大学で発生した学生運動を研究対象とする場合、新聞や雑誌の報道のほか、上智大学史資料室に所蔵されている学生運動に関連する資料や『上智大学新聞』、『上智新聞』、『上智大学通信』などの学内刊行物、当事者の回想録などを分析する。その際、わずか半世紀前の事象であるため、当事者が存命中であり、インタビューも可能であろうが、あくまでも個人の視点に立ったものであり、事実誤認や自己弁護などが多分にふくまれることは、あらかじめ想定しなければならない。

本稿では、上智大学史の中でもとりわけ学生運動という事象を取り上げる。そして、筆者が実際にどのような手順で上智大学史資料室所蔵資料を調査したのか例示し、資料の所蔵状況や収蔵経緯について論じていく。とくに第二代、第七代上智学院理事長を務めたルーメルが同時代的に収集した学生運動関連の資料群は、注目に値する。ルーメルはなぜ、膨大な学生運動関連資料を一人で収集したのだろうか。ルーメル収集の資料群とともに、ルーメルの著した論説を紐解きながら、聖職者であり、教育者であったルーメルがどのように学生運動をとらえていたのか、明らかにしていく。さらに、文字史料のほか、写真や音源、映像など非文字資料も複合的に用いることによる、学生運動研究の新たな発展の可能性も検討していく。

なお、史資料室所蔵の関連資料を見ても、「学園紛争」、「大学紛争」、「学生紛争」などさまざまな表現が見られる。本稿では、ルーメル自身がドイツ語でStudentenbewegung（「学生運動」）と表記していたことから、史料中の表現をのぞき、「学生運動」に統一する。

二　上智大学史資料室学生運動関連資料の所蔵状況

（1）　学生運動の時期設定

社会学者小熊英二は、『一九六八』の中で、一般的に「一九六八年」と呼称される学生運動について、「若者たちの叛乱の時期を、厳密に何年から何年までと規定するのはむずかしい」（『一九六八――若者たちの叛乱とその背景――』上巻、新曜社、二〇〇九年、一五頁）としている。

『上智大学史資料集』（全六集、上智学院、一九八〇―一九九三年）、『上智の100年』（上智学院、二〇一三年）、上智大学公式ホームページに掲載されている「Webで知る〝SOPHIA〟」第一三号「学園紛争の嵐、その後の改革」によれば、上智大学における学生運動は、学内で発生した盗難事件への捜査のため、麹町警察署警察車両が構内に立ち入り、これに対する抗議集会が開かれた一九六八年六月五日から、全共闘系学生による校舎の占拠、機動隊の導入による鎮圧、六カ月間の全学休講措置を経て、新年度の入学式、学生会主催の全学大会が開催された翌年四月七日までであった。これらは、一九六九年八月に教職員、保護者宛に配布された、「学内紛争の経過とその動き」に基づくものである。

しかしながら、上智大学がこれまで示してきた、「学生運動＝一九六八年から一九六九年まで」という時期設定は、類似事象の発生、上智大学史資料室所蔵資料の作成年代という二点から、大いに反論の余地がある。

そもそも、一九六九年四月をもって、学内における紛争の火だねが一掃されたわけではない。一九七〇年五月から一九七二年三月までの期間にも、警察官の構内立ち入りやハンガーストライキ(ハンスト)、デモ、校舎占拠、臨時休講措置はあった。たしかにこの時期は、学生運動全盛期であった一九六八年から一九六九年までに比べて、学内は平静を取り戻しつつあったが、全盛期と類似事象が発生していたのも事実である。また、本稿で取り上げる上智大学史資料室に所蔵されている「大学紛争関係資料」と名付けられた資料群の作成時期は、おおむね一九六八年から一九七三年までである。このことからも、上智大学がこれまで示してきた一九六八年六月から一九六九年四月までを学生運動前期、一九七〇年五月から一九七二年三月までを学生運動後期と区分すべきではないだろうか。

(2) 上智大学史資料室の位置付け

『上智大学史資料集』の編纂と大学史に関連する資料の収集・整理・保存を目的とする上智大学史資料室は、現在、上智大学の経営母体である上智学院の総務局広報グループ、すなわち大学に関する広報全般を担う組織の傘下にある。一九七七年三月、上智学院第五代理事長柳瀬睦男のもと、クラウス・ルーメルを委員長として、史資料編纂委員会が発足し、ここでの資料収集が史資料室の活動へとつながった。史資料室は図書館の九階にあり、大学史に関する展示も併設されている。また、二〇一七年一月に竣工した六号館一階には、展示スペースが設けられ、以前よりも大学史が学生や教職員、来校者にとって身近なものとなったはずである。

大学史あるいは付属校もふくむ校史、学園史に関連する資料を管理する機関は、大学史、校史、学園史に対する大学側のとらえ方により、学内での位置付けも異なる。たとえば明治大学の場合、校史編纂事業と連動し、広報課に歴史編纂資料室が設置されたのが、明治大学史資料センターの始まりであり、上智大学史資料室の設置経緯や学内での位置付けと類似する。一方、慶應義塾大学は、福沢先生伝記編纂所、早稲田大学は、校史資料係が図書館内に設置されたことが現在の慶應義塾福沢研究センター、早稲田大学大学史資料センターへとつながる。両校とも校史に関連する資料の保存・公開を目的としている点は、上智大学や明治大学と一致するが、学校創設者である福沢諭吉、大隈重信に関連する資料の保存・公開も重視し、『福沢全集』、『大隈重信関係文書』の出版も行なっている。

また、上智大学の場合、創立一〇〇周年を迎えた現在まで、『上智大学史資料集』の出版はあっても、資料を歴史学的に分析し、編年体で叙述された大学史は刊行されていない。『上智大学七五周年記念誌』（上智大学、一九八八年）や『上智の100年』（上智学院、二〇一三年）は、いずれも写真を中心とした記念誌であり、『上智大学史資料集』からの引用もほぼ見られない。こうした現状をふまえると、上智大学は残念ながら他大学に比べ、大学史そのものへの意識や関心は低いといえる。

（3） 学生運動関連資料の所蔵状況

史資料室に所蔵されている学生運動関連資料を閲覧・調査する場合、次に掲げる七種類の異なる目録に目を通さなければならない。現在、後述する②、③のデジタルデータ目録の作成にともない、資料の所蔵状況の調査が進行中である。史資料室に所蔵されている資料の総数は不明であるが、数万点におよぶと思われる。

① 紙目録
② 資料表題目録
③ FC（ファイルキャビネット）目録
④ 『上智大学史資料集』編纂のために収集された史料の目録
⑤ アルバム目録
⑥ ネガ目録
⑦ ARSI（Archivum Romanum Societatis Iesu, イエズス会ローマ総本部アーカイブズ）目録

現在、史資料室の主たる目録は、史資料室発足当時から作成されていた①紙目録をデータ化した、②資料表題目録である。①には、資料番号、資料名（表題）、資料作成年月日、概要の項目があり、情報の拡充と検索を容易にすべく、②が作成された。③は、ファイルキャビネットに別置され、テーマ別に分類された文書などを中心とする約一万二〇〇〇点の史料の目録であるが、史料のコピーが多く、その大半は①、②で原本を確認することができる。④は、『上智大学史資料集』を編纂するため、史資料編纂委員会が収集した史料の目録である。掲載されている史料には、①、

②、⑤と重複するものも多々あるが、『上智大学史資料集』の作成経緯を知る非常に有用な史料でもある。⑤、⑥は、写真に関する目録であり、アルバムに貼られた写真か、ネガ状態かにより、目録が分けられている。⑦ARSI目録は、七種類の目録の中で最も新しい。『上智大学史資料集』を編纂する際、上智大学経済学部名誉教授テオドール・ゲッペルトが収集した史料に上智学院第八回（二〇一七年度～二〇一八年度）教職協働・職員協働イノベーション「イエズス会ローマ総本部アーカイブズ所蔵資料の資料調査・収集・目録化」（研究代表者：神学部神学科教授佐久間勤）により新たに収集した史料を加え、作成された。本プロジェクトによって、一八三八年から一九三九年までにイエズス会士が日本での活動中にローマ総本部に送った、おもにドイツ語、英語、ラテン語、フランス語による書簡のデジタル化および目録化が完了した。上智大学のみならず、日本におけるイエズス会士の動向を研究する際にも活用できるだろう。

上智大学において、大学史に関わる資料収集が開始されたのは、一九五八年一一月のことである。理事長、史資料集編纂委員会の連名により、各学部、学科、研究所、部署に対して、全学的に資料提供への協力が求められた。現在も、史資料室への学内刊行物の寄贈は続いているが、周知徹底されているとはいいがたい。一方で、近年はサークルや卒業生、遺族からの大学史に関連する資料の寄贈も相次いでいる。史資料室では資料の寄贈があると、史資料室の職員が資料に受領番号を付し、受領簿に記載され、②資料表題目録にも加筆される。

資料収集の開始からすでに半世紀以上が経過しているため、七種類の目録のうち、最も古い①と

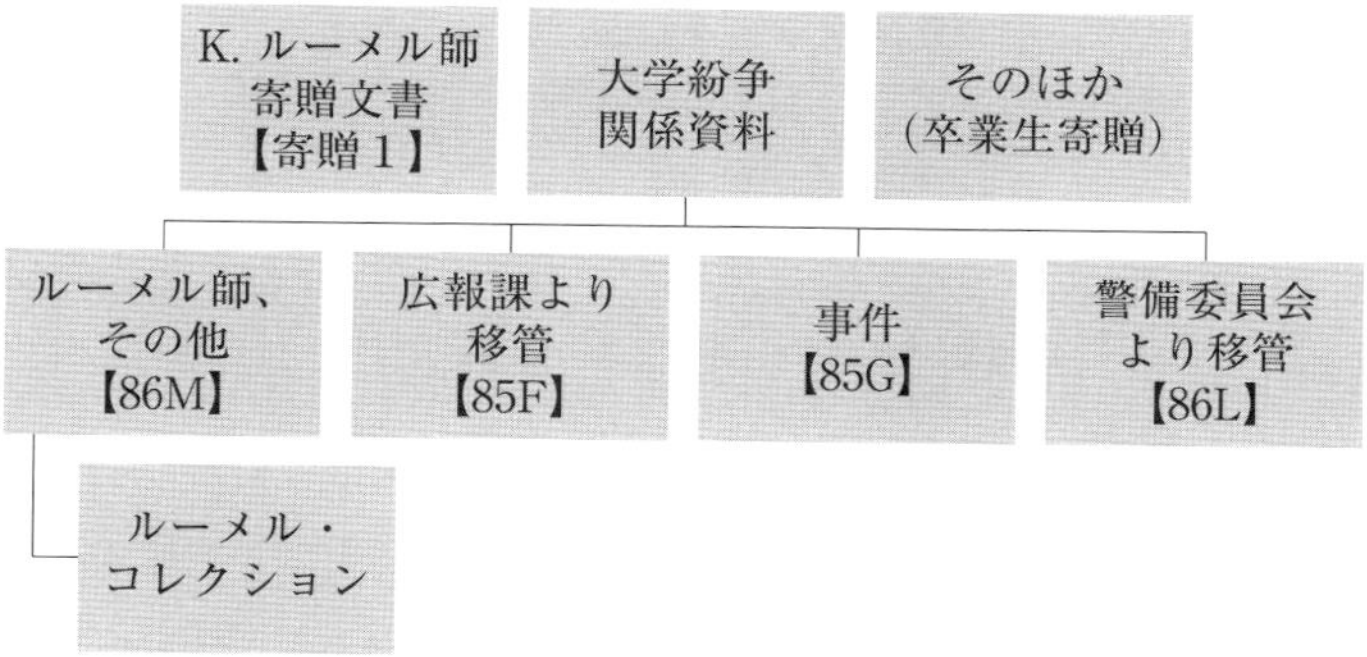

図1　上智大学史資料室所蔵学生運動関連資料の現状

注：【　】内は、史資料室にある②資料表題目録に記された資料番号。
（筆者作成）

最も新しい⑦には、情報量に大きな開きがある。また、目録作成者によっても、概要に記される内容に差が生じるため、目録はあくまでも資料に辿り着くための手がかりにすぎないことは、留意しなければならない。

七種類の目録を確認したところ、史資料室に所蔵されている資料のうち、学生運動に関連する資料は、図1のとおりである。本稿では、原資料である①、②に掲載の資料を用いた。

卒業生から寄贈された資料を除き、②資料表題目録上では、史資料室所蔵の学生運動関連資料は、三三八件である。ただし、「大学紛争関係資料（広報課より移管）」の場合、「大学側印刷物」【85F-1-1～200】として資料件数が一件であっても、ここに収録されているビラ、告知文、パンフレットなど一点ずつにさらに枝番号が付されており、実際の史料点数は二〇〇点におよぶ。つまり、資料件数と史料点数は、必ずしも一致しないのである。

表1　上智大学史資料室所蔵学生運動関連資料の内訳

資料群名	紙目録資料番号	資料件数	不明件数	旧資料所蔵者	資料の種類			
					スクラップ（新聞、雑誌）	大学側印刷物（含公文書）	学生側印刷物	写真
K.　ルーメル師寄贈文書	寄贈1	27	—	ルーメル	○	○		
大学紛争関係資料（ルーメル師、その他）	86M	43	31	ルーメルほかSJ、元職員	○	○	○	○
大学紛争関係資料（広報課より移管）	85F	26	—	広報課		○	○	
大学紛争関係資料（事件）	85G	17	—		○	○	○	
大学紛争関係資料（警備委員会より移管）	86L	225	—	警備委員会、施設委員会	○	○	○	○

資料群名	資料の種類				備　　考
	映像	音声	学生からの押収品	他大学、他機関印刷物	
K.　ルーメル師寄贈文書				○	資料群のうち、学生運動関連資料のみ抽出
大学紛争関係資料（ルーメル師、その他）			○	○	うち、「ルーメル・コレクション」は20件
大学紛争関係資料（広報課より移管）				○	ただし、さらに枝番号が付され、1件あたり200点ほどの史料が収録
大学紛争関係資料（事件）		○		○	
大学紛争関係資料（警備委員会より移管）		○	○	○	

注：卒業生からの寄贈分は、未整理のため除外。②資料表題目録での第一階層の件数を表記。
（筆者作成）

たとえば「大学紛争関係資料（警備委員会より移管）」に収録されている施設管理委員会による「当直日誌」【86L-224-1～24】は、六カ月の臨時休講措置中の一九六八年一二月二七日から始まる。『上智大学史資料集』に掲載されている学生運動関連史料は、大学側が発行し、おもに教職員、学生、保証人にむけて公開した公式文書のみである。したがって、「当直日誌」のように、『上智大学史資料集』編纂時に公開対象になかった史料は、『上智大学史資料集』には掲載されていない。しかし、学生運動の早期鎮圧を図り、機動隊を導入し、休講措置によって大学側が全学生を大学から一時的に「排除」するという、いわゆる「上智モデル」、「上智方式」の収束方法が実施されていた時期の学内の様子、とりわけ教職員による交代制での宿直や警備、警察との連携を分析する際、「当直日誌」は、非常に有用な一次史料である。

さらに、資料の多様性も注目すべき点である。『上智大学史資料集』は、「史資料」と冠しているが、文字史料が中心であり、非文字資料は、写真や校舎の図面などに限られる。学生運動研究を行なう場合、大学側、学生側双方が連日、ビラやパンフレット、公開質問状、公開回答書などの印刷物、掲示物を発行・配布していたことから、これら文字史料を分析することにより、当時の問題意識や具体的な動向を把握するのが一般的である。史資料室所蔵資料の中には、写真のほか、教職員・学生間での討議、メインストリートでの理事長、学長、副学長による教職員、学生に対する説明の様子など録音した音源が多数、現存する。一部は活字化されているが、音源には、聴衆の拍手やヤジがそのまま収められており、臨場感を追体験することも可能である。

なお、上智学院第七回、第八回（二〇一八年度）教職協働・職員協働イノベーション研究「大学関連AV資料のデジタル化を通じたIRの基盤構築と人材育成」（研究代表者：国際教養学部教授スヴェン・サーラ）では、筆者をふくむ研究メンバーが歴史的価値、研究材料としての価値を基準に、「大学紛争関係資料（警備委員会より移管）」【86L】のうち、教職員と学生間での討議や座談会、学長、副学長、理事長の講話などを収めた計六本のカセットテープ、学内の被害状況フィルム（【AV 2-59】）計一本をデジタル化した。とくに後者は、無音ながらも、バリケードが解除され、殺伐とする校舎内の様子をそのまま映し出しており、写真以上に得られる情報も多い。

史資料室にはこのほか、当時使用されていた爆竹の残骸やバリケードの中に残されていた学生の手記、ヘルメット、双眼鏡、横断幕なども現存する。二〇一七年一一月に国立歴史民俗博物館で開催された特別展「『一九六八年』——無数の問いの噴出の時代——」においても、類似資料が展示されたが、史資料室の所蔵品は質・量から見て、同等あるいはそれ以上の価値をもつのは明白であり、さらなる整理・調査・公開が望まれる。とくに昨今、学生運動というテーマは、歴史学のみならず、政治学、社会学などでも注目されるようになった。文字史料、非文字資料を問わず、資料を複合的かつ多角的に分析することで、後述するように、学生運動研究に新たな可能性を提示することができよう。

（4）収蔵経緯

それでは、どのような経緯をたどり、学生運動関連資料が上智大学史資料室に収蔵されたのだろうか。ここでは、旧所蔵者がルーメルあるいは大学内の部署であった場合の収蔵経緯を見ていきたい。

ルーメルより寄贈された「ルーメル師寄贈文書」【寄贈1】は、『上智大学史資料集』の編纂と密接なかかわりがあった。①紙目録には、次のような「ルーメル師寄贈文書」の寄贈経緯が記されている。史資料集編纂委員会の席上、史資料室に教職員の履歴書が所蔵されていないことが話題となり、ルーメルより、自身の所蔵する「文学部教授会議事録」の添付資料である文学部教員履歴書の提供について申し入れがあったという。一九八五年二月に文学部教員履歴書をふくむ資料群が史資料室に寄贈されると、ルーメル個人が所蔵していた上智大学に関連する資料が、一九八八年まで順次、寄贈され、「ルーメル師寄贈文書」として管理された。

また、一九八九年一二月には、「ルーメル師寄贈文書」の一部が、「大学紛争関係資料（ルーメル師、その他）」【86M】へと区分変更された。これは、史資料室に移管された施設管理委員会や警備委員会による資料に、学生運動に関連するメモなどがふくまれており、「ルーメル師寄贈文書」中にある学生運動関連資料とともに、一元管理するための措置であったと思われる。ただし、こうした資料の区分変更は厳密に行なわれてはおらず、残された「ルーメル師寄贈文書」の中にも学生運動関連資料は混在する。

ルーメル個人が収集した資料群である「ルーメル師寄贈文書」や「大学紛争関係資料（ルーメル師、その他）」には、学生が学内で配布・掲示したビラ、声明文、パンフレットなど学生側印刷物が数多く収録されている。注目すべきは、後者にふくまれる、一九六七年から一九七九年頃まで学内でルーメル自身が収集した「ルーメル・コレクション（大学紛争ビラ）」である。①紙目録上では、全二〇箱とされるが、現存するのは、一九六七年から一九六八年一一月までの一〇箱である。一箱あたり数百枚の学生側印刷物が収められ、一点一点にルーメルの筆跡で、印刷物が発行・配布された日時や場所が書き込まれている。収集に対するルーメルの並々ならぬ情熱を物語るとともに、学生運動では、「ビラやパンフレットの洪水」が発生していたことの証左でもあろう。

一方、学内の部署から移管された資料はどうだろうか。「大学紛争関係資料」には、広報課、警

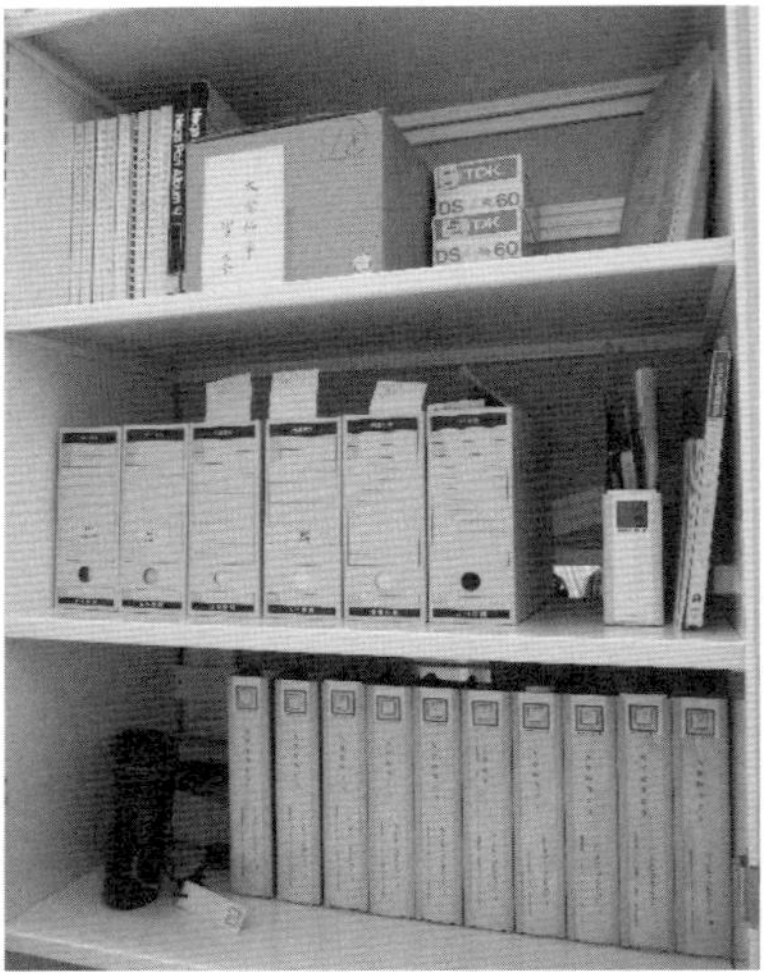

図2−1　「ルーメル・コレクション」【86M−1～10】の史資料室内保管状況（上から三段目）
（2018年9月、筆者撮影）

図2−2　「ルーメル・コレクション」の箱内の様子
（2017年10月、筆者撮影）

備委員会が作成・管理していた資料群が存在する。広報課からの移管についていえば、一九八四年一〇月に職制の変更および事務室移転の際に、資料の整理・収集が不可能となったことによる。ただし、移管時の整理に問題があったためか、広報課から移管された文書の中には、警備委員会移管の文書も混在する。また、広報課での資料整理の段階で、部分的に資料の抜き取りも行なわれていたようである。

なお、史資料室の発足時期は不明である。しかし、一九六八年一二月二七日から一九六九年二月三日まで記された当直本部による「当直日誌　№1」【86L−224−1】の冒頭にある「学長代理、代表責任者　勤務要領」には、「一一、新聞の本学関係記事を切り抜き資料室（若葉町）へ送る」、「一二、紛争関係各種情報（主に電話）を記録し（電話係女子職員担当）、一日分を一括して若葉町へ送る。但し、若葉町のことはなるべく公開を避ける」とある。おそらく学生運動が激化する中で、大学関連の資料を学外で保管しなければならず、大学からほど近い新宿区若葉に「資料室」を設置したのだろう。また、学生運動関連の情報収集の成果も保管していたことから、過激派学生の襲撃を避けるため、「資料室」の存在は秘匿扱いとされた。すると、遅くとも一九六八年時点で現在の史資料室の原型は、「学内」に存在しており、史資料室の発展は、学生運動とともにあったといえる。

三　クラウス・ルーメルの見た学生運動

（1）ルーメルと広報

クラウス・ルーメルは、一九一六年にドイツ・ケルンで生まれ、一九三五年にイエズス会に入会し、その二年後、三名のドイツ人イエズス会士とともに来日した。デトロイト大学大学院で教育学を専攻し、一九五三年四月より上智大学文学部教育学科助教授に就任した。また、一九五八年六月から一九六五年三月まで、一九八七年四月から一九九二年三月まで、第二代、第七代上智学院理事長を務めた。

図3　クラウス・ルーメル
（上智大学史資料室蔵）

ルーメルが、学生運動関連資料を個人的に収集した背景には、学内におけるルーメルの役職が深く関係していた。ルーメルは、第二代上智学院理事長を退任すると、一九六五年八月から一九六九年一月まで、渉外室主任を務めた。この渉外室こそ、広報課、広報グループの前身である。ルーメルは、理事長として、海外の財界やカトリック教会に上智大学の運営に対する資金協力を求め、情報宣伝活動を行なっていた。理事長退任後も、上智大学のさながら「広報官」のように、渉外室主任として大学広報を担ったのである。

学生運動によって学生・教職員間、学生間、教職員間の人間関係が喪失したことをとくに問題視し、一九六九年には広報課、広報委員会を発足させ、学内改革に関する情報公開、発信を徹底する旗振り役となったのも、ルーメルであった（「人間関係の復活をめざして——情報化社会の時代にあって——」『上智大学通信』第一四号、上智大学広報課、一九七〇年、一頁）。左傾化、セクト化した学生新聞『上智大学新聞』に対抗し、学生と教職員による『上智新聞』の発刊に協力するほか、学生や保証人、教職員にむけた『上智大学通信』、教職員にむけた『上智大学広報』を発行し、「上智人のパイプ」（『上智大学通信』第二三号、上智大学広報課、一九七二年、一三頁）を築き上げた。

こうした活動の中で、ルーメルが学生運動に関する情報収集を重視するようになったことは、想像に難くない。「学生たちと、ともに生きる」姿勢を貫いた、聖職者であり、教育者でもあったルーメルは、教え子の「反乱」を目にし、大きな衝撃をうけ、一刻も早い正常化を目指した。ルーメルが学内誌『ソフィア』（第一五巻第三号、上智大学、一九六八年、三七—五二頁）に寄稿した、「日本の大学紛争」を見てみよう。これは、上智大学が六カ月間の全学休講措置を講じた直後に発表された論説であり、上智大学での学生運動の経過やメカニズムを同時代的に分析したものである。

ルーメルは、学生運動の「種々の行動」に「不変の『パターン』」があり、上智大学の場合もこの例外ではなく、授業料の値上げ反対という「闘争スローガン」、部室のある五号館の自主管理にによる「闘争の拠点の確保」、捜査のための警察官の構内立ち入りという「突発事件」により、「一般学生を覚醒」させた。さらに、学生運動の「終極的解決」は、大学の統御機構の麻痺とストライキやバリケードによる校舎占拠であり、上智大学では、「突発事件」から「終極的解決」までの緊張状態の中で、「学友」の名を語るパンフレットやビラが二週間で一二〇種類、飛び交ったという。

そもそもルーメルは、一九六八年当時の上智大学での学生運動の特色について、回想録『ルーメル神父　来日六八年の回想』（クラウス・ルーメル著、赤羽孝久編、学苑社、二〇〇四年）の中で、「学生会が正常に機能していたため大学は学生会と協力体制を敷き、一般学生を大切にするように心がけた。そのため一般学生も全共闘の要求は大学を破壊するための要求であることに気づき、このような闘争が長引くと卒業延期になる可能性もあることを恐れ」（一一四―一一五頁）ていたと述べている。たとえば、同年六月の警察車両構内立ち入りに端を発した、全共闘系学生による一号館のバリケード封鎖や占拠の場合、全共闘系学生は、他大学の学生をふくめ五〇名から六〇名であり、授業をうける権利を主張し、反対派教職員とともに、全共闘系学生の退去を求めた「一般学生」は五〇〇名にのぼる。当時の上智大学学生数が、七〇一二名であったことからすると、全共闘系学生はおろか、ここでいう「一般学生」も少数派である。機動隊導入についても、ルーメルをはじめ当時の上智学院理事長ヨゼフ・ピタウ、学長守屋美賀雄は、ことあるごとに、将来の大学正常化を目的とした苦肉の策であったが、学生で構成される代議委員会で機動隊導入はやむなしとの意見であり、「一般学生」の支持があったと強調した。ルーメルもまた、『ルーメル神父　来日六八年の回想』の中で、彼らと同様の見解を示している。

機動隊導入によるバリケード封鎖の解除について報じた一九八六年一二月二一日付『讀賣新聞』夕刊では、「機動隊がんばれ」、「スト派をやっちまえ」という学内にあった学生寮に居住する「一般学生」の「声援」があったと報じられた。一号館、三号館、四号館、五号館の占拠、全学休講措置により、学生運動が大学全体の問題へと拡大したのは事実である。彼ら声を上げた「一般学生」を学生運動に参加しなかった「ノンポリ」と区分してもよいものだろうか。あるいは、声を上げることなく、学生運動と意識的に距離を取ろうとした「沈黙した学生」は、どのように学生運動を見ていたのだろうか。これまで上智大学の学生運動分析で語られることのなかった「ビラやパンフレットの洪水」の中に数多く存在した、「沈黙した学生」に光を当てることもまた、必要不可欠なことであろう。

上智大学の場合、全学生の約一パーセントであった全共闘系学生や左翼系学生が、「大衆団交」を求めた。ルーメルも指摘するとおり、一般的な学生運動での「大衆団交」は、学長や教職員一人を闘争グループ側が囲み、何時間にもわたり、やじや非難を浴びせかけたり、演壇を包囲したりすることで、事実上の軟禁状態に陥れる。とくに、「全」学生の前でこうした行為を行なうことで、「一般学生」の当事者意識をかき立て、同調者を増やすという意味合いもある。ルーメル自身は、対話の必要性を認識し、実践しつつも、「日本の大学紛争」の中で、学生運動には単純な解決策は存在せず、たとえ学生の要求する権利をすべて認めたところで、学生運動が終結するわけではないとも認めている。これは、学生運動があくまでも「集団」によるものであり、彼らの求める「大衆団交」では、その「集団」を形成する個々の学生との真の対話など実現せず、「各学生は少なくとも一人の大学教師を個人的に知っていて、この教師が親身になってかれの悩み、苦しみ、よろこびを共にわかつことが望ましい」（「日本の大学紛争」二四九頁）と、「学生の個人指導」こそ不可欠であると考えていた。そして、両親の手に負えない青年を精神的に救うことができるのは、「権威を誇示せず、学生から仲間とみなされ受け入れられる教師」（同）であり、「穏健な一般学生の協力」（二五〇頁）により、学生運動の真の解決は達せられるという。こうした姿勢は、本稿冒頭に掲げたルーメルの声明文とも一致する。対話こそが学生運動を解決へと導けるとの理想主義的側面がやや強い印象をうけるばかりか、一見すると、機動隊導入という強硬手段を講じた上智大学の方針とも矛盾するようでもある。しかしながら、「学生たちと、ともに生きる」姿勢を貫くルーメルにとって、まずは対話を通じて、相互理解を深め、教員と学生の間に信頼関係を築くことが、学生の不満を取り除き、暴力化を阻止できる最善の策であるとの教育者としての信念は、揺るぎないものであった。

「日本の大学紛争」というテーマであったためであろうが、ドイツ人であるルーメルが母国である西ドイツで同時期に発生していた学生運動と日本の学生運動を比較する記述は見られない。だが、「ルーメル師寄贈文書」の中には、ルーメル自身の「28.6.73」（一九七三年六月二八日）という書き込みがある、ケルンで配布されていた共産主義学生連盟の機関誌がふくまれていることから、ルーメルが西ドイツでの学生運動に無関心だったわけではなかったと思われる。また、上智大学の学生運動について、日本国内のみならず、海外でどのように報じられているかにも常に目を向け、新聞や雑誌のスクラップも欠かさなかった。

四　おわりに

小熊英二は、学生による叛乱を「政治活動としては、およそ未熟なものだった」（『一九六八』上巻、一一頁）とし、「高度経済成長期にたいする集団的摩擦反応」（同、下巻、七七七頁）であり、「真理探究の場」であるべき大学が、「資本主義の人材育成や産業開発といった世俗的目的」（同、下巻、七七九頁）のために存在する現実に失望したことにより発生したと結論づけた。学生が現実を打破し、「真の大学」を目指すべく、言論ではなく、暴力に極度に依存したことは、「およそ未熟な」行動であっただろう。上智大学の場合、ルーメルの寄稿からも明らかなように、「一般の学生」は、みずからの学びの場を奪われたことに憤慨し、全共闘系学生との対立を生んだ。

本稿で見てきたように、教え子が反旗を翻す姿を目の当たりにしたルーメルは、対話こそが学生運動を解決へと導く手段であると信じていた。また同時に、学生要覧からの政治条項の削除やカリキュラムの一部見直しなど、学生側の要求と向き合い、対話を通じて改革を行なっていく大学の姿を「広報官」として大学内外に積極的に示していった。ここには、ルーメルの聖職者と教育者としての二つの顔を見ることができよう。

本稿では、大学側の当事者であったルーメルに焦点を当てた、学生運動研究の一つのモデルケースを提示した。「はじめに」でも指摘したように、学生運動はわずか半世紀前の事象であり、存命の当事者も多い。上智大学史資料室に所蔵されている学生運動関連資料の中には、バリケードの中にいた学生の手記や学生手帳、ノートなどがある。ビラには、学生の実名が書かれ、大学側が学生の氏名や所属を書き入れた写真も残されている。学生運動研究を進める上で、一級資料であることは間違いないが、個人情報と密接な関わりがあることも忘れてはならず、資料の取り扱いには十分に注意を払わなければならない。現在、史資料室では、学生運動関連資料に限らず、資料一般について研究や調査で用いる場合、未公開資料であれば、広報グループ長や上智学院総務担当理事の決裁を必要とすることもあるが、決裁の可否については、明確なガイドラインは存在しない。さらなる上智大学史の発展のためにも、まずは目録のオンラインでの公開、資料利用に関するガイドラインの策定が急務であろう。

「酢を飲む」妻と恐妻家

――唐・宋時代の「小説」史料から――

大澤正昭

はじめに

最近の報道をみていると、いまなお続く女性差別の実態が明らかになっている。とくに某医科大学の入試における女性差別は、その根の深さと広さを感じさせるできごとであった。そこでは「合理性」という衣をまとった差別が続いていたらしい。差別をおこなった当事者たちは、女性医師は結婚・出産によって辞める人が多いからとか、専門科の選択に偏りが出るからとか、いかにも「合理的」な理由をあげて差別をおこなっていた。おそらく他の場面——企業の就職試験、就職後の昇進など——でも同じような「合理性」を与えられた差別がおこなわれているのであろう。考えてみれば、このような「合理性」を言い訳にする差別はきわめて現代的である。差別している人々は自分の行為を差別と認識しているからこそ理由が必要なのだ。

しかし前近代での差別には言い訳や「合理性」は不要であった。近・現代に至ってようやく差別が認識されるようになったのである。とはいえ長い歴史の過程で積み重ねられてきた差別意識は容易に克服できるものではない。私たち歴史学研究に携わる者には、差別の実態をしっかり見つめながら、それを歴史学的に考えてゆく課題が与えられているであろう。小論ではこうした視点から、研究の端緒となる問題を提示してみたいと思う。さしあたっての舞台は唐・宋時代、用いる史料は「小説」である。

一 「小説」史料について

文献史料と女性 歴史学で扱う文献史料、とくに前近代の史料は女性に対する差別意識を大前提としている。中国史の史料も言うまでもない。男性中心ないしは男尊女卑の発想が根底にあった。したがって女性の動向が主体として記述されることはほとんどなかった。では女性を研究する史料はないのかといえば、決してそんなことはない。史料の主体に男性が据えられているだけで、彼をめぐる女性たちの姿はそれなりに記録されている。こうした女性の姿は注意深く探さなければ把握できないけれど、歴史上の女性に対する認識を得ることは不可能ではない。ただ庶民の女性を研究する場合は、庶民の男性を研究する場合と同じく、少々難しくなる。庶民とは、当時の知識人や官僚からみれば善導すべき「愚民」であり、記録するに足りない存在であったからだ。庶民の女性は二重に差別されていたことになる。

「小説」史料 ともあれ女性の実態を把握しやすい史料の一つに「小説」というジャンルがある。この「小説」とは現代文学の小説と同じではない。「小」とは、文字本来の意味である「ちいさい」から展開した「ちっぽけな」あるいは「つまらない」という意味である。「説」は「はなし」だから、「小説」とは「つまらない話」あるいは「低俗な話」という意味になる。つまり、中国で正当とみなされる儒学や政治・文学などに関連する史料ではないというわけだ。具体的に言えば、現代の小説に近いフィクションももちろん含まれるが、神話・伝説や歴史上のエピソード・噂話の集成あるいは随筆・読書ノートまで雑多な内容になっている。ただこのような内容であるため、記されていることが史実かどうか保証できない文章も多い。他方、それは長所でもあった。庶民や女性が登場する機会が多かったからである。この小説史料を題材に、そこに描き出された女性の姿を追ってみたいと思う。

『太平広記』『夷堅志』 唐・宋時代の小説史料としてよく知られているのは、唐・五代までの小説類を集めて編纂された『太平広記』および南宋の洪邁《こうまい》が自分の聞き書きをまとめた『夷堅志《いけんし》』の二書である。前者のフィクション作品には「唐代伝奇小説」とよばれる一群の作品も含まれ、中国文学の一分野として研究が蓄積されている。「奇」とは「珍しい」「不思議な」という意味である。後者は「志怪小説」とよばれているが、その内容はフィクションではなく、実際にあったできごとの聞き書きということになっている。ただそこに取り上げられた主題——死んだはずの人に街で出会った話、死後の世界に連れて行かれた話など——は、現代の科学的認識から言えば信じがたいものが多い。「志怪」の「怪」は「怪しい」、「志」は「しるす」という意味である。

小説史料の世界 ではこれらの史料に描かれているのはどのような世界であろうか。まず『太平広記』について。これまでの研究によれば、『太平広記』に収録された唐代伝記小説の多くは中・下級官僚が書いたものとされている。彼らの執筆動機の一つは、自分の文才を示すことにあり、それによって出世の手がかりを得ようとしたという。すでに科挙がおこなわれているとはいえ、節度使の幕僚などに縁故採用される者も多かった時代であるから、名前を売り込もうとする彼らの動機も理解できる。そうして彼らが作品の舞台に選んだのは庶民の社会である。中・下級官僚が生活していた環境は庶民に近いものである一方、政界を題材にしては何かと問題が起きるであろう。いわば書きやすい世界であった。

次に『夷堅志』である。これは著者・洪邁《こうまい》がその交友関係を駆使してかき集めた話である。それも日常生活にかかわる、人々の不思議な体験である。いわば新聞の三面記事を集めた本のようなものだ。そのため本書は低俗な書籍とみなされ、半分ほどは散逸してしまった。ただそうした性格ゆえに、本書には庶民の男女また召使や端女《はしため》が多数登場する。こうした登場人物については統計的な研究がある。それによれば、男性が多いのは当然としても、女性も比較的多かったことがわかっている。彼女らは具体的な名前こそ記されなかったものの、誰それの妻、母、娘といった呼称で表現される例が多かった。男性中心とはいえ男性のみで成り立つ社会などありえない以上、彼女らが記述されるのは自然なことであった。

研究課題　では、これらの小説史料からどのような女性の姿を取り出したいのかといえば、もちろん時代の風潮にかかわらず、自分の足で歩いていた女性である。女性差別を前提とする日常生活のなかで彼女らがどう生きていたかを、唐・宋時代を舞台としてみてゆきたい。当時にあっては日常の行動であっても、現代の私たちからみれば彼女らの意思表示を読み取ることができる。それらの場面には男性中心社会に対する批判も埋め込まれていた。いわば日常のなかの無意識の抗議を読み取りたいと思うのである。

もう少しつけ加えれば、女性のなかでもとくに妻・母とよばれる人々を取り上げる。一つの理由は、こうした呼称を与えられた人々は、男性つまり夫や息子との関係性が強く、そのため史料上に表れやすいからである。研究に有利な条件はできるだけ活用したいと思う。

二 『太平広記』にみる家族および妻と母

（1） 唐代の家族

最初に『太平広記』に取り上げられている妻と母についてみよう。そのためには家族の変化をおさえておかねばならない。かつての私の研究では、家族のあり方は唐代から宋代に至る間に変化した。夫婦関係、婚姻関係が強くなり、そうして家族としてのまとまりが明確になった。簡潔に言うなら、唐代以前の家族は宗族《そう》という父系の親族のなかに埋もれる傾向が強かった。宗族の秩序が優先され、個別家族はその傘の下にあったのである。結婚を例とした場合、個人の自由な恋愛、家族内での話し合いなど望むべくもなく、結婚は宗族内で決められた、といえば理解されやすいであろうか。そうした意味で個別家族の自立度は低かった。

家族を取り巻く一族　そこで最初に、『太平広記』を題材に宗族と家族のあり方をみておきたい。たとえば「妻族」という呼称がある。これは正史にも使われている名詞である。『旧唐書』巻一二七源休伝に、源休という人物が妻を離縁したときの話が載せられている。この離縁に対して「妻族」が訴え出、取り調べがおこなわれた。しかし源休は取り調べの文書に回答しなかったため官僚から除名されたという。ここで「妻族」は一族の娘である妻の地位を保護する役割を果たしていた。このように夫と妻の関係は宗族関係のなかに位置づけられていた。小説にもこの類の話は多く残されている。たとえば、

李清は…代々染め物業を営んできた。…家は豊かで、地方の大家となっており、子孫や内外の姻族は百家余りとなっていた。…李清は、誕生日の十日ほど前、急に姻族を招いて酒食の大盤振舞をし、次のように言った。「私はみなさんのおかげで大過なく仕事ができ、暮らしてくることができた。そうしてここまで裕福になった。…」と。…

（『太平広記』巻三六「李清」）

とあるように、李清は「子孫や内外の姻族」つまり宗族と姻族——妻の一族——との関係のなかで生きてきたのである。彼の言葉は、いまの私たちの感覚では儀礼的なものとも思われるが、当時においては、より実質的な意味をもっていたのであろう。同様に、一族の中で遺産の処分をめぐる話し合いがもたれたという例もある。

鎮州（現河北省）の士人劉方遇には家財数十万があり、その妻田氏は早くに亡くなっていた。…（田氏の弟の田令遵《じゅん》は）資産の運用がうまく、劉方遇は財産を運用させて利益をあげていた。…方遇が病死したとき、息子は幼くて家業を継ぐことができなかった。後妻と（嫁に出ていた）二人の娘は一族を集めて相談した。財産は田令遵が殖やしたものであったので、彼の姓を劉に改め、方遇の後継ぎにするよう願った。…

（『北夢瑣言』巻二〇）

この話が載せられている『北夢瑣言』は『太平広記』と同じく小説史料である。ここでは後継ぎ

と遺産の処分をめぐって宗族の会議が開かれていた。家族を取り巻く宗族の影響力が大きかったことは理解できるであろう。

杜子春にみる夫婦と母子

ではこの家族の結びつきはどのようなものだっただろうか。家族内部の夫婦関係と母子関係を考えてみたい。格好の題材は、芥川龍之介が翻案したことで有名な杜子春の話である。この話の内容は――芥川の作品で読んだ方もおられようが――杜子春が仙人になろうとして果たせなかったというものである。仙人を志願した彼は道士によって厳しい試練が課せられた。目の前で起きる出来事に対して一言も発してはならないという試練である。そこで見せられた強烈な場面は妻と子に対する虐待であった。まず妻への虐待と杜子春の対応は次のように描かれている。

…そこで将軍は杜子春の妻をとらえてきた。それを庭先に引きすえ、…やがて妻はむち打たれて血を流し、弓で射られたり、刀で斬られたり、また煮られたり焼かれたり、堪えきれない責め苦を受け始めた。そこで妻は泣きわめきながら「…あなたが一言おっしゃってくだされば、私の命が助かるのです。…」…杜子春はとうとう見向きもしなかった。…

というように、杜子春は虐待される妻の願いをまったく無視することができた。次の試練は子に対する虐待である。

〔杜子春は女に生まれ変わり、二歳の息子がいる〕…（夫は）息子の両足を持ち、頭を石にたたきつけた。たちまち頭は砕け、血は数歩の向こうまで飛び散った。杜子春の心のなかに愛の気持ちが生まれて、ふと道士との約束を忘れ、思わずあっと声をあげた。…

（『太平広記』巻一六「杜子春」）

ここで母になっていた杜子春はこの虐待を正視するに忍びず、声を漏らしてしまったのである。妻に対する虐待は無視できても、子に対する虐待は無視できなかった。つまりこの話の背景に思いをいたせば、家族のなかでは夫婦関係よりも強い母子関係があったことになる。しかし母子関係は人間関係のなかでも本源的なものであるから比較にならないという批判があるかもしれない。

夫婦関係　そこで唐代の夫婦関係を示す小説史料をあげてみよう。

東平県尉〔県の警察長官〕の李廱《どん》ははじめて官位を得、洛陽から任地に赴いた。夜、ある町の旅籠に投宿した。そこに胡餅〔西域の小麦粉食品〕を売って暮らしている胡人夫婦がいた。妻の鄭氏は美人であったので、李はひと目見て気に入り、その旅籠に数日間泊まり続けた。そうして十五貫でその妻を買い取った。…

（『太平広記』巻四五一「李廱」）

ここで李廱は美しい人妻を十五貫という代価で買い取った。一貫は銅銭千枚であるから安くはないが、妻を買うことができたのである。妻を売るにあたってどういう事情があったのかは書かれていない。胡族の習慣だったのか、あるいはこの胡人が困窮していたのかもしれない。しかし淡々と書かれていることからすれば、当時さほど珍しい話ではなかったのであろう。

こうした妻の売買ではないまでもいわゆる不倫関係はしばしば小説の題材として描かれている。たとえば、貞元三（七八七）年に、李章武という男が華州（現陝西《せん》省）に友人を訪ねて行った話がある。

…（彼が）おもてを歩いていると、…一人の女を見かけた。たいそうな美人である。…（彼はその）

美人の家に住み込んだ。この家の主人は姓を王といい、美人はその息子の嫁だった。だが彼女は李章武に惚れこんで密通するようになった。ひと月余り経つうちに李章武は三万以上の金を使ったし、嫁の出してくれた金はその二倍にもなるほどであった。…

（『太平広記』巻三四〇「李章武伝」）

というように話が展開してゆく。話の筋は、残念ながら小論の扱うところではない。ここではただ小説史料に婚姻外の性的関係がしばしば登場していることを述べたかっただけである。それは夫婦関係の弱さの表明である。小説史料であるから興味本位にその点が強調されている可能性、あるいは不倫などいつの時代にもあるという批判は、もちろんある。しかし儒教倫理が推奨されていた唐代に、こうした話題がありふれたものであったことは確かである。そこから夫婦関係の弱さを読み取ることはできよう。

　では、夫婦関係に限定せずに、家族の姿を描いた史料はないのだろうか。もちろん筆者はそうした史料を探した。しかし見つからなかった。絶対なかったかと問い詰められれば、答えに窮するのではあるが。ともあれ唐代の家族像を描いた史料は見つかっていない。ではこうした夫婦のつながりが弱い社会で妻たちはどう生きていたのか。次に見て行こう。

（２）「酢を飲む」妻――妻の抵抗――

「酢を飲む」　日中辞典で「(男女間の）嫉妬」という語を引くと「吃醋《チーツウ》」つまり「酢を飲む」という中国語が紹介されている。日本語では妻が嫉妬することを「焼餅を焼く」というが中国語では「酢を飲む」と表現するのである。その典拠は次のような話であった。

兵部尚書〔軍務大臣〕任瓌《じんかい》は、その功績によって唐の太宗皇帝より宮女二人を賜った。ともに絶世の美女であった。任瓌の妻・柳氏は嫉妬し、二人の頭髪を焼いて丸坊主にしてしまった。太宗はこのことを聞いて、柳氏を宮廷によびつけ、金の壺に入った酒を与えて言った。「これを飲めばたちどころに死んでしまう。…ただしこののち嫉妬をやめるなら、飲む必要はない。もし嫉妬を続けるなら、いますぐ飲め」と。…柳氏はこれを飲み干して倒れ伏したが、死ぬことはなかった。実は毒薬ではなかったのである。…太宗は任瓌に言った。「妻の性《さが》とはこのようなものだ。朕でも畏れるものだ」と。

（『太平広記』巻二七二「任瓌妻」）

後に、ここにいわれている酒は実は酢だったということになって、「酢を飲む」という表現が「嫉妬する」という意味で使われるようになった。名君といわれる唐の太宗が、大臣の妻の嫉妬をやめさせたかったけれど、その権力をもってしてもできなかったというのである。この話は女性の嫉妬の強さを表す言葉として定着した。男性の嫉妬もあるのに、それを象徴する言葉は、ない。

さて、任瓌の妻が嫉妬深かったという点については正史である『旧唐書《くとうじょ》』にも記されているが、この具体的なエピソードまでは書かれていない。『旧唐書』の編者が、この話は正史に載せるような品格のある記事ではないと判断したのかもしれない。おそらく小説史料だからこそ残された記録なのであろう。ともあれ柳氏は「嫉妬」という武器で夫と闘ったのである。夫婦関係が弱く、妾が何人いてもおかしくない時代に、妻である彼女は自分ひとりを大事にするよう夫に迫ったのである。

恐妻家の存在　この話は、当時、かなり評判になったようで後日談も『太平広記』に載せられている。

…後日、杜正倫が任瓌をからかった。すると瓌は次のように言った。妻というものには怖いところが三つある。娶ったばかりのときは菩薩《ぼさつ》さまのようである。菩薩さまを恐れない者がいようか。しばらくして子を産むと、子育て中の虎のようになる。虎を恐れない者がいようか。年老いてシワが寄ると鳩盤茶鬼《くばんだき》〔仏教で、人の精気を吸い取るとされる鬼神〕のようになる。鬼を恐れない者がいようか。だから妻をこわがるのは何らおかしいことではないのだ、と。これ聞いていた人は大喜びした。

（『太平広記』巻二四八「任瓌」）

この話は他に関連史料がないので、その信憑性を確かめることはできない。誇張された作り話かもしれない。しかし『太平広記』が典拠とした『御史台記』は韓琬《えん》という人の著書であることはわかっており、相応の信頼を寄せられる史料である。また、作り話であるとしてもこのような話が当時の官僚・知識人に受け入れられていたことは事実であり、いわゆる恐妻家という存在が市民権を持っていたことは疑いない。「酢を飲む」妻と「恐妻家」は対になった言葉とみなしてもよいであろう。こうしたエピソードは唐代の小説史料にいくつか出てくる。もう少し紹介しておきたい。

迫りくる妻と敵

唐末、黄巣の乱（八七五―八八四年）が熾烈を極めていたときのことである。

中書令〔中書省の長官〕の王鐸《たく》は、…黄巣軍を防いでいたが、敵は近づきつつあった。これより前、彼が戦陣に赴く際、お気に入りの妾たちを引き連れてでかけていた。その嫉妬深い妻も後を追う予定であったが、まだ到着していなかった。突然報告が届いた。「夫人は都を離れ、こちらへ向かっています」と。王は側近に言った。「黄巣は南から迫ってくるし、妻は北からくる。朝も晩も気持ちの休まるときがないよ」と。側近たちは戯れて言った。「黄巣に降《くだ》るのが一番です」と。王も一緒に大笑いした。

（『太平広記』巻二五二「王鐸」）

これは嫉妬深い妻と恐妻家の夫を対比させた笑い話である。黄巣軍は強大な勢力を誇り、全国各地を略奪して回った反乱軍であった。唐王朝は素早い対応ができず、反乱は長期化して長安を占領される事態にもなった。鎮圧はしたものの、唐王朝への打撃は大きく、このあとまもなく滅亡することになる。このような深刻な戦争のさなかにしては、かなり余裕のある会話である。作り話かも知れないが、王鐸の夫婦関係や当時の妾などのあり方はよくわかる史料である。

以上にあげた例以外にも嫉妬する妻と恐妻家の史料は多い。そこで注意したいのは、これらの話が夫の笑い話として扱われている点である。だが妻は笑い話の種として嫉妬しているのではなかった。真剣に自己主張していたのである。妻にとって夫が妾を持つというのは深刻な問題である。たとえば、自分に子供ができず、妾に子供ができた場合、離縁される可能性もある。こうした妻の弱さをカバーするのがさきにみた「妻族」であった。しかし、夫の方は恐妻家という自虐的な話題で周囲の笑いを誘っている。このギャップをどう考えればよいのであろうか。筆者はここに男性中心社会にいる夫の余裕をみる。妻が暴れても自分の地位は安泰だという余裕である。夫婦関係が弱いということは、つまり妻の立場が弱いということを意味していた。妻は嫉妬を武器として闘い、自分の地位を確保せざるを得なかったのである。では『夷堅志』ではどうだったのか、目を転じよう。

三　『夷堅志』にみる家族および妻と母

（1）『夷堅志』の家族

庶民の小家族　唐代までの家族像が史料に表れないのとは異なって、『夷堅志』には庶民の小家族の姿が描かれている。それは夫婦と子供からなる四～五人家族である。たとえば次のような家族がある。

饒州《じょう》〔現江西省〕の貧民である蕭《しょう》七は…あぶり肉を削《そ》ぎ売りする商売をおこない、わずかばかりの利益を得て妻子を養っていた。慶元三〔一一九七〕年十月十九日の夕方、商売を終えて、家に帰り、飯を食べ、足を洗って寝た。…それまで何の病気の兆候もなかったのに、彼は突然死んでしまった。妻は胸をたたいて慟哭し、為すすべもないありさまであった。…三日後、隣町の黄婆という女が白髪の老人の夢を見た。彼が言った。「…彼の妻を柴《さい》主簿〔県の事務官〕の家へ行かせ、『仏頂心経』を借りて僧侶に懺悔《ざんげ》してもらえばよい」と。…妻は柴家を訪ね、…この経典の版木を手に入れ、印刷工を雇って千冊を印刷し、二人の僧侶に読経してもらった。…

（『夷堅三志』壬巻六「蕭七仏経」）

ここに描かれているのは夫婦と子供からなる典型的な小家族である。そうして心から夫を思う妻が登場している。彼女は夫の死後、貧民の身でありながら大金を投じて供養をしてもらった。話の結び部分は省略したが、亡き夫が妻の夢枕に立ち、お前のおかげで生まれ変わることができたと報告したというのである。ここには夫婦愛が表現されていて、現代の感覚でも理解できる話であった。こうした妻の行動はまさに夫婦関係の強さを物語っている。

このように『夷堅志』に収録された話は、小家族としてまとまった家族像を表している。唐代との違いは明瞭である。もう少し例をあげる。

都市と村の家族

次に都市住民の家族と村民の家族である。まず都市住民から。

首都臨安〔現浙江省杭州市〕の住人、郭倫は上元節〔一月十五日におこなう祭〕の夜に家族を連れて街の灯篭見物に出かけた。帰りがやや遅くなり、狭い小路を通りかかると、十人ほどのゴロツキに出会ってしまった。彼らは並んで歌を歌い、騒がしく笑いあっていたが、郭倫等の様子をうかがうと、道を遮ってからんできた。倫は対抗する力がないと思い、追いつめられてしまった。ところが、突然、青い衣に頭巾をかぶった道士が現れ、ゴロツキどもを責めて言った。…妻と娘は隙を見て逃げた。…倫は道士を追いかけ感謝して言った。「先生とは日頃お会いしたこともないのに妻子を危機から救ってくださった。…」と…


（『夷堅志』補巻十四「郭倫観灯」）


ここに登場するのは首都の住人である。家族連れで夜の灯篭見物――現在でも「上元観灯」は派手でにぎやかな行事である――に出かけ、ゴロツキにからまれるくらいだから、生活に余裕がある階層であろう。このとき夫は妻と娘を守ろうとした。ここには家族というまとまりが描かれ、夫がそれを保護している日常が窺える。一方、農民の話もある。

乾道元〔一一六五〕年、衡《こう》山県〔現湖南省〕の民はお祭りで酒を飲み、大いに酔っぱらってしまった。彼は日暮れになって一人で帰っていったところ、田の窪みの水たまりにつまずき、恍惚状態になった。彼はあぜ道を急いで帰り、家に着いたが、入り口の戸は閉まっていた。これをたたいても応答はなかった。しかし身体は戸の隙間を通って中に入ることができた。その妻はベッドで麻を紡いでおり、二人の子供が前で遊んでいる。妻は時おり夫が夜になっても家に帰ってこないと愚痴をこぼしている。民は叫んだ。「俺はここにいるぞ」と。しかし妻にはまったく聞こえていない。彼は怒り罵ったが、それでも妻は答えない。民は驚いて言った。「俺はもはや死んでいるのではないか」と。…妻は夫が深夜になっても帰ってこないので、隣人を雇い、松明《たいまつ》をもって彼を捜索していた。…

（『夷堅丙志』巻八「衡山民」）

この話は前半と末尾の必要な部分だけを引用した。ここで注目したいのは、この男の家族の情景と、彼が帰宅しなかったときの妻の行動である。まず彼の家族が夫婦と二人の子供から構成されていたことが書かれている。典型的な小家族である。酒を飲んで夜まで帰ってこない夫に対して愚痴をこぼしている妻の姿は現代にも通じる情景である。もう一つは妻の行動である。夫を探すために隣人を雇ったという。日本の村ならば共同体があるので、緊急の場合は助け合うはずである。すなわち無償である。しかしこの話では「隣人を雇」っていた。原文は「倩隣人」である。「倩」が「請」の誤りだった可能性もあるが、中国の村落のあり方からいえば、つまり日本のような村落共同体が存在しなかったことからすれば、ここは誤字ではない。当然、無償ではなかった。妻は何がしかの代償を払ってまで夫を探したのである。ここに夫婦関係の強さが読み取れるであろう。村の小家族はしっかり結びついていた。

弱い夫婦関係　以上のような夫婦の強いつながりが描かれている一方、信頼関係の弱さを表す話もある。現実社会にはさまざまな夫婦がおり、それらを史料が反映しているのである。たとえば次の話。

陳徳応侍郎〔省の次官、あるいは部の副部長〕の娘（陳氏）は会稽〔現浙江省〕の石氏の嫁となり、一男を儲けた。そこで石氏は病気になった。臨終に臨み、陳氏の手を取って別れの言葉を述べた。「私はお前を気に入り、普通の夫婦とは比べられないほどであった。私の死後、お前はわが子の面倒を見、きっと他家に嫁ぐことなく、私の思いに報いておくれ」と。これを聞いた陳氏はぐずぐずして答えなかった。石氏は怒り、「よく新夫につかえ、もとの夫など思い出すな」と言って亡くなった。陳氏は嘆き悲しみ、思慕の情で痩せ細るほどであった。ほどなく陳氏の父親が広東の長官として赴任し、彼女を任地に連れて行った。そうして彼女の年齢が若いのを憐れみ、婿を探してきた。陳氏は辞退することができず、再婚した。結婚して一年余り。前夫が向こうからやってくるのが見えた。…

（『夷堅甲志』巻三「陳氏前夫」）

ここで夫は妻に、自分の死後、再婚しないよう求めたが、妻はその想いに応じなかった。夫の死後に「嘆き悲しみ、…痩せ細るほど」だったと書かれているが、妻の本心だったか、演技だったかはわからない。夫の死後、喪に服す儀礼が強要されることもあるからである。この話の末尾では夫の霊が現れて子と妻を殺してしまい、妻に報復するのである。この夫婦の場合、そのつながりは薄かったのである。これとは逆に妻の願いを聞かない夫の話もある。

鄭晙《しゅん》は…宝文閣待制〔皇帝のブレーンである官僚〕閎《こう》中の息子であった。王氏を娶り、一女泰娘《たいじょう》をもうけた。王氏は臨終の折、夫の手を取り頼んで言った。「絶対再婚しないように。泰娘の面倒を見てください」と。彼女の死後、鄭は妾を買った。しばらくして都の滕《とう》氏の娘が年頃を迎えていた。鄭はその美貌を聞き、王氏との約束に背き、結納を贈った。ある朝、まだ寝床にいるとき王氏が寝室に入ってきた。ベッドのそばにじっと座り、…再婚の理由を聞いた。…王氏が言った。「既に約束したことは繰り返しません。私の生前のように、よく泰娘を養育してくれれば問題ありません。心配などしないのです」と。…妻は「十年後、長江の舟の中でお会いしましょう」と言った。…

（『夷堅甲志』巻十六「鄭晙妻」）

この話では、妾をもつことが問題ではなく、正式に再婚することを王氏が責めていた。結局、夫は妻が言ったように、十年後、長江で死んだのであった。前話と同様、夫婦の信頼関係を裏切った者が罰を受けるのである。その内容で読み比べれば、これらの話は夫婦の信頼を裏切ってはいけないという教訓を広める意図をもった話だったかもしれない。またこれらの話では夫と妻に下された罰に区別はなかった。夫婦平等であるところが興味深い。それはともあれ、前掲の庶民の話に比べると、夫婦の信頼関係が弱かったことがわかる。考えられる理由の一つは、両者とも高級官僚とみてよい階級に属した男女だったことである。その世界では政略結婚が通常の婚姻であったから、個人的な性愛で結合する庶民とは基本的に異なる関係であった。

妻の不満　こうした打算的な婚姻の当事者同士は不満ももっていたであろう。『夷堅志』にはそのような妻の言葉も記されている。

〔洪邁の姻戚である張五姑《こ》は〕襄陽《じょう》〔現湖北省〕の董《とう》秀才に嫁いだ。夫は惰弱で自立心がなく、彼女は自尊心が高かったので、常にその夫をさげすんでいた。うつうつとして満たされることなく病気になった。靖康年間〔一一二六～二七年〕の冬、…夫は漢江で死んだ。…彼女はその母に付いて南陽〔現河南省〕に行き、酒を飲み笑い楽しんだ。まったく哀れな様子ではなかったし、病気も徐々に回復した。ある朝、〔夫の霊が現れて〕彼女に語るには「お前は再婚してはいけない。再婚したらお前を殺すぞ」と。…彼女はこれを叱りつけて言った。「私はいつもあなたに煩わされていました。すでに死んでしまったのに、なお私にまとわりつくのですか。たとい他人に嫁ごうともあなたには関係ないことです」と。…

（『夷堅丙志』巻十四「張五姑」）

ここに登場する張五姑は誇り高い女性で、自分の意に添わぬ結婚には満足できなかったのである。その不満は夫の霊に向かって言った台詞に見事に表れている。これは啖呵を切ったと言い換えるべきであろうが、当時の多くの妻たちの気持ちを代弁しているのである。

このように所属する階級によって夫婦関係の強さは異なっていた。政略結婚とは本人の意思と関係なくおこなわれるものである以上、この話はそうした事情を的確に述べていた。

「妻家」の存在　ところで唐代には「宗族」「妻族」など、家族をめぐる一族が影響力をもっていた。宋代にはこうしたつながりはなくなったのであろうか。『夷堅志』には「妻族」ではなく「婦家」「妻家」という語がしばしば登場し、妻を支えていた。それらをみよう。

唐州方城県〔現湖北省〕の胥吏頭《しょ》・張三の妻は、もと娼婦であった。…彼女は数人の妾を殺したが、夫は彼女を恐れ何も言わなかった。後に息子の妻を殺した。妻の家は県に訴え出た。県尉に命じて死体の検分をさせた。…

（『夷堅甲志』巻十五「犬齧張三首」）

とあるように妻の家〔原文は「婦家」〕は嫁に出した娘の後見人の役割を果たしていた。さらに次のような話もある。

信州玉山県〔現浙江省〕の民、謝七の妻は姑に孝養を尽くさなかった。食事には麦飯を与え、それも十分ではなかった。…紹興三十〔一一六〇〕年七月七日、…〔僧侶をいじめた妻の身体が、少しずつ牛に変わっていった〕…その夫は走って妻の家に行きこのことを知らせた。父母があわててやってきたが、すでに全身が牛に変わっていた。…

（『夷堅丙志』巻八「謝七嫂」）

というように妻に何か変事があれば駆けつけてくるのは「妻の家」であった。しかしこの家とは一族ではなく実の父母であった。この他にも「婦家」「妻家」という言葉は使われているがその意味は「妻の実家」である。この点で宋代の家族は宗族などと距離ができていたといえよう。それは宗族的つながりの後退と家族の自立度の高まりを表し、前述したような小家族のまとまりを実現していたのである。

（2）嫉妬する妻、強い妻の行方

では、唐代の「酢を飲」んで抗議する妻はいなくなったのであろうか。そんなことはなかった。洪邁の随筆『容斎四筆』巻十四には嫉妬深い妻の話が記されている。

…（王賓は監軍〔軍隊を監督する官〕であったが、その）妻はきわめて嫉妬深く、気性が荒々しかった。当時、監軍が家族を連れて任地に赴くことは許されていなかった。しかし妻は勝手に任地にやってきた。賓はこのことを逐一皇帝に報告した。皇帝は妻を呼びつけて叱責し、…杖打ち百回の罰を与えた。そのうえで配流し、忠靖軍の兵士の妻とすることとした。ある夜、妻は死んだ。

嫉妬深く、勝手な行動をとる妻は、皇帝の権力によって処罰されたのである。さきに見た唐代の「酢を飲む」妻と比べれば何と厳しい処置であったことか。つまり宋代には嫉妬する妻、強い妻に対する風当たりが各段に強まっていた。

虎になった妻　『夷堅志』にも同様な話がある。

乾道五〔一一六九〕年八月、衡・湘州〔現湖南省〕のあたりに趙生と妻の李氏が仮住まいしていた。妻は神経性の頭痛に苦しみ堪えられないほどであった。…端女たちが病床に侍っていたところ、突然猛々しく吠える声を聞いた。驚いて見ると、李氏の頭が虎に変わっていた。…趙は友人の樊《はん》三官を呼んできて、事情を告げ、元に戻せないかと頼んだ。すると樊は「できない。李の人柄が無礼なことは誰もが知っている。天が警告しているのだろう。…」と。…李は死んだ。彼女は生前、心がねじけていて嫉妬深かった。舅姑には孝養を尽くさず、親族や隣近所には乱暴だった。趙生はあえてこれを抑えなかったのである。このような事態になっても、誰も憐れまなかった。

（『夷堅丁志』巻十三「李氏虎首」）

この妻は嫉妬深いだけでなく、周りの人にさんざん迷惑をかけていた。この行状に対して天が罰を下したというのである。いかにも教訓めいた話になっているが、実話のような体裁で記されている。

嫉妬と酒癖　同様に次のような話もある。

洛陽の張涛《とう》は、宣和六（一一二四）年、…その妻を亡くした。…〔同年の冬に都の相国寺で妻に出会った。どうしているか尋ねると〕妻が答えた。「…あなたは明日、食事の後に尋ねて来られるでしょうか。お迎えの児が道で待っています」と。張は言うとおりにして妻に会った。妻は泣いて訴えた。「私は日ごろの嫉妬深さと酒癖の悪さのために、ここで罰せられています。…」と。…

（『夷堅支丁』巻二「張次山妻」）

これも妻の日ごろの行いに対する教訓めいた話である。彼女の嫉妬や酒癖の悪さは死後の世界で処罰されたのである。

以上のように『夷堅志』では嫉妬深い妻たちは非難されているし、天罰を引き合いに出して脅されている。まったく笑い話ではなかった。こうした妻への脅しは正史類にもはっきり書かれており、妻をコントロールできない夫が皇帝によって処罰されている。つまり強い妻たちは国家の権力のみならず、天の神などによっても抑圧されていた。男たち主体の国家や社会は、宗教的権威まで動員して妻を抑えつけようとしていた。妻にかかる圧力の強大化は驚くべきである。これが唐代と宋代の大きな違いであった。

おわりに

むかし中国人留学生のエピソードを聞いたことがある。ある日本人が、日本と中国の女性を比べると中国の女性は声が大きく、はっきり自己主張しているが、どうしてだろう、と尋ねた。すると留学生は、中国ではいくら声を大きくしても聞いてもらえないので、と答えたという。これは個人的な感慨だろう。だが、筆者は、まさに中国女性の生き方に反映された、中国の歴史を感じた。彼女たちは大きな力で抑えつけられながらも、それに反発して生きてきたのである。

小論にみてきた唐・宋時代の小説史料には、現実社会のなかで生きていた女性の声がビビッドに記されていた。これが小説史料の強みである。それらを読むと、この時代の夫婦関係や家族の実態が明確になる。まとめてみれば、それらの変化にともなって妻の行動には一定の規範が強要されることになった。つまり妻は自己主張などせず、貞淑に夫に従うべきだという道徳規範の押し付けであった。こうして国家や社会は、あらゆる装置を動員して妻たちを抑えつけようとした。かつての強い妻たちは家のなかに閉じ込められながらも、抵抗を続けた。それは現代にまで引き継がれているのである。

【参考文献】

・大澤正昭『唐宋時代の家族・婚姻・女性』（明石書店、二〇〇五年）

・――「唐宋時代のジェンダーと生業」（『中国ジェンダー史研究入門』京都大学学術出版会、二〇一八年）

清末中国の公使接見儀礼

――皇帝権威の誇示と失墜――

宮古文尋

一　東アジア国際秩序と西洋国際秩序の衝突

前近代の東アジアの国際秩序は、「朝貢《ちょうこう》」と「冊封《さくほう》」により成り立っていた。「朝貢」とは、中国周辺の国や民族の長が、中国王朝の皇帝を慕い、その地の産物を貢納することである。皇帝がそれに応じ、朝貢してきた者を国王に任命し、その地の統治を委任することが「冊封」である。この朝貢と冊封の関係は、朝貢国が定められた時期、経路、編成に従って使節を派遣し、形式にのっとった文書を皇帝に進呈し、決められた作法で皇帝に謁見するといった、「儀礼」により表現された。

中国は、朝貢国が儀礼を順守したならば、それを皇帝への服従の表明とみなし、皇帝の権威と支配は遠方にまで及んだと誇る。ただし、中国皇帝は、朝貢国の内政にも外政にも干渉しなかった。よって、朝貢国は儀礼に従いさえすれば、中国の脅威を排除できるとともに、皇帝より国王に与えられた支配の正当性を後ろ盾に、国内統治に専念することができた。

また、朝貢国には、貢納した産物よりも多くの物資が皇帝より与えられた。その他にも、定められた場所と期間において無関税や優遇関税での交易が許されていた。朝貢国は、儀礼の順守を代償として割り切るならば、皇帝が保障する安全のもとで、民間貿易よりも有利な条件で中国と交易することができた。

儀礼に従い中国に朝貢することを拒みながらも、中国との交易を望むならば、中国政府との交渉を一切認めない、「互市《ごし》」の形式で通商関係が認められた。イギリスには、互市形式での通商関係が適用され、広州一港に限った交易が認められていた。

より有利な条件での交易を望むイギリスは、一七九三年、マカートニー使節団を清朝第五代皇帝乾隆帝《けんりゅうてい》のもとに派遣した。朝貢と冊封の関係で構築される東アジアの国際秩序とは異なる西洋の国際秩序、つまり、対等な関係に基づく政府間交渉を試みたのである。しかし、マカートニーは皇帝への謁見を果たしたものの、朝貢使節として扱われ、イギリスの要求は全て斥けられた。

西洋の国際秩序と、東アジアの国際秩序は相容れなかった。これ以降、イギリスは自らの要求を清朝に認めさせるべく、アヘン戦争（一八四〇～四二年）、第二次アヘン戦争（一八五六～六〇年、アロー戦争とも称す）へと向かう。アヘン戦争の勝利により、広州を含む五港の開港と、香港割譲を清朝に認めさせ、第二次アヘン戦争の勝利により、さらなる開港場の増加、公使の北京常駐などを認めさせた。首都への公使常駐は、西洋の国際秩序に基づく対等関係を意味した。

二　公使接見実施までの経緯

公使の北京常駐が認められると、イギリスをはじめとする西洋列強は、公使の清朝皇帝への謁見と、そこでの「国書」（公使派遣国の元首から皇帝への書簡）の進呈を要求した。

当時の清朝皇帝は、第十代皇帝同治帝《どうちてい》であった。一八六一年、わずか六歳で即位した同治帝に代わり、その生母である西太后《せいたいこう》と東太后《とうたいこう》（第九代皇帝咸豊帝《かんぽうてい》の皇后）が政治を代行する、垂簾聴政《すいれんちょうせい》が行われていた（詳細は「西太后」）。清朝は、皇帝が幼年であることを理由に皇帝への謁見要求を拒否し、一八六一年に北京常駐の公使に応対するべく設立された総理各国事務衙門《そうりかっこくじむがもん》（総理衙門）が国書を受け取った。

一八七三年、同治帝は十八歳となり、同治親政が始まる。清朝は、各国公使の皇帝への謁見要求を受け入れざるを得なくなった。一八七三年六月、各国公使合同での謁見（**接見①**、171頁の表1参照、以下番号のみを示す）が実現する。ただし、それに際し、次のような条件がつけられた。

接見①の大典は、軽々しく催すべきではない。また、将来初めて中国を訪れる各国大臣も、すでに中国に居住して日の長い者も、この覚書が述べる五国公使合同謁見の例に照らし、早晩謹んで諭旨②を待ち、それに従い行わなければならず、一名が随時謁見を請うことはできない。以て丁重であることを明らかにする（『籌辦夷務始末』巻九十）。

①接見…本論では、皇帝（清朝）の側から見た公使との会見は「接見」とし、公使側から見た場合は「謁見」と記述する。②諭旨《ゆし》…皇帝の指示、命令。

つまり清朝は、将来、公使より位の高い大臣の訪問があったとしても、或いはどんなに長く中国に駐在する公使であっても、接見するか否かは皇帝が判断することであり、公使が単独で皇帝への謁見を要請することは認められない、としたのである。

一方、各国公使は、北京への着任時に随時接見を挙行するよう要求していた。一八七四年には、アメリカ公使が着任に伴い皇帝に謁見し、国書を進呈しているが（**接見②**）、これが実施に至った経緯は定かではなく、随時接見を執り行うことへの清朝の警戒が解けたことを意味するわけではない。一八七五年には、同治帝が逝去し、第十一代皇帝光緒帝《こうしょてい》が即位した。この時、光緒帝はまだ四歳であったため、再び垂簾聴政が開始される。光緒帝が十六歳となった一八八七年には名目上の光緒親政が始まるが、二年間の西太后による訓政期間を伴うとされたため、事実上の親政開始は一八八九年からとなる。

この間、公使接見は中断されていた。光緒親政開始に伴う接見再開に際し、一八九〇年、駐英仏伊白《ベルギー》兼任公使の薛福成《せつふくせい》は、西洋各国の通例では外国との交際と交渉は画然と区別されており、公使着任時の謁見は交際の範疇に属するもので、その場で交渉に及ぶことはない、と皇帝に意見具申（上奏《じょうそう》）した（『清季外交史料』巻八三）。つまり、清朝が随時接見を執り行うことを拒んでいた理由は、公使が謁見の場で、皇帝に外交事務に関する要求を突き付けることへの危惧にあったのである。しかし、薛福成のこの報告により、その危惧は取り除かれた。

以降、清朝の暦、すなわち旧暦の毎年正月に、各国公使を一堂に会した接見が執り行われることとなり、公使着任時にも随時接見が挙行されるようになる。

三　公使接見儀礼

では、公使接見時の儀礼はどのようなものであったのか見ていきたい。

当然ながら、朝貢使節が清朝皇帝に謁見する際の儀礼を、各国公使にそのまま強いることはできない。例えば、両膝で跪き、跪く度に額を三回地につける礼を三度繰り返す、「三跪九叩《さんききゅうこう》」の礼である。これは、朝貢使節に限らず、清朝官員であっても、皇帝に謁見する際には行わなければならない儀礼であった。

マカートニーが乾隆帝への謁見を求めた際にも、これを行うか否かで清朝政府と対立した。その際は、マカートニーを朝貢使節として扱いながらも、遥々遠くから皇帝への敬意を表明しに来た労を特別にねぎらうという名目で、片膝で跪いて手の甲に口づけをする西洋式の儀礼での謁見を認めた（ただし、実際に唇を触れることは認めなかった）。

清朝と各国公使は議論を重ね、皇帝への謁見の際には三跪九叩ではなく、鞠躬《きっきゅう》（「鞠《まり》」のように「躰《からだ》」を曲げて行う礼、お辞儀）を行うと定められた。しかし、これを除けば、当初の公使接見は、中国の伝統的な儀礼に基づき行われていた。各国公使はそれに対し、儀礼の変更を要求し、清朝もでき得る限りの譲歩をしていく。まずは、接見儀礼を理解するための雛形を示し、続いて、儀礼がどのように変遷したかを述べることとする。

儀礼の全容を確認できる史料の多くは、編纂史料の中で活字化されたものであり、その過程で誤植が生じた可能性もある。漢文史料、特に儀礼概要を記したものは「道」と「路」、「右」と「左」等、一字の違いで大きくその意味が異なる。次に示す、一八九五年のスペイン公使着任時（**接見⑧**）の接見儀礼は、筆者の渉猟範囲において、原文を確認し得る数少ない史料、影印史料（原史料を写真撮影して印刷したもの）を翻訳したものである。

この日、皇上は[1]文華殿の宝座《ほうざ》にお出ましになる。[2]恭親王、慶親王亦劻は先に[3]東側に侍立する。わが[4]衙門の[5]堂官二名はイスパニア〔スペイン〕国公使一名、書記官及び通訳三名を引率し、[6]文華門中門を進み、[7]甬道より[8]文華殿中門に進み、公使は一度鞠躬する。前に数歩進み、一度鞠躬する。[9]龍柱の間に至り、姿勢を正して立ち、一度鞠躬する。公使の発言、通訳の翻訳、各々終えたならば、公使は前に進む。[10]納陛の中階段の下に至り、書を捧げ、恭しく待つ。親王一名が[3]左階段より下り、国書を接受し、さらに左階段より上る。[11]案前に至り、国書を案上に陳列したならば、公使は一度鞠躬する。皇上はそれに答えてうなずき、国書受領の意を示す。公使は龍柱の間のもとに立っていた場所に戻る。親王一名は、案の左に跪き、皇上の[12]国語によるお言葉と慰問を聴く。親王一名が、左階段より下り、公使の立っている場所に至り、[12]漢語を用い、お言葉を伝える。公使は聞き終えたならば、一度鞠躬する。皇上がそれに答えてうなずいたならば、わが衙門の堂官は、公使らを引率し、数歩後退し、一度鞠躬して退く。殿[3]左門に至り、一度鞠躬したならば、殿を引率して下がり、左階段より出る。

①文華殿《ぶんかでん》…172頁の**図2-⑰**。　②恭親王《きょうしんのう》（亦訢《えききん》）・慶親王亦劻《けいしんのうえききょう》…当時の総理衙門大臣。恭親王は咸豊帝の弟にあたる。　③東西と左右…南を向いて玉座に座る皇帝から見た東西と左右。すなわち、左が東であり、右が西となる。南面した皇帝の後方には、星空の回転の中心に位置する北極星が輝く。南面は、皇帝が天下の中心に存在することの形象である。　④衙門…総理衙門を指す。　⑤堂官…六部の長官級の「尚書《しょうしょ》」と「侍郎《じろう》」を総称した呼び方。総理衙門大臣には六部堂官を兼ねる者も多かった。　⑥文華門中門…**写真1**参照。

写真１　文華門

中央の門(扉)のみが開かれ、左右の門は閉じられている。中門の両脇、向かって右が左(東)門、左が右(西)門となる。中門の奥に文華殿が見えている(筆者撮影)。

写真２　甬道(甬路)と文華殿

文華門を背にして文華殿を望んでいる。文華門から文華殿へと伸びる高く設けられた道が「甬道」である。大型の角石を用いることで一筋の線状に見える、甬道の中心線が「甬路《ようろ》」である。「**接見⑥⑧**」での退出時は、文華殿を出た後、写真右端に僅かに見える(左)階段を降り、甬道の脇の低くなった部分を通り、写真手前の階段を上り、文華門を出たと解釈できる（筆者撮影、『清末政治史』45頁も併せて参照されたい)。

写真３　太和殿の宝座・龍柱・納陛

（出典：万依等主編『清代宮廷生活』人民美術出版社、2014年）

太和殿（**図２–⑬**）は接見の場ではないが、宝座・龍柱・納陛の例として示す。写真中央、前面に三カ所の階段を備えた宝座の台座にあたるのが「納陛」である。向かって右から、左（東）階段、中階段、右（西）階段となる。納陛の両側に沿って並び立つ、龍の文様が装飾された柱が「龍柱」である。文華殿を訪れてみると、龍が装飾された柱は確認できず、納陛の両側に沿って位置する柱を「龍柱」と称したと思われる。公使は龍柱の間に立つことで、皇帝に正対することになる。接見で国書が進呈される場合、黄案は納陛の上の宝座前に据えられた。一方、「**接見①②**」では、黄案は納陛の上ではなく納陛の前に据えられていた。

⑦甬道《ようどう》…写真2参照。 ⑧文華殿中門…「門」は「扉」を意味する。文華殿には三つの扉が併設されており、それを右門・中門・左門と称している。 ⑨龍柱《りゅうちゅう》・⑩納陛《のうへい》…写真3参照。 ⑪案《あん》…机。「黄案《こうあん》」（皇帝を象徴する色である黄色の緞子《どんす》に覆われた机、すなわち「皇帝の机」を意味する）と称す場合が多い（**写真3**も参照）。 ⑫国語と漢語…清朝は満洲王朝であるため、国語とは満洲語を指す。漢語は中国語のこと。

では、こうした儀礼が定められるまでに、儀礼はどのような変遷をたどったのか、そして、これがさらにどう変更されていったのかを見ていくこととする。

四　接見儀礼の変遷過程――一八七三～一八九五年――

皇帝と公使の意思疎通　一八七三年に初めての公使接見（**接見①**）が挙行された当初から、変わらなかった儀礼もある。皇帝側の通訳（親王）と公使側の通訳、二名を媒介して行われる、皇帝と公使の会話である。

これは、朝貢使節の接見儀礼と同様である。ただし、朝貢使節接見の際には、通訳は儀礼を司る礼部《れいぶ》の尚書が行っていた。この役割が、総理衙門大臣である親王へと移ったことは、朝貢使節、すなわち清朝皇帝が冊封した王の使者の接見が、清朝が統御し得る領域内で行われる対内的な儀式であるのに対し、公使接見は、その領域外にいる者に対する対外的な儀式に属することの表れでもある。

また、決して皇帝が漢語を理解できないわけではない。二名の通訳を介在して皇帝との意思疎通をとらせることで、皇帝への畏怖の念を与えることが目的である。

接見の場所　初めての公使接見（**接見①**）が行われたのは、紫禁城《しきんじょう》（現在の故宮博物院）に隣接する西苑《せいえん》に位置する紫光閣《しこうかく》（**図2-❷**）であった。

朝貢使節が紫禁城内で皇帝に謁見できるのは、皇帝の万寿節《ばんじゅせつ》（誕生日）、冬至、元日に限られていた。朝貢使節の訪問が、皇族や有力大臣が一堂に会すこれらの時期に重なった場合のみ、紫禁城内で皇帝に謁見することが許された。皇帝は通常、西苑の紫光閣のほか、皇帝の避暑地である熱河の離宮（現在の承徳避暑山荘《しょうとくひしょさんそう》）や、紫禁城から十数キロ離れた円明園《えんめいえん》（第二次アヘン戦争の際に英仏連合軍に破壊された）で接見していた。マカートニーが乾隆帝に謁見したのも、熱河の離宮である。この慣例に従い、公使接見の場も紫禁城外の紫光閣とされた。

紫光閣が接見の場とされたことに、敏感に反応した公使もいたようである。一八七四年のアメリカ公使接見（**接見②**）に同席した通訳は、「朝鮮人や琉球人は、貢物を差し出して、床に頭を擦りつけたりするので、それと同じ場所で、西洋諸国の外交代表が、接見の儀式に応じるべきではない」と、不平を口にする外国人もいたと述べている（『生涯と書簡』四七二頁）。

公使接見が再開された一八九一年には、ドイツ公使が総理衙門を訪れ、「紫光閣は属国の宴席の場であると、多くの記述が見える。各国公使をこの場所で接見することは、聖意〔皇帝の意思〕が固く優待に属すると示しているのだろう。ただ、風聞は総じて友好国の公使らを属国とみなしているのではないかと疑っており、体面に差し障りがある。……今後、別の場所に変更するよう望む」と、要請した。

総理衙門はこれを受け、「その本意を窺うに、ただ思い込みに固執しているのみで、決して故意に抵抗し、従わないということではありません。……懐疑の目を取り除き、陛下の憂いを解きほぐすなら、大局を交渉するにおいても、裨益しないことはないでしょう」と、皇帝に上奏した（『清季外交史料』巻八四）。つまり、接見の場所を変更することで公使の体面を保ち、猜疑心と余計な争いの種を除いた方が、今後の外交交渉においても有益だろうと考えたのである。

こうして、一八九一年末より、公使接見は西苑の承光殿《しょうこうでん》（図2―❶）で行われることとなった。現在、西苑の北部は北海公園として一般公開されており、実際に訪れることも可能である。承光殿は、その北海公園の南端にあたる団城《だんじょう》の中央に位置する。団城の周囲は煉瓦造りの城壁で円状に取り囲まれており、清代には皇帝一家が余暇を楽しむ庭園とされていた。

清朝官員の中には、「格外の優待に属する、道理もなく懐柔したことになる」と、不満を漏らす者もいた（薛福成『出使公牘』書簡巻四十）。ドイツ公使には、承光殿は「群臣百官を招いたこともなければ、属国を接見したこともない地であり、最も妥当である」と、説明された（『晩清外交』二〇〇二頁）。

しかし、承光殿での接見に満足しない公使もいた。一八九三年には、ロシア公使とフランス公使が、過去にロシア使節が紫禁城内で皇帝に謁見した故事を引き合いに、紫禁城内の最高位の宮殿で謁見し、国書を進呈したいと要望した（『薛福成日記』一八九二年三月五日）。これにドイツ公使も同調すると、総理衙門は次のように回答した。

昨年、承光殿で謁見の礼を催したところ、オーストリア公使は甚だ喜んでいた。フランス公使はそこでこう言った。「オーストリア国と同様の取り扱いではならない」、と。この話にはまるで道理がない。フランスは大国であるが、オーストリアもまた小国ではない。どうしてオーストリアと同様にはしたくないのか（『晩清外交』二〇一七頁）。

欧州では、一八八二年に独墺伊三国同盟が結ばれていた。一八九〇年には、これを牽制するべく露仏同盟が結ばれる。つまり、総理衙門は欧州情勢を巧みに利用して、ドイツは自らの同盟国、オーストリアを侮蔑するフランスに同調するのかと反駁し、この要求を斥けたのである。

これ以後も、各国公使は紫禁城内での謁見を要求し続け、総理衙門はそれを拒否し続けた。しかし、清朝政府は存外あっさりとこの要求を認めることになる。一八九四年、日清戦争が開戦すると、礼部侍郎が次のように上奏した。

現在まさに軍事の情勢は緊急の時であり、国交を閉じられては都合が悪いでしょう。儀式でのつまらぬ体裁は、疑いと仲違いが生じた口実とされてしまいます。要請致したくは、総理衙門に臨機応変に処理するよう命じる、或いは文華[1]、武英の二殿いずれかに斟酌して決定する、或いはついには乾清宮[2]にて謁見させると聖断なされることです（『硃批奏摺』七六七―七六八頁）。

①文華殿と武英殿《ぶえいでん》（図2―⑮⑰）…それぞれ紫禁城の東南部と西南部に、東西対称に位置している。中国の伝統思想では、「武」よりも「文」が重んじられる。そして、西より東の地位が高い。咸豊帝唯一の嫡男である同治帝の生母であっても、西太后は咸豊帝の側室であるがゆえ〝西〟太后であり、咸豊帝の正妻である皇后

は〝東〟太后とされるゆえんである。

②乾清宮《けんせいきゅう》（図2―❻）…その役割には変遷があるが、この頃には元日などに祝賀行事が行われる場として利用されていた。つまり、朝貢使節が紫禁城への入場を許され、皇帝に謁見する場は乾清宮であった。

戦況の悪化を目の前に、なりふり構ってはいられないということだろう。結果、一八九四年末より、公使接見は文華殿で行われることとなった。

公使の入退場経路　各国公使は、初めての皇帝への謁見（**接見**①）で、紫光閣の西階段と、紫光閣西門（西の入口）を通じて入退場した。西を進むのは、朝貢使節が皇帝に謁見する際の儀礼と同様である。

一八九一年に公使接見が再開されると、公使は紫光閣の東階段を上り、紫光閣東門より入場した（**接見**③）。同年、承光殿に接見の場所を移してからは、公使は団城の東南部に位置する昭景門《しょうけいもん》を通り、承光殿東門から入場している（**接見**④⑤）。

過去には、第四代皇帝康熙帝《こうきてい》が一七二〇年にポルトガル使節を接見した際、使節を東門から入退場させている（『光緒会典事例』巻五〇五）。唐代に著された制度史書、『通典《つてん》』（巻七四）には、「門を入るに右は、臣下の執るべき道である。敢えて行わないのは賓客の位にあることによる」とある。つまり、康熙帝は入退場口に限れば、ポルトガル使節を賓客として扱ったのである。光緒帝による外国公使接見の入退場経路も、これに倣ったことになる（ただし、ポルトガル使節は三跪九叩を行っている。東からの入退場を許されたことは、あくまでも朝貢使節としての優待を意味するに止まる）。

一八九四年より、接見の場所が紫禁城内の文華殿に移ると、前に示したスペイン公使の接見儀礼の通り、入場は中門から甬道を通じて、退場は左門から行われるようになった。

本来、中門や甬道を進むことができるのは皇帝のみである。これは紫禁城内に限らない。北京内のあらゆる門の中門、そしてその中門と中門を結び、皇帝のみが進むことができる御道《ぎょどう》には、立ち入ることができないように柵が設けられていた。例外としてそれが許されるのは、皇帝大婚時の皇后と、科挙合格者の上位三名のみであり、それも一生涯のうちにたった一度のみであった。科挙合格者の発表時、上位三名としてその名を呼び上げられた者は、太和殿（**図2―⑬**）前の広場から御道を進み、太和門《たいわもん》（**図2―⑯**）と午門《ごもん》（**図2―⑲**）の中門を潜り抜けて退出する。この至上の栄誉を皇帝より賜ることにより、忠誠心はさらに揺るぎないものとなるのである。

清朝は、日清戦争という非常時に際し、中門からの入場という格外の優待を各国公使に施した。ただし、文華門中門と文華殿中門を結ぶ甬道を進む際には、中央の甬路に立ち入らないよう条件をつけた（**写真2**参照）。

退場については、一八九四年に初めて文華殿で行われた接見（**接見⑥**）では、文華殿左門を出た後、甬道を進まずに、「殿の左階段を下り、文華門を出る」とされている（**写真2**参照）。しかし、翌年の正月恒例の接見（**接見⑦**）では、文華殿左門を出た後、「甬道を進み、文華門東左門より出る」と、儀礼が改められている。史料から確認することはできないが、おそらく各国公使からの要求があったのだと思われる。

しかし、同年のスペイン公使接見（**接見⑧**）では、再び退場時に甬道を進んでいない。スペイン公使が儀礼変更を要求した事例は確認できず、また、スペインは極東情勢に深く関与していない。そのスペイン公使の接見において、儀礼が元に戻されていることは、退出時に甬道を進むことを認めたことが、清朝政府の苦渋の決断であったことを窺わせる。

国書進呈の方法　通常、朝貢使節は紫禁城内での謁見が認められたにしても、宮殿内に立ち入ることは許されない。それが認められるのは、朝貢国の君主を称する者、或いはその嫡子や兄弟のみであった。

ただし、宮殿内への立ち入りを外国使節に許した例が幾つか見られる。その際、外国使節は納陛を上って国書を皇帝に進呈し、皇帝は直接それを受け取っている。

一七二六年の第五代皇帝雍正帝《ようせいてい》によるロシア使節の接見（『俄中外交』一五三頁。前述の露仏公使が引き合いに出した紫禁城内でロシア使節が皇帝に謁見した故事はこれを指す）、一七五三年の乾隆帝によるポルトガル使節の接見（『明清史料』七一九頁）では、使節は納陛の西階段を上っている。ポルトガル使節に東門からの入退場を認めた一七二〇年の康熙帝による接見では、納陛の東階段を上ることも許されている（『光緒会典事例』巻五〇五）。

「陛」とは皇帝の階段を意味する。臣下は皇帝に直接言葉を投げかけず、「陛」の下にいる者に取り次ぎを依頼したため、皇帝の呼称は「陛下」となった。「納」とは受け取ることを意味するから、

「納陛」とは、「陛」が設けられた宝座台座、そして、「陛」を上る自由を受け取ることを意味する。また、納陛は皇帝と主従関係にある王への破格の待遇、「九錫《きゅうしゃく》」の一つでもあった。ロシア使節やポルトガル使節は、優待されながらも、皇帝との主従関係にある朝貢使節として扱われたことになる。であるから、当然、いずれの接見においても三跪九叩も行われた。

一方、公使は西洋国際秩序の対等関係の論理のもとに派遣されている。よって、接見開始当初は、納陛に近付くことすら許されなかった（**接見①②**）。公使が国書を置く黄案は、納陛の前に据えられていた（**写真3**参照）。

公使接見再開を目の前にした一八九〇年末、各国公使は国書の進呈方法を変更するよう要求した。それを受けた総理衙門は議論の後、次のように上奏している。

彼はまた、以前に据え置き設けられていた黄案は、宝座との距離が遠過ぎるとして、断固として要請してきました。適当に近くに移し、国書を自ら案上に捧げることで、尊敬の誠を尽くす、と。……議論を始め、宝座の前に黄案を設けると決定しました。公使が書をもたらすにしても、ただ納陛の階下に至るに止めます。臣、亦劻〔慶親王〕が書を受け取り、階段を上り、案上に据え置きます。こうすれば、臨機応変にするにおいても、以前通りに体制を損なうことはありません（『硃批奏摺』七三二頁）。

前に接見儀礼の雛形として示したスペイン公使接見儀礼での国書進呈方式は、こうした経緯で定められた。公使は納陛の中階段下で国書を差し出し、納陛の左階段より降りた親王が国書を受け取り、親王は納陛の左階段を上り、皇帝（宝座）の前に据えられた黄案に国書を置く、という手順である。

ただし、スペイン公使接見の前年、初めて紫禁城内の文華殿で行われた各国公使接見（**接見⑥**）では、親王は国書を受け取った後、納陛の中階段を上るという段取りであった。あくまでも中階段を上るのは、公使ではなく親王であるが、中階段を通じて国書が進呈されたことになる。

紫禁城内での接見実施、そして中門と甬道を通じた入場を認めたのと同様、日清戦争下の非常時における優待であったのだろう。そして、翌年のスペイン公使の接見（**接見⑧**）において、再び親王が左階段を上る儀礼に戻されているのは、退場経路が元に戻されたのと同様の理由であったと考えられる。

五　公使の儀礼違反と光緒帝による儀礼変更——一八九七～一八九八年——

以上のように変更が重ねられた接見儀礼であったが、各国公使がそれに満足することはなかった。一八九七年の正月恒例の接見（**接見⑨**）で、フランス公使は退出時に甬路に足を踏み入れ、ドイツ公使がこれに続いた。さらに、フランス公使と随員は文華門中門を出た。以降、各国公使と総理衙門の激しい議論が交わされる。

独仏米公使は、文華門中門からの退出と、馬や籠に乗っての入城を要求した。文華殿での接見に臨むに際し、公使は東華門《とうかもん》（**図2—⑱**）より紫禁城に入城していた。東華門の前には下馬碑があり、皇帝からの特別許可を得た者でなければ、馬や籠から降りなければならなかった。

総理衙門大臣の中には、文華門中門からの退出を容認してもよいとする者、甬路を進んで文華門左門を退出する譲歩案を示す者もいた。一方、強硬に反対したのは、科挙一位合格の傑物であり、光緒帝の幼少期からその教育係を務め、親政開始後は光緒帝の政治の相談役ともなっていた翁同龢《おうどうわ》であった。

この年に行われた日本公使接見（**接見⑩**）では、入場時に甬路を進むことが認められるとともに、国書進呈時には再び親王が納陛の中階段を上っている。これが、清朝政府の容認の限度であった。

一八九七年十一月には、ドイツが膠州湾を占領し、そこを租借地とするよう要求する。これに続いて、列強も続々と租借地を要求し始めた。清朝は再び対外危機に晒された。一八九八年、光緒帝はこうした状況を打開すべく、さらなる儀礼変更を行った。

正月恒例の各国公使接見（**接見⑪**）では、文華門中門からの退出が認められた。

ロシア公使の接見（**接見⑫**）では、光緒帝は満洲語を用いず漢語を用い、親王の通訳を挟まずに公使に応答した。ロシア公使は納陛に上り、自らの手で黄案に国書を置いた（光緒帝が直接受け取ったとする記述もある）。退出時に甬路を進み、文華門中門から出た。

フランス公使の接見（**接見⑭**）では、公使と通訳が納陛に上り、国書を皇帝に手渡した。公使は納陛の上で言葉を述べ、皇帝は再び漢語で答えた。

前に述べたように、納陛に上ることは、「皇帝と主従関係にある者」に対する破格の待遇である。

皇帝と主従関係にない外国公使が、納陛に上るばかりか、本来皇帝しか進むことができない中門と甬路を通じて入退場を行う。もはや、接見儀礼は、皇帝の威厳を示すものではなくなった。

膠州湾を占領したドイツ艦隊の指揮官でもあるドイツ親王の接見（**接見⑬**）では、光緒帝は親王を立ち上がって迎え、親王を座らせ、漢語を用いて会話し、両者の対等関係を示す「握手」をした。接見時に皇帝が立ち上がること、謁見者が座ること、握手を交わすこと、全てが初めてのことであった。

こうした儀礼変更は、光緒帝自らが半ば強引に推し進めた。臣下との事前の話し合いで取り決めた儀礼を、接見の場で突然変更することもあった。一方、儀礼変更に強い不満を抱き、反対したのは、ここでも翁同龢であった。

光緒帝は、ドイツ親王接見の場として、紫禁城内の毓慶宮《いくけいきゅう》（図2‐❾）を提案した。毓慶宮は、幼少期の光緒帝が翁同龢に学んだ宮殿である。

初めての公使接見の場とされた紫光閣は、現在では中国政府が外国要人を招く場として利用されている。承光殿と文華殿は、現在一般公開されており、中に立ち入ることもできる。それだけ、いずれもが接見にふさわしい荘厳さを備えた建物であるとともに、十分な広さもある。

しかし、毓慶宮が公開されたことはない。それは、毓慶宮は大勢の人間が出入りする広さを備えていないばかりか、その内部は細かに仕切られ、複雑な構造になっているからである。

光緒帝は本当にドイツ親王を毓慶宮に招くつもりだったのだろうか。この無茶とも言える提案は、翁同龢に対する挑発、あるいは挑戦だったのかもしれない。

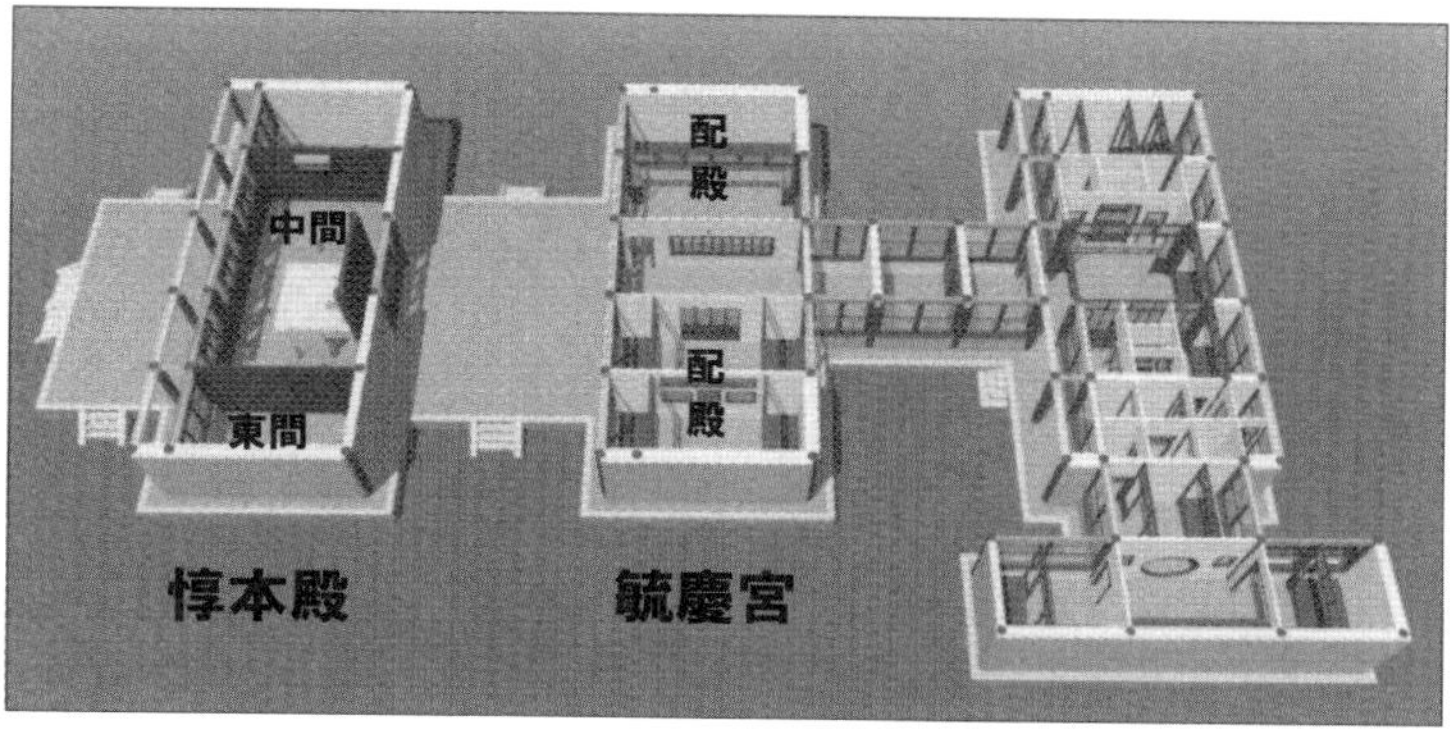

図1　毓慶宮の構造図
（出典：劉暢『北京紫禁城』清華大学出版社、2009年〔一部加工〕）
毓慶宮は五つの部屋に区切られており、左右両脇に位置するのが「配殿」である。

翁同龢は、毓慶宮の前殿（惇本殿《じゅんほんでん》）の東間には考静《こうせい》皇后（恭親王の生母）の肖像が飾られているため中間を通り道にしてはならない、食事を賜うとする配殿は極めて狭い、前星門はここ百年開かれておらず框《かまち》（下部にわたされた横木）が沈下しているなどと、毓慶宮での接見に反対する理由を並びたてた。毓慶宮の構造を鑑みるならば（**図1、写真4**参照）、これはもっともな反論であった。光緒帝はそれに対し、激怒するしかなかった。

ドイツ親王を毓慶宮に招くという、光緒帝の案に同調する者はいなかった。結局、ドイツ親王の接見は、頤和園《いわえん》（紫禁城から十数キロ離れた西太后の隠居先）を光緒帝が訪れる際の寝宮である玉蘭堂《ぎょくらんどう》、西苑の政務公所である勤政殿《きんせいでん》（**図2－❹**）で行われた（寝宮よりも政務公所の格式が高い）。

しかし、接見儀礼の変更が列強の圧力を緩和することはなかった。そして光緒帝は、儀礼変更を

写真４　毓慶宮

（出典：于倬雲主編『紫禁城宮殿』人民美術出版社、2013年）

一番手前に見える門が前星門である。乾清門《けんせいもん》（**図２-❼**）や前星門は、皇帝が政務にあたる紫禁城南側の外朝《がいちょう》と、生活空間である北側の内廷《ないてい》を隔てる門になっている。手前より二番目に見える門は祥旭門《しょうきょくもん》で、前星門と祥旭門の間が通路のようになっている。これを向かって左（西）に進むと、斎宮《さいぐう》（**図２-❽**）に通じる陽曜門《ようようもん》がある。毓慶宮には陽曜門と祥旭門を通じて出入りされていたため、前星門は「ここ百年」開かれていないのである。建物は手前から惇本殿、毓慶宮となる。

めぐる対立を一因に、翁同龢を追放する（詳細は「光緒帝」と『清末政治史』）。

六　失墜した権威と息づく権威

一八九八年、西太后による訓政が再開した（「戊戌《ぼじゅつ》政変」、詳細は「西太后」と『清末政治史』）。公使接見に西太后が同席するようになると、接見の場は、西太后が西苑を訪れた際の寝宮である儀《ぎ》鸞殿《らんでん》（図2―❸）とされた（儀鸞殿は、義和団戦争での焼失、再建を経て、現在は「懐仁堂《かいじんどう》」と改称され、政府の主要会議場とされている）。

一九〇一年、清朝が義和団戦争に敗戦した後、公使は謁見に臨むにあたり、大清門《たいせいもん》（天安門のさらに南に位置する）、天安門《てんあんもん》（図2―㉑）、端門《たんもん》（図2―⓴）、午門（図2―⓳）、太和門（図2―⓰）、中左門《ちゅうさもん》（図2―⓮、太和殿の東に位置する）、後左門《こうさもん》（図2―⓬、保和殿《ほわでん》の東に位置する）、それぞれの中門を、大きな籠に乗って潜り抜けた。乾清門に到着すると、籠から降り、接見の場とされた乾清宮、皇極殿《こうきょくでん》（図2―⓫）、養性殿《ようせいでん》（図2―❿）へと向かった。宮殿の中門を入り、納陛の中階段を上り、国書を皇帝に自ら手渡し、皇帝は立ち上がり握手した。紫禁城外では西苑の勤政殿、頤和園の政務公所である仁寿殿《じんじゅでん》が、公使接見の場として用いられた。

公使が紫禁城へと入城した経路は、紫禁城の中軸線上にある。この中軸線は、紫禁城内に止まらず北京を貫いている。中軸線上に位置する宮殿の宝座に就き、南を望む皇帝の視線を遮るものはなく、その先に伸びる御道と中門は、皇帝のみが進むことを許される。広大な中国全土に及ぶ皇帝の権威、それを象徴するのがこの中軸線であった。

清朝は公使接見儀礼を通じ、この権威を守ろうとした。しかし、それは叶わなかった。そして一九一二年、滅亡を迎える。

現在、西苑の中南部は中南海と呼ばれ、中華人民共和国の中枢機関、政府要人の居住区となっている。周囲は高い壁で取り囲まれており、中の様子を窺い知ることはできない。しかし、北京を訪れた外賓が中南海に足を踏み入れることもある。

その多くは、紫光閣に招かれる。また、毛沢東は自ら外賓に応対する際、執務室である勤政殿を用いることもあった。毛沢東以後の国家主席や総書記は、南海に位置する小島、瀛台《えいだい》に外賓を招くことがある。瀛台には、光緒帝が西苑を訪れた際の寝宮、涵元殿《かんげんでん》（**図2-❺**）が位置している。近年では、習近平《しゅうきんぺい》国家主席がアメリカ大統領オバマと涵元殿で会見した。トランプ大統領が訪中した際には、習近平自ら故宮博物院内を案内し、中国政府としては初めて故宮内で夕食会を催した。中国政府は、清朝政府と同様の格式において、その優待の程度を示しているのかもしれない。

そして、中華人民共和国建国後、天安門に掲げられた毛沢東の肖像画、天安門広場に建てられた毛主席記念堂と国旗掲揚ポール、北京五輪開催に際して建造された北京国家体育場（通称「鳥の巣」）に至るまで、重要施設は北京の中軸線上に位置している。

公使接見儀礼を通じて清朝皇帝が示そうとした、守ろうとした権威は、現在でも北京に、そして中国政府が展開する外交政策に、息づいているのである。

表1　接見一覧

	開催年月	接見	接見場所	儀礼に関する記述のある史料
①	1873年６月	各国公使接見	紫光閣	『晩清洋務』797、803頁 『対支回顧録』48-49頁
②	1874年11月	アメリカ公使接見	紫光閣	『生涯と書簡』468-471頁
③	1891年３月	各国公使接見（正月恒例）	紫光閣	『軍機処録副奏摺』 （『威儀天下』277頁参照）
④	11月	オーストリア公使接見	承光殿	『薛福成日記』1891年12月20日
⑤	1892年12月	イギリス公使接見	承光殿	『薛福成日記』1893年２月13日
⑥	1894年11月	各国公使接見	文華殿	『文献叢編』533頁
⑦	1895年２月	各国公使接見（正月恒例）	文華殿	『亦訢秘檔』22-24頁
⑧	10月	スペイン公使接見	文華殿	『亦訢秘檔』60-61頁
⑨	1897年２月	各国公使接見（正月恒例）	文華殿	『翁同龢日記』1897年２月26日 『張蔭桓日記』1898年８月９日
⑩	７月	日本公使接見	文華殿	『清光緒朝中日交渉史料』巻51
⑪	1898年２月	各国公使接見（正月恒例）	文華殿	『翁同龢日記』1898年２月15日
⑫	４月	ロシア公使接見	文華殿	『翁同龢日記』1898年４月５日 『張蔭桓日記』1898年４月５日
⑬	５月	ドイツ親王接見	玉蘭堂 勤政殿	『亦訢秘檔』243-244頁 『翁同龢日記』1898年５月24日
⑭	５月	フランス公使接見	文華殿	『翁同龢日記』1898年５月17日

※ここでは接見儀礼を窺い知ることができるもののみを挙げている。

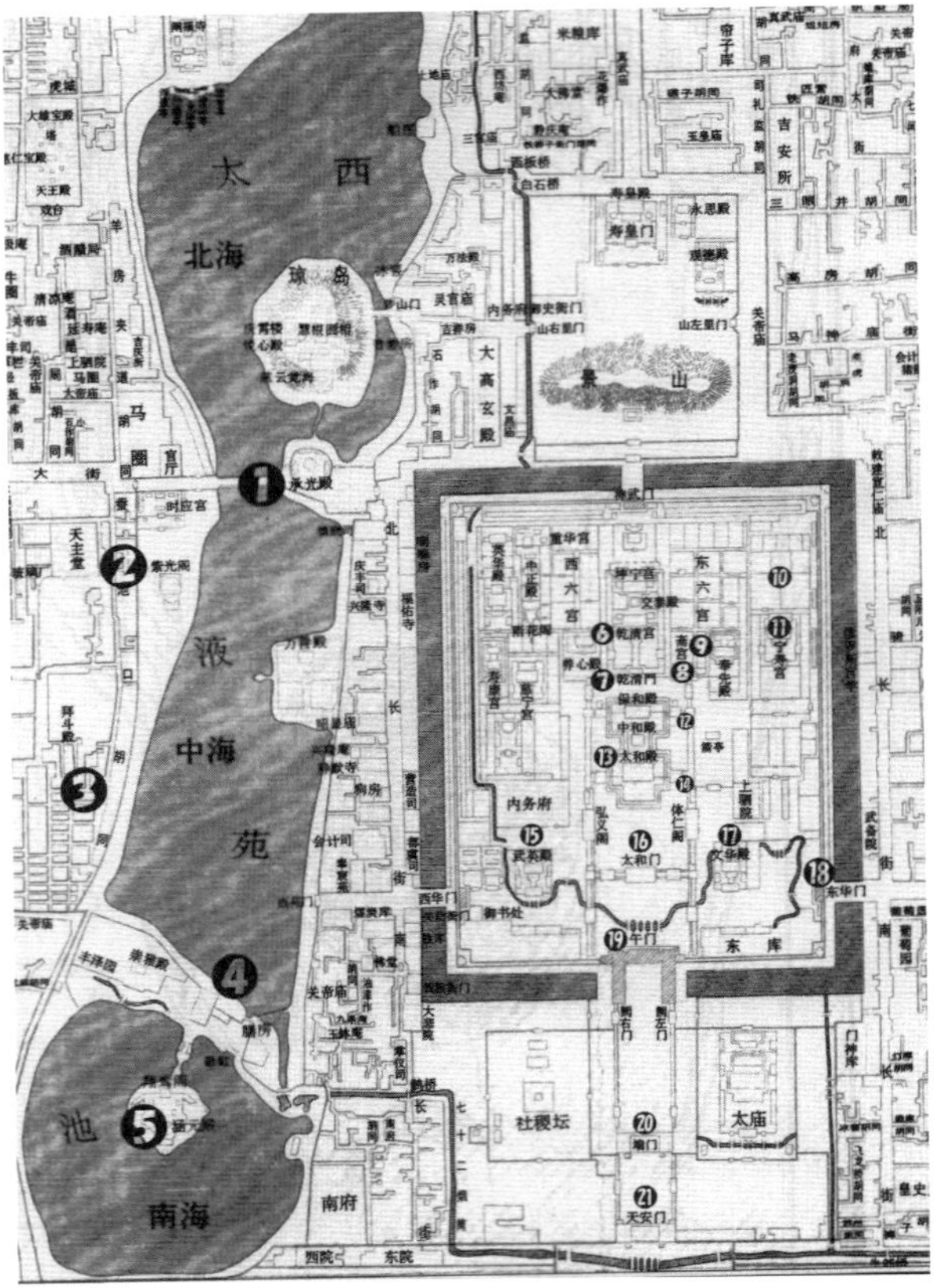

図２　紫禁城と西苑

（出典：北海景山公園管理処編『北海景山公園志』中国林業出版社、2000年〔一部加工〕）

❶承光殿（団城）　❷紫光閣　❸儀鸞殿　❹勤政殿　❺涵元殿（瀛台）　❻乾清宮　❼乾清門　❽斎宮　❾毓慶宮　❿養性殿　⓫皇極殿　⓬後左門　⓭太和殿　⓮中左門　⓯武英殿　⓰太和門　⓱文華殿　⓲東華門　⓳午門　⓴端門　㉑天安門

※1750年頃に作成された図を基にしているため、本論が対象とした時期とは西苑や宮殿の規模が異なる部分もある。

【引用史料】（引用順、本文と表に示したもののうち複数の版があるものは挙げていない）

・『亦訢秘檔』（『亦訢秘檔』第十冊、国家図書館出版社、二〇〇八年）
・『生涯と書簡』（宮澤眞一訳『清末・幕末に於けるS・ウェルズ・ウィリアムズ生涯と書簡』高城書房、二〇〇八年）
・『晩清外交』（『晩清外交會晤并外務密啓檔案匯編』第五冊、全国図書館文献縮微複製中心、二〇〇八年）
・『硃批奏摺』（『光緒朝硃批奏摺』第一一二輯、中華書局、一九九六年）
・『文献叢編』（『文献叢編』上冊、台聯国風出版社、一九六四年）
・『俄中外交』（中国人民大学俄語教研室訳『俄中両国外交文献彙編（一六一九—一七九二年）』商務印書館、一九八二年）
・『明清史料』（『明清史料』庚編下冊、中華書局、一九八七年）
・『晩清洋務』（『晩清洋務運動事類匯鈔』中編、全国図書館文献縮微複製中心、一九九九年）
・『対支回顧録』（東亜同文会編『対支回顧録』上巻、原書房、一九六八年）

【参考文献】（本文と表で略記しているもの（紹介順））

・「西太后」（宮古文尋「西太后——変革を厭わなかった自由奔放な未亡人」〔上田信編『悪の歴史（東アジア編【下】南・東南アジア編）』清水書院、二〇一八年〕）
・『清末政治史』（宮古文尋『清末政治史の再構成——日清戦争から戊戌政変まで——』汲古書院、二〇一七年）
・「光緒帝」（宮古文尋「光緒帝——師を捨てすべてを失った激情家」前掲『悪の歴史』）

・『威儀天下』（何新華『威儀天下——清代外交礼儀及其改革』上海社会科学院出版社、二〇一一年）

その他

・坂野正高『近代中国政治外交史』東京大学出版会、一九七三年
・茂木敏夫『変容する近代東アジアの国際秩序』山川出版社、一九九七年
・尤淑君『賓礼到礼賓——外使観見与晩清渉外体制的変化』社会科学文献出版社、二〇一三年

国民の義務として兵士になるという憂鬱

――一九五〇年代半ば、義務兵役制の導入と上海の青年たち――

笹川裕史

はじめに

近現代中国の歴史において、中国社会は徴兵制（現代中国では「義務兵役制」と呼称するが、本論では便宜上、両方の呼称を使用する）の本格的な導入を二回経験している。一回目は、日中戦争（一九三七～四五年）勃発以降、国民政府によって中国史上初めて広域的に実施された。この徴兵制は、戦後、ほぼ一年間の中断をはさんで、国共内戦（一九四六～四九年）下でも再開される。二回目は、中華人民共和国（以下、人民共和国と略称）が朝鮮戦争（一九五〇～五三年）での米軍との激戦をくぐり抜け、新たな国家体制が整い始めた一九五五年である。それ以前の中国共産党の軍隊は、一貫して志願兵制によって維持されてきた。

本論では、主に後者に焦点をあてて、義務兵役制の導入が中国社会にどのように受け止められたかについて考察する。中心となる考察対象は、当時においても中国最大の経済都市であった上海の青年たちの動向である。史料としては、上海市檔案館（公文書館）に所蔵されている政府側の内部文書を使用する。内部文書の性格や読み方、そしてその可能性や面白さについても、あわせて解説していく。

さて、いうまでもなく、徴兵制＝義務兵役制は、国家が法律によって国民に兵役義務を課して強制的に従軍させる制度である。しかし、従軍という行為は、常に死と隣り合わせの危険で熾烈な環境に身をさらすことにほかならない。したがって、ただ法制度さえ作れば、徴兵制が国家のねらいどおりに機能するというわけではない。国民形成が進んで、広範な住民が国家との強い一体感をもつようになり、国家のためには生命さえも投げ出すという意識の共有が、実施の前提となる。つまり、徴兵制が有効に機能するかどうかは、国民意識の形成や社会のありように大きく規定されるのである。この点について理解を深めるために、まず、少しばかり回り道をして、近代日本の事例と比較しながら、中国での一回目の徴兵制導入の経験を振り返っておこう。

図１　上海市檔案館の入口
（黄浦区中山東二路、2018年９月筆者撮影）

一　中国における最初の徴兵制——近代日本との比較から——

のたうち回る社会　冒頭で述べたように、中国が徴兵制を初めて本格的に導入するのは、日中戦争期であった。国民政府は一九三〇年代初期から近代国民国家を構築する一環として、徴兵制導入に向けた準備作業や法整備を徐々に進めつつあった。ところが、その途上において日中戦争が勃発した。戦争の現実は、これまでの徴兵制導入に向けた慎重で緩慢な歩みを中断させ、その即時実施へと一気に舵を切らせた。その現実とは、おおよそ以下の通りである。

戦前までの中国は募兵制が基本であった。当時の社会には過剰人口が満ちあふれ、多くの場合、仕事にありつけない者が給与目当てで自ら進んで兵士となった。兵士の待遇は、下層の肉体労働者よりはやや恵まれており、運がよければ社会的上昇の機会もあった。したがって、募兵制によって兵士を集めることにさしたる困難はなかった。

ところが、日中戦争が始まると、その様相が一変する。それまでの軍閥どうしの内戦とは異なり、装備も士気も格段に優れている日本兵と闘う苛酷な戦場は、兵士たちの死傷率を大きく跳ね上げた。また、戦争にともなう財政難のために兵士の待遇も悪化した。その結果、進んで兵士になろうとする者が激減して、募兵制は従来のように機能しなくなった。それでも、戦争の長期化による兵力の消耗を補うために、大量の新兵を絶え間なく戦場に供給し続けなければならない。政府が十分な準備を整えないままに徴兵制を強行したのは、このような切迫した現実があったからである。

ここで導入された徴兵制は、一部の兵役免除・猶予対象者を除いて、国民の義務としてすべての成年男子（一八歳～三五歳）に公平に兵役を負担させるものであった。これによって、政府は戦争に必要な膨大な数の兵士を確保し、かろうじて長期にわたる困難な戦争を乗り切ったが、同時に社会全体を揺るがす深刻な矛盾を生じさせていた。すなわち、社会の上層から下層に至るまで、さまざまな手段を講じた違法な兵役逃れがひろく蔓延し、それによって生じた不足数を埋め合わせるために、壮丁（兵役適齢期の男子）の拉致や売買という異常な逸脱行為が各地で横行した。拉致や売買によって「替玉《かえだま》」として戦場に送られた無力な被害者の側（本人だけではなく、残された近親者も含む）には激しい敵意や怨恨が渦巻き、社会秩序は極度に混乱した（笹川・奥村二〇〇七年）。

このような事態は、日中戦争終結後の国共内戦においても、より深刻さを増して繰り返され、国民政府が内戦で敗北を喫する遠因の一つとなった。なお、本論で扱う上海市を含めて、日中戦争の緒戦に日本の占領下に置かれた地域では、徴兵制とそれにともなう混乱は国共内戦期に初めて経験することになる。そして、国民政府が実施した徴兵制とその弊害に対する激しい反発と恐怖の記憶は、社会に深く刻み込まれ、後述するように、人民共和国の時代においてもその影響が長く尾を引くことになる。徴兵制はいわば〝劇薬〟であって、国家・社会にとって想定を超えた深刻な危機をみずから招き寄せてしまう場合もありえるのである（笹川二〇一一年、笹川編二〇一七年）。

暗黙の相互監視と同調圧力　翻って、それでは徴兵制にそつなく優等生的に対応できる社会が、一義的に望ましいものなのかといえば、答えは否である。この点は、少し立ち止まって考えてみる必要があろう。

たとえば、近代日本の場合、「国民皆兵」の理念を掲げた徴兵令が公布されたのは一八七三年であり、日中戦争の勃発までにすでに六〇年以上にわたる徴兵制の経験を積んでいた。日本においても導入の当初は、日中戦争下の中国社会と同じように住民の激しい抵抗（「血税一揆」）や大規模な逃亡が多発していた。一方で、広範な免役条項が存在し、合法的に徴兵を逃れる道もひろがっていた。その後、改正を重ねて徴兵忌避の法的な抜け穴をふさぐとともに、日清・日露戦争をはじめとする相次ぐ対外戦争を経ることによって、次第に徴兵制が社会に根づいていった。その過程は、公教育の普及やマス・メディアの発展も作用して、日本社会が全体としてナショナリズムを受容していく過程と重なっている。こうして、日中戦争が始まる頃には、「赤紙」（召集令状）一枚だけで、さしたる障碍に出会うこともなく、大勢の若者を簡単に苛酷な戦地に送り出せるような特異な社会状況をつくりあげていたのである。

しかし、そこには、住民間による暗黙の相互監視の網が社会の隅々にまで張り巡らされ、徴兵される若者やその家族たちの不満や悲嘆の表出を未然に抑え込むような、内面化された規範がひろく深く浸透していた。このような社会は、戦争を推し進める国家からすれば、余計な手間やコストをかけずに広範な住民の協調行動を引き出せるという意味で、これほど都合のよいものはなかった。しかし、そこに暮らす生身の住民の側からみれば、どうであろうか。少なくとも今日的な視点からいえば、そのような社会に埋め込まれている隠蔽された抑圧性や息が詰まるような同調圧力に目を背けることはできないであろう。昨今、「団結」や「絆」といった言葉が巷にあふれているが、そこにどこか胡散臭さを感じるのは、私たちがこの点にすでに気づいているからである。

今日の私たちは、徴兵制という「公平」で「合理的」な装置を生み出した「近代」という時代を、批判的に相対化することができる地点に立っている。そのような私たちからすれば、徴兵制がすんなり有効に機能する社会と、機能不全に陥り、きしみをあげてのたうち回る社会、そのどちらの社会がより望ましいのかということは、もはや自明ではない。ましてや、その違いを単純な優劣で論じることはできない。

さて、以上のような観点を念頭においたうえで、中国での二回目の徴兵制が導入された一九五〇年代半ばの時代背景について検討を進めていこう。

二　中国の一九五〇年代半ばという時代——再度の徴兵制導入の背景と必要性——

国際環境と管理社会化の進展　中国において二回目の徴兵制＝義務兵役制が導入された一九五〇年代半ばとは、どのような時代だったのか。なぜ、この時期に義務兵役制が必要とされ、また、それが可能であると判断されたのであろうか。

中国が参戦した朝鮮戦争は、一九五三年七月に休戦協定が締結され、翌年九月から中国軍の朝鮮半島からの撤退が始まる。しかし、それはけっして中国にとって安全で平穏な国際環境の始まりではなかった。米国内では中国脅威論が高まり、米国による厳しい「中国封じ込め」政策が国際社会を巻き込んで展開され、当時の中国の指導者たちは、これに強烈な危機感を抱いた。彼らは、近い将来に再び大規模な戦争が勃発することを想定した国家建設を急ぐことになる。外交面では東西冷戦下で東側陣営を率いていたソ連への依存を深め、ソ連をモデルとした社会主義建設を急激に推し進めた。ただし、社会主義という看板を掲げているとはいえ、一九五三年に始まった第一次五カ年計画の内実をみれば、そこで目指されていた経済発展戦略が、軍需生産と関連の深い重工業部門を極端に優先し、労働者・農民を含めた国民生活の向上を後回しにしていたという点で、戦時経済的な性格を色濃くもっていたことは明らかである。

他方で、朝鮮戦争を契機にして、「抗米援朝」（米国に抵抗し朝鮮を支援する）を掲げた各種の愛国的な大衆運動が高揚し、同じく大衆運動の形態をとって、反政府勢力に対する容赦のない粛正（「反革命鎮圧運動」）、一部の官僚・党幹部から大勢の民間企業家たちにいたる厳しい汚職・不正の摘発（「三反・五反運動」）などが全国的にひろがった。いずれも官製的性格が強い運動であったが、こうした大衆動員を通じて国民の政治的自覚が高まり、国家と国民との一体性が大きく前進したと、指導者たちは見なしていた。また、こうした動きと連動して、戸籍の整備、個人情報の把握、徴税制度の厳格化、農家の食糧供出などを通じて、国家による社会の管理強化も急速に進展していく。各種の断片的なデータを突き合わせてみても、国民政府の時代と比較すると、この時期に管理社会化が大幅に進んだことは間違いない。

政府からみた徴兵制の効用　以上のような一連の政治的・社会的変化によって、中国の指導者たちは義務兵役制を支える良好な社会的条件が整ったと受け止めた。こうして、国防力の強化という最優先の国家的課題を実現する一環として、義務兵役制の導入が提起されたのである。兵役対象は一八歳から二〇歳までの男子、現役兵の服役期間は陸軍・公安部隊で三年、空軍・海軍その他で四・五年と設定され、地域ごとに徴兵ノルマが政府によって上から割り振られた。ただし、徴兵対象者本人が自発的に兵役の登録申請をすることが望ましいとされ、それを促すために各種の教育・説得キャンペーンが精力的に展開された。登録者が確定すると、その名簿にもとづいて各種の審査が実施され、現役兵が選抜された。選抜に漏れた青年の多くは予備役に編入された。

当時の政府側の内部文書によれば、義務兵役制がもたらす効用について、次のように整理している。

（1）訓練を受けた大量の予備兵員を確保・蓄積することができる。義務兵役制では現役兵の徴集だけではなく、予備役として大量の人員を登録し、彼らに対して平時から軍事訓練を施す。そうすれば、戦時への移行に際しても迅速で機動的な兵士の増員が可能となる。

（2）兵役負担が公平で合理的なものとなり、国民すべてに祖国防衛の機会を分け与えることができる。

（3）軍隊の強化だけではなく、国家建設全般にとっても有益である。現役兵としての服役期間においては、部隊内で軍事・政治・技術を学び、組織性・規律性を鍛錬し、愛国心や国防観念を培うことができる。復員後においては、現役時に身につけた能力や資質を国家建設の各分野で有効に生かすことができる。また、現役での服役期間が短縮されるため、復員時の年齢は比較的若く、再度の就学・就業も容易である。

（4）国家の財政支出を節約し、経済建設の力量を強化することができる。平時に抱えている膨大な常備兵力の人員を減らして国家の財政負担を軽減し、そこで節約できた人的物的資源を経済建設の分野に回すことができる。

やや冗長な説明ではあるが、兵役負担の公平化、現役での兵役期間の短縮、人的資源の有効活用に着目した経済発展と国防力強化の両立、予備役の創設による常備兵力の削減、それによる財政負担の軽減など、基本的に筋が通った論旨であり、大きな論理的破綻はないようにみえる。これらを裏返せば、これまでの志願兵制にもとづく人民共和国の軍隊制度の弱点が、実にくっきりと浮かび上がってくる。

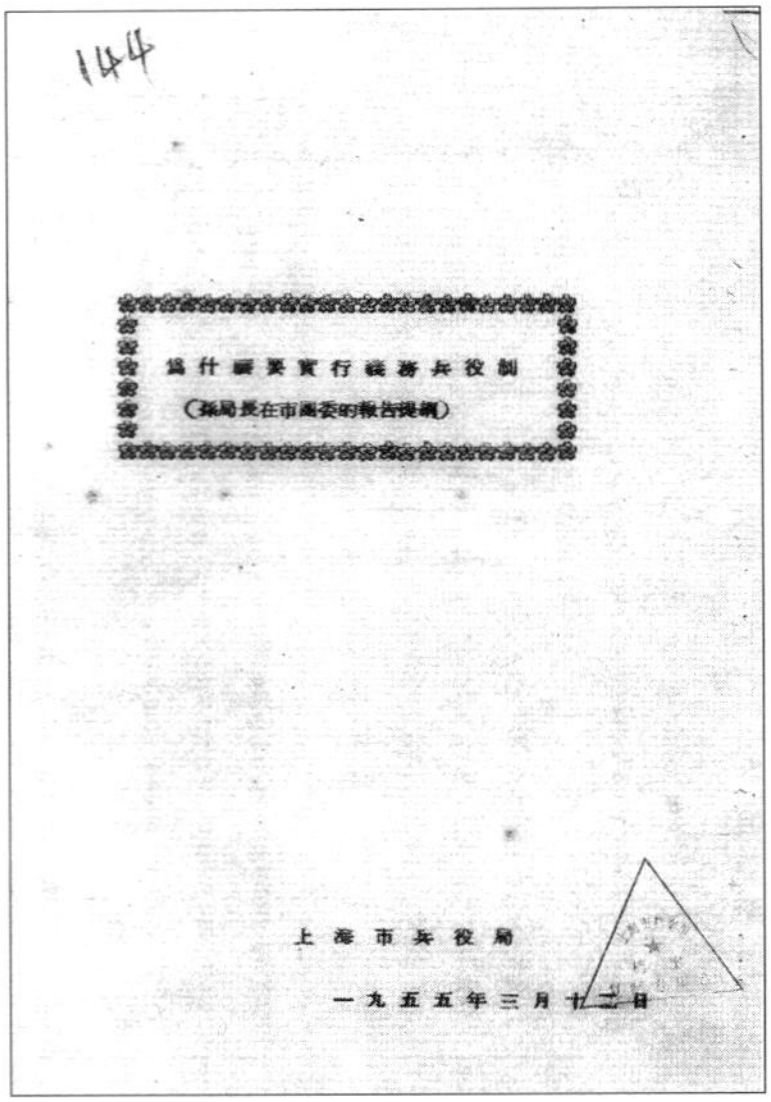

図２　「為什麽要実行義務兵役制」（上海市兵役局、1955年３月12日）の表紙

上海市檔案館所蔵　中国共産主義青年団上海市委員会檔案C21-1-382

それでは、上記のような効用をもった義務兵役制は、実際において社会からどのように受け止められたのであろうか。まず、それを考察するための文書史料の性格から議論していこう。

三　政府側の内部文書の性格と読み方

史料公開の進展　一般に、ある政策が執行された場合、政策が掲げる目的や内容については、当時の政府側の公式文書で明らかにすることは比較的容易である。しかし、その政策執行が社会にもたらした反応や影響を検証しようとすれば、政府側の公式文書だけでは著しい困難や限界がつきまとう。公式文書には、政策の正当性を損ねかねない不都合な情報を意図的に隠蔽したり、政策の悪影響を過少に見積もったりして、その記載内容の客観性や公正性が担保されにくいからである。とりわけ、本論で扱う人民共和国のように、国家が強固な独裁体制を構築して情報が厳格に管理されている場合は、その困難や限界が一層大きくなるのはいうまでもない。

しかし、近年、中国（大陸）、台湾、香港などで一定の史料公開が進み、その中には、当時においては一般に公表されず、政策執行に関わった一部の幹部だけで共有していた内部文書も含まれている。今日では、海外の研究者であっても現地の公文書館に行きさえすれば、全部ではないにせよ、その多くが閲覧できるようになった。そこには、かつては窺い知ることもできなかった生々しい社会の「現実」や「問題点」についても記されている。ただし、内部文書といっても、政府側の文書であるという性格が変わるわけではなく、そこに記載されている「現実」や「問題点」にしても、やはり政策執行側の視点というフィルターを通して観察されたものであることを見逃すわけにはいかない。

もとより、政府側の文書に限らず、本来的に人間の認識に限界がある以上、純粋に客観的な現実をありのままに写し取った文書史料などは存在しない。どのような文書でもそれぞれに固有の歪みや偏りが含まれているものである。それでも、その文書の性格や限界を十分に理解して読み込めば、そこに記された内容について、研究者独自の視点や文脈から異なった意味づけを与えたり、関連するより確かな事実を踏まえた論理的な推測によって別個の事実や歴史像を探り当てたりすることも可能である。そこにこそ、歴史研究の醍醐味も存在する。

伝わる現場の臨場感

さて、一般論はこのぐらいにとどめて、もう少し本論に即した具体的な議論を進めよう。政府側の内部文書といっても実際には多様であり、本論で使用する文書の種類も一様ではない。ちなみに、ここでいう「政府側の内部文書」には、通常の狭い意味での政府諸機関だけではなく、それらを全面的に指導・監督する権限と組織をもった中国共産党、およびその青年組織である中国共産主義青年団（以下、青年団と略称）の内部文書も含まれる。

まず、政権内部のどの部署で作成され、どの部署に向けて、どのような意図で提出されたかに注意を払わなくてはならない。本論に即していえば、義務兵役制の実務を担当する現場に近い部署が、その直属の上級機関に宛てて現場の状況を報告するものが多い。このような文書を読み進めていくと、ある程度定型化された形式をもっていることに気づく。

まず、業務遂行の経緯を概括的に述べたうえで、肯定的な成果や反応が一般状況として記される。そして、その後に若干の問題点を列挙しつつ、その改善に向けた簡単な展望を付して文章が結ばれている。部下による上司への業務報告という性格をもつ以上、これが幹部としての勤務評価にもつながるわけであるから、前半部分は当たり障りのない、上司の期待に沿った空疎な内容になりやすい。興味深いのは、むしろ後半の問題点を列挙した部分である。

ここには、政府の期待どおりではなかった青年たちの多様な反応や生の「声」が数多く収録されている。全体の文脈からすれば、多くの場合、今後に改善すべき一部の周辺的・例外的な事例として言及しているのであるが、こちらの方が現場の臨場感が手に取るようによく伝わってくるし、理想や「タテマエ」が想定するものとは異なった実態を前にして、それを率直に提示しようとする文書作成者のそれなりの誠意も感じ取ることができる。

もちろん、この後半部分にこそ、文書作成者の「ホンネ」や現場の「真実」が常に正確に盛り込まれていると一面的に断定してしまうのは早計であろう。とはいえ、後半部分が伝える確かなリアリティーに富んだ感触は、少なくとも、政府側の内部文書をただ元々の文脈どおりに素直に読むことの危うさを暗に示唆している。付言すれば、このような文書を日常的に受け取る当時の上司や上級機関にしても、よほどの粗忽者でない限りは、文書がはらむ上述の「危うさ」を十分にわきまえつつ、本当に必要な現場の情報を注意深く選択して入手していたのではなかろうか。

四　上海の青年たちの反応——浮かび上がる都市の階層構造——

誇らしい成果　では、上海市を事例にして、義務兵役制に直面した青年たちの動向を取り上げよう。上海でも一九五五年から義務兵役制が導入され、中央政府から提示された一万五〇〇名の現役兵徴集というノルマを達成し、同時に一二万人近い青年が予備役に編入された。政府の指示にしたがって兵役登録をした者は、一四万五千人あまりであり、この数字は政府があらかじめ調査した上海市全体の兵役適齢者数の八五パーセントを超えている。政府側の内部文書は、この成果が愛国主義教育・国防教育の拡大や青年たちの社会主義的覚悟の高まりによってもたらされたと誇らしく記している。また、兵役登録を促すための教育・説得キャンペーンを現場で担っていたのは、青年団（前出）である。内部文書は、その活動が従軍に対する一般青年たちの理解を取り付けただけではなく、青年団のメンバーからも多くの現役兵を提供し（現役兵の約三六パーセント）、新兵全体の政治的な質を保証したと、高い評価を与えている。

拒絶反応・恐怖・不安　しかし、政府側の内部文書が伝えているのは、こうした表向きの好ましい成果ばかりではない。まず、青年たちの間に、義務兵役制の導入に対する不信感がひろがっていたことが、複数の文書で指摘されている。住民が語ったという言葉をいくつか拾ってみよう。「また人を騙そうとしている。新聞に載っている義務兵役制なんて見せかけに過ぎない。共産党は壮丁（前述）を拉致するのに、壮丁を拉致するとはいわない。（だけど、やっていることは）ただ大衆を戦争の犠牲者にすることだけだ」「（義務兵役制を規定した）兵役法は壮丁の拉致と同じだ。従軍して戦争の犠牲になってはならない」「（かつての国民政府による）壮丁の拉致の方が義務兵役制よりましだ。以前の壮丁の拉致は、金を払って「替玉」を買うことができたが、いまは金は役に立たず、必ず人を要求する」（引用文の括弧内は筆者による注記。以下、同じ）。

ここには、かつて国民政府が実施した徴兵制の苦い経験が、なおも人々の記憶に根強く生き続け、強烈な拒絶反応につながっていたことが示されている。そして、国民政府時代の徴兵制の方がまだ「ましだ」という逆説的な主張は、人民共和国のもとで管理社会化が大幅に進み、かつてのような脱法行為による「逃げ場」が消失しつつあったことを象徴的に物語っている。
また、青年たちの発言の中には、義務兵役制が平和外交政策に矛盾すると断じ、「私たちはアメリカ帝国主義の軍備拡張・戦争準備の実力政策にずっと反対してきた。（中略）これでは帝国主義の軍備拡張・戦争準備とどこが違うのか」といった、いわば大局的な政策批判も登場する。その背景には、当時、政府が「台湾の解放（軍事侵攻の意味）」「第三次世界大戦」を始めるつもりではないか、という憶測が巷に流布していて、青年たちの疑心暗鬼をかき立てていたという事情があった。政府側は、このような憶測の広がりについて、反革命勢力の策謀によるものだと激しい敵意を露わにしていた。

このほか、青年たちが従軍をためらう、より切実な理由として、戦闘行為や死への恐怖、愛する者との別離を前にした苦悩、自由が厳しく制約される軍隊生活への不安、従軍後に残された家族の生計問題に対する懸念などがひろく存在していたことも、多くの内部文書は言及している。たとえば、従軍を恐れて毎晩酒を飲んで涙を流し、仕事にも身が入らなくなった食品会社の労働者の様子や、兵役登録を決心したものの、執拗に反対する家族を説得できる自信がなくなり、内心では苦悶している青年の姿などが、いかにも「内部」文書らしいリアリティーをもって例示されている。

そして、これら生身の人間としての当然の恐怖心や不安感については、適切な政治教育やそれぞれの事情に即した忍耐強い説得と工夫によって解決したと、文書は述べている。しかし、ここでいう「解決」とは、組織的圧力と監視の強化によって問題が表面化するのを抑え込んだということを意味するに過ぎない。本論第一節で触れた戦時日本社会の「息が詰まるような同調圧力」が、上海の青年たちの間でも機能しはじめたのである。

叱責される現場の指導者たち

次に、義務兵役制の意義を広報する側の青年団をとりあげよう。当初は、彼らでさえ、次のように語っていたという。「現在、仕事も勉学もきちんとやっている。またどうして義務兵役制なんて実行するのだろう。三年も兵士をやれば、仕事に習熟できず疎かになり、勉学も無駄になってしまう」「(軍隊に)行けば、帰ってこられるだろうか。行かない場合は、僕はまだ団員でいられるだろうか。どうして国家はこんなに多くの兵士が必要なのか」。内部文書は、これらの発言を批判の材料として紹介しているが、一方でその考え方が実は少数ではなかったことを率直に認め、警戒を促している。

それでも青年団は、教育・説得キャンペーンを精力的に展開して高い評価を受けることになるが、やはりそこにも内部文書が問題視する欠陥が横たわっていた。ある内部文書は、本来なら、青年団の幹部や団員が率先して兵役登録をして模範を示すべきなのに、意識の低い一部の消極的な団員の存在によって、一般青年たちの従軍意欲を削いでいたことを厳しく批判している。また、一部の団員がノルマ達成の業績至上主義に走り、困難な事情を抱える青年たちの心情に寄り添わず強硬な姿勢で臨んだため、大衆の疑念や不満を招いたこともやり玉に挙げている。

日常のなかの閉塞状況

他方、義務兵役制の導入を歓迎し、従軍に積極的な青年たちも間違いなく存在していた。今度は、彼らに焦点をあててみよう。複数の内部文書から彼らの言動をたどっていくと、政府が期待するような純粋に愛国的な動機にもとづくものが、むしろ稀であったことが読み取れる。たとえば、無職の青年たちは、次のような言葉で自らの身の上を語っている。「どのみち家にいてもやることがなく、両親はいつも僕を責め立てる。大人になっても仕事をしない、お湯を飲むにも両親が買った豆炭を燃やすなどと小言を言われる。食べても寝ても両親の顔色を窺わねばならず、実につらい。兵役に服すれば、こんな環境からさっさと抜け出すことができる」「第一次五カ年計画の達成は非常に困難であり、就業はまず技術をもった失業者が優先的に配慮される。俺たちは技術もなく、学歴も低いので、仕事にありつけない。兵役に服するしかない。服役期間を終えて戻ってくれば、国家の経済状況は現在より良くなっていて、職業問題もきっと解決できるだろう」「解放軍（中国軍）の軍服はかっこいい。なんとかやっていけることは間違いない。僕は衣食が確保できれば、それでいいんだ」。

ここからは、当時の無職の青年たちが置かれていた出口のない閉塞状況が鮮明に浮かび上がる。それと同時に、その閉塞状況から抜け出して社会的上昇に転じるほぼ唯一の手段として兵役がとらえられていることも明らかである。このようなとらえ方は、社会主義化が進む中で不利な経営環境に置かれた私営企業、あるいは困難を抱えた工場・商店の従業員、さらには進学の希望が叶えられそうもない卒業を控えた高校生たちにも共通している。私営企業に勤める青年労働者たちの端的な発言を紹介しよう。「三年兵役を務めれば、他の職場に転出でき、もう利益の出ない私営企業で働くこともない」「（生産ノルマを減らされた）私営工場には前途はなく、兵士になる方がよい」。

階層間で異なる従軍意欲

これに対して、むしろ恵まれた条件を享受している社会上層の青年たちの側に消極的な姿勢が強かった。大学生たちの発言を拾ってみよう。「僕たち大学生は国家の幹部だ。（国家が）義務兵役制で僕たちを従軍させるはずがない。兵役は、失業青年、高校や大学の入試に受からなかった連中の問題だ。僕とは関係がない」「兵役に服するのは、若い農民、労働者、職のない青年たちだ。僕たちは国家の計画にしたがって養成された幹部であり、勝手に引き抜いて兵士なんかにさせるはずはない」。

また、共産党や政府機関、青年団の幹部たちの意識も似たり寄ったりであった。「兵役は、主に下層の青年団の団員と一般青年を動員することだ。僕たちは他人に向かって宣伝・動員するだけだ」「僕たちは政府機関の幹部であり、引き抜かれて兵役に服するはずがない」。また、重工業分野を担当する青年団の幹部も、「国家は経済建設を進めており、（国家

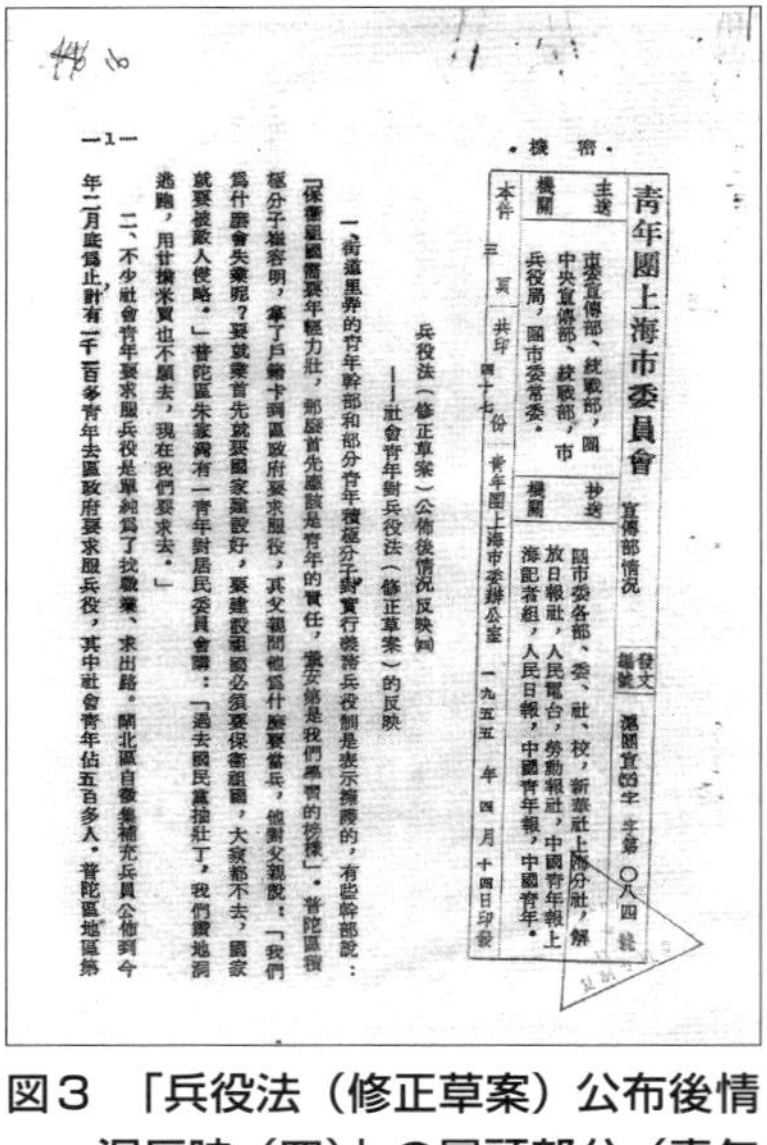
・機密・

青年團上海市委員會 宣傳部情況 發文編號 滬團宣㈣字 字第〇八四號

主送機關：東委宣傳部、統戰部，國中央宣傳部、統戰部，市兵役局，團市委常委。

抄送機關：團市委各部、委、社、校，新華社上海分社，解放日報社，人民電台，勞動報社，中國青年報上海記者組，人民日報，中國青年報，中國青年。

本件 三 頁 共印 四十七 份 青年團上海市委辦公室 一九五五年四月十四日印發

兵役法（修正草案）公佈後情況反映㈣

——社會青年對兵役法（修正草案）的反映

一、街道里弄的青年幹部和部分青年積極分子對實行義務兵役制是表示擁護的，有些幹部說：「保衛祖國需要年輕力壯，那麼首先應該是青年的責任，張安錦是我們學習的榜樣」。普陀區積極分子孫蓉明，拿了戶籍卡到區政府要求服役，其父親問他為什麼要當兵，他對父親說：「我們為什麼會失業呢？要就業首先就要國家建設好，要建設祖國必須要保衛祖國，大家都不去，國家就要被敵人侵略。」普陀區朱家灣有一青年對居民委員會講：「過去國民黨抽壯丁，我們鑽地洞逃跑，用廿擔米買也不願去，現在我們要求去。」

二、不少社會青年要求服兵役是單純為了找職業、求出路。閘北區自徵集補充兵員公佈到今年二月底為止，計有一千一百多青年去區政府要求服兵役，其中社會青年佔五百多人。普陀區地區第

—1—

図３　「兵役法（修正草案）公布後情況反映（四）」の冒頭部分（青年団上海市委員会宣伝部、1955年4月14日）

上海市檔案館所蔵　中国共産主義青年団上海市委員会檔案C21-2-686

が重要視する）重工業部門の職場までやってきて、幹部を引き抜いて兵役に服させるはずがない」と、自信をもって断言している。

以上から、職業面や学業面で恵まれていて、前途がある社会上層の青年たちは従軍に消極的であり、社会的上昇の道を閉ざされ、閉塞感を抱えた下層の青年たちほど従軍に積極的であったという構図が浮かび上がってくる。この点について、ある内部文書は次のように表現している。従軍を自ら求める青年たちを分類してみると、「団員よりも一般の青年の方が多く、積極分子の団員よりも一般の団員の方が多く、在職青年よりも失業青年の方が多く、在学中の青年よりも学校に通っていない青年の方が多く、国営企業の青年よりも私営企業の青年の方が多く、市街地に住む青年よりも郊外に住む青年の方が多い」。もちろん、大ざっぱな把握であるが、当時、都市の青年たちを取り巻いていた社会的格差や階層構造のおぼろげな輪郭を図らずも映し出しているといえよう。

おわりに

本論では、私がここ数年、上海市檔案館を繰り返し訪問して調査・収集してきた一次史料（内部文書）の一部を使って、義務兵役制の導入に対する上海の青年たちの動向を考察してきた。このような社会の側に焦点をあてた人民共和国時期の歴史研究は、かつての史料的制約が厳しかった頃には望むべくもなかった。本論を通じて、近現代中国の内部文書の世界、その魅力と可能性の一端が伝わっただろうか。有力な政治指導者たちの言説や公式文書を主な手がかりにして歴史像を紡いできた中国近現代史研究は、新たな脱皮の時期を迎えている。

もちろん、本論には課題もたくさん残されている。たとえば、青年たちの従軍意欲を大きく左右する退役兵士や出征兵士家族の社会的支援の実態については、紙幅の制約で別稿に委ねざるを得なかった（笹川二〇一八年）。また、上海の青年たちの動向だけで、広大な農村地域がひろがる中国全体を代表させるわけにはいかない。この点についての本格的な検討は今後の課題であるが、やや性格の異なる別の内部文書（新華社『内部参考』）を一瞥すると、江西省、河南省、陝西省、江蘇省、安徽省、雲南省など、多くの農村地域で兵役適齢青年たちの逃亡が記録されている。従軍を避けるために利き手の人差し指（銃の引き金を引く指）を自ら切り落とすという陰惨な事件さえ目につく。さらに、そもそも西欧諸国や日本など比較的小さなサイズの国民国家で機能した義務兵役制を、巨大な多民族国家中国に無理なく適用できるのかという根本的な疑問も控えている。その場合には、少数民族の動向も視野に入れねばならない。いずれにおいても、義務兵役制の理念が社会的現実に突き当たって、きしみをあげていく様相をより明瞭に示すことになろう。

その後、人民共和国の義務兵役制は時代の変化とともに緩和に向かい、志願兵制との併用の時期を経て、今日においては実質的に志願兵制だけに一元化されている。その背後には、政府の国際環境に対する認識の変化や軍事技術の飛躍的な高度化など、複合的な要因がさまざまにからんでいる（間山二〇〇一年）が、本論で問題にしたような、政策を受け止める社会の側の動向も影を落としていたはずである。

【参考文献】

・上海市檔案館所蔵の関連文書
・新華社『内部参考』(香港中文大学所蔵、一九五四年～一九五六年の関連記事)
・笹川裕史「戦時戦後の中国社会に耳を傾ける―兵役負担者たちをめぐる「声」―」『研究中国』第七号、二〇一八年一〇月
・笹川裕史(編著)『戦時秩序に巣喰う「声」―日中戦争・国共内戦・朝鮮戦争と中国社会』創土社、二〇一七年
・笹川裕史『中華人民共和国誕生の社会史』講談社選書メチエ、二〇一一年
・笹川裕史・奥村哲『銃後の中国社会―日中戦争下の総動員と農村』岩波書店、二〇〇七年
・間山克彦「「兵役法」改正と中国の国防体制の変革」『防衛研究所紀要』第三巻第三号、二〇〇一年二月

地域・時代のなかの巡礼経験／地域・時代を超える巡礼経験

——リチャード・バートンの『アル＝マディーナとマッカへの巡礼私記』を読む——

安田　慎

一　はじめに

最近では地域を問わずにイスラーム関連の書籍を売っている書店に行くと、その地域の人びとが書いたマッカ（メッカ）やマディーナ（メディナ）を擁するヒジャーズ地方の巡礼・参詣旅行記を買い漁るようにしている。不思議な要望を出してくる客に、はじめは書店の店員も戸惑うわけだが、話をしているうちに何となく合点がいくと、過去の著名なものから現代の無名の著者が書いたものまで、実にさまざまなものを倉庫の奥から取り出してくる。そんな「宝探し」のような感覚が楽しく、気づいたら本で荷物がいっぱいになり、持って帰ったり郵送するのに苦労をしたことは一度や二度ではない。そして日本に帰って、研究室や自宅の本棚にある旅行記コーナーの充実ぶりに勝手に悦に入っては、学生や家族たちに呆れられるという日々を過ごしている。

これだけを聞くと、読めもしないのにただ本を集めるだけの「マニア」の自慢話で終わることになる。しかも、その多くが必ずしも読んでいて面白いものとは限らない。むしろ、イスラームの諸教義や先行する著作群によって理想の巡礼経験のあり方や提示の仕方が強固に示されるがゆえに、個別の巡礼経験が顔を出すことは稀である。ゆえに、史実の持つ個別事例の重要性にこだわる歴史学のなかでは、これらの旅行記は扱いづらい分野であった。他方で、巡礼経験の理想のモデルが示されていたからこそ、現代にいたるまでさまざまな社会階層の人びとが自らの巡礼経験を、そのモデルに沿いつつ容易に語ることが可能になり、史料として残ってきたと考えることもできる。

時代・地域・社会階層を超えてさまざまな人びとが、フィクション的要素を交えながらも、ある特定の目的を持った旅行について書き続けている、というのは特異な現象と言える。さまざまな差異を超えて蓄積されてきたこの伝統とも言えるマッカ巡礼経験が、何故社会のなかで継承されているのかという点や、そのなかでいかに個別の経験を表現していくのかという点に迫っていくことに、これらの旅行記を読み解く醍醐味があるのかもしれない。

これら巡礼文学とも呼び得るマッカ巡礼旅行記のなかでも異彩を放つ著作群がある。それは、西洋人によって書かれた一連の巡礼旅行記である。キリスト教徒が大多数を占める西洋社会のなかでは、非ムスリム（非イスラーム教徒）の入域が厳しく制限されてきたマッカやマディーナを中心とするヒジャーズ地方は、内実がわからない未踏の地の一つとして、社会のなかで強い興味関心をひく場所であった。現実にはマッカやマディーナに入り込んだ西洋人の非ムスリムがいたものの、多くの西洋人にとっては非ムスリムであるがゆえに当地に入ることが叶わなかった。その結果、西洋社会のなかでは「未知の神秘的な土地」としての地位が確立され、さまざまな想像を掻き立ててきた。

西洋人の書いた巡礼旅行記群は、想定される読者層やその前提知識の違いから、巡礼旅行の際の旅の仕方もムスリムとは異なれば、記述される内容や視点もまた異なったものとなっている。それがゆえに、西洋社会のなかでは当時のマッカ、マディーナをはじめとするヒジャーズ地方の状況を知る貴重な史料として活用されてきた。さらに、これら西洋人たちの記述が、世界中のムスリムたちの間でも、当時のマッカ巡礼の一つの姿として読み継がれていると同時に、彼らの巡礼スタイルが非ムスリムであるにもかかわらず、ムスリムの巡礼経験の一つのモデルとして受容されていることは興味深い。

そこで本章では、マッカに訪れた非ムスリムの西洋人旅行者の巡礼旅行体験をめぐる状況を見ながら、巡礼旅行記の持つ魅力に迫ってみたい。そのなかでも同時代や後世の人びとに強いインパクトを残したリチャード・フランシス・バートンのヒジャーズ地方への巡礼旅行を、彼の巡礼旅行記『アル＝マディーナとマッカへの巡礼私記(*Personal Narrative of a Pilgrimage to Al Madinah and Meccah*)』(一八五五年初版)を取り上げながら見ていきたい。

二　リチャード・フランシス・バートンの時代――オリエンタリズムと冒険の時代――

アラビア半島に位置するマッカが、イスラームの最重要な聖地として歴史的にも、地域的にも重視されている点は言うまでもない。このマッカへの巡礼のなかでも、「ハッジ」と呼ばれるイスラーム暦第一二月の特定の期間に行われる一連の儀礼に参加することが、ムスリムの果たすべき義務の一つとして重視されてきた(それ以外の期間や儀礼を省略する形で行われる巡礼については「ウムラ」といい、その他の聖地へ参詣に行くことを「ズィヤーラ」という)。ムスリムの間で綿々と積み重ねられてきた宗教実践の伝統は、他方で非ムスリムが聖域に入ることを固く禁じ、徹底的に排除することを通じて、その宗教性を担保し続けてきた。逆にその排除性が、非ムスリムにとっての当地の神秘性を増すことになり、「未踏の地」としての魅力を増すことになった。

一九世紀に西洋社会のなかで流行する「オリエンタリズム（東洋趣味）」と呼ばれる「オリエント（東方世界）」に対する多種多様なイメージ群は、西洋人が中東各地を旅して回る一つの原動力となってきた。植民地主義や帝国主義とも密接に結びつきながら展開してきたオリエンタリズムではあるが、他方で西洋社会が自分たちの知らない「外部の世界」に対し、偏見がありながらも強い興味関心を持ち、さまざまな情報を集積して描き出そうと希求してきた姿勢は重要である。この社会の一連の欲求を満たすために、世界各地を冒険家たちが旅し、その体験記を旅行記として出版することを通じて、社会のなかで共有されてきた。この時代潮流のなかで、マッカやマディーナを擁するヒジャーズ地方やアラビア半島も西洋社会による「まなざし」の対象となっていく。

中世から近代初期にかけても、一六世紀のルドヴィコ・ディ・ヴァルテマ（Ludovico di Varthema, 1470–1517）のようにマッカを旅して体験記を記した西洋人旅行者は少なからずいたが、この時代になると西洋人による一連の巡礼旅行記が書き記され、出版されるようになる。一八一四年から翌年にマッカに滞在したヨハン・ルードヴィッヒ・ブルクハルト（Johann Ludwig Burckhardt, 1784–1817）をはじまりとして、一八五三年のリチャード・フランシス・バートン（Richard Francis Burton, 1821–1890）、一八七七年から翌年にかけてのジョン・フライヤー・トーマス・キーン（John Fryer Thomas Keane, 1854–1937）といった人物を、その代表格として取り上げることができる。

本章で取り上げるリチャード・フランシス・バートンは、一九世紀のオリエンタリズムの申し子の一人として描き出すことが可能であろう。一八二一年にイギリスで生まれたバートンは、父親の気管支喘息の病気療養に付き添って、幼い頃からフランスやイタリアをはじめ、ヨーロッパ各地を旅して回っていた。その後オックスフォード大学に入学するも素行に問題があって退学となり、一八四〇年に父親の勧めで東インド会社（East Indian Company）の駐屯軍の一員として英領インドのボンベイに滞在する。当地で東洋学の魅力に目覚め、ヒンドゥスターニー語（現代のヒンディー語とウルドゥー語に連なる言語）をはじめ南アジア諸言語の他に、アラビア語やペルシア語を習得していく。語学習得とともに、ヒンドゥー教やイスラームに関する知識も習得していく。その過程で、西洋社会においては未踏の地の一つとされていたアラビア半島への探検旅行を計画するようになる。

バートンはイギリスの王立地理学協会（Royal Geographical Society）に探検旅行計画に対する資金援助を申請し数年後に認められると、勤務先の東インド会社への長期休暇願を提出して旅行準備を行ったあと、一八五三年にアラビア半島へと旅立つ。ヒジャーズ地方での旅行の様子を克明に記した巡礼旅行記『アル＝マディーナとマッカへの巡礼私記』を一八五五年に出版すると、オリエンタリストの一人としてイギリスで名声を得ることになる。

その後も一八五四年にはソマリアへの探検を成功させ、一八五七年から翌年にかけてはジョン・ハニング・スピーク（John Hanning Speke, 1827–1864）らとともにナイル川の源流を探索する旅行に出る。その道中でタンガニーカ湖を発見し、一八五九年にはその成果が認められて王立地理学協会から金メダルを授与されている。その後も各地への探検を続けながら、イギリスをはじめとした西洋社会随一の旅行家、オリエンタリストとして名声を得ていくことになる。アジア・アフリカ地域の専門家としての名声を買われ、一八六一年にはイギリス外務省に入省し、西アフリカのフェルナンド・ポーやブラジルのサントス、シリアのダマスカス、イタリアのトリエステの領事を歴任し、一八九〇年にトリエステで亡くなった。

前半生を旅行家やアジア・アフリカ地域の専門家として名を馳せた一方で、後半生は東洋の諸古典の翻訳で歴史に名を遺すことになる。晩年にライフワークとしていた『千夜一夜物語』（アラビアンナイト）や、ヒンドゥー教関連の古典でもある『カーマ・スートラ』や『匂える園』を完訳し、西洋社会における中東やオリエント世界のイメージを決定づける役割を果たす。

三　バートンのマッカ巡礼旅行記をさぐる

彼の出世作とも言える『アル＝マディーナとマッカへの巡礼私記』は、一八五三年前半に彼が行った半年間の巡礼旅行の内容をまとめたものである。

一八五三年にマッカを訪れることになるバートンの旅行は、その二年前の一八五一年に王立地理学協会にアラビア半島への探検旅行のための資金援助を申請したところからはじまる。彼の当初の予定ではマッカからアラビア半島東部のマスカットまでを横断する計画であった。そのため、彼はアラビア半島に関するあらゆる情報を収集している。勤務先の東インド会社に対して長期休暇願を出すが当初は許可が下りずに、さまざまな工作を行って許可を取り付けている。

さらに、彼はアラビア半島で生き抜くために、自らを南アジア出身のダルヴィーシュ（イスラーム神秘主義の修行者）の「ミールザ・アブドゥッラー（もしくはシャイフ・アブドゥッラー）」という名のムスリムと人物設定し、実際道中でもそのように振る舞ってきた。この人物設定についてバートンは、修行者であるダルヴィーシュであれば一人の巡礼旅行であっても怪しまれないことや、イスラームに関する知識・経験によって周囲から尊敬され、巡礼旅行も容易になる点を説いている。

しかし、この人物設定に沿った知識や経験を身につけるためには、多くの時間と労力を割く必要があった。それは例えば、パシュトゥー語やヒンドゥスターニー語をはじめとするインド大陸の諸言語の修得や、クルアーンやシャリーア（イスラーム法）に関する知識、東方のエチケットに関わるあらゆる慣習を会得することも含まれている。これらの知識習得には、当時のオリエンタリストたちによって欧州諸言語に翻訳された学術的成果を活用し、さまざまな書籍を読み込んでいる点が、彼の旅行記のなかでも見て取れる。そのなかには、アロイス・スプレンガー（Aloys Sprenger, 1813–1893）やジョン・ウィルソン（John Wilson, 1804–1875）といった、バートンとも交流のあったと考えられる南アジアで活躍したオリエンタリストたちの名も見て取ることができる。

さらに、イスラーム神秘主義教団のカーディリー教団のビスミッラー・シャーのもとに弟子入りをし、ダルヴィーシュとしての修行も積んで、ムルスィド（導師）としての位階を得るまで修行に没頭する。一八五三年に実際に巡礼旅行に出た際も、ヒジャーズ地方に足を踏み入れるその前段階として、エジプトのアレクサンドリアやカイロに二か月ほど滞在して、現地の雰囲気のなかでアラビア語やアラブ人ムスリムの知識や風習を知るために多くの時間と労力を費やす念の入れ様であった。

その他にも、マッカ巡礼を果たした先駆者たちの旅行記や巡礼旅行の記述を網羅的に集め、その内容を実に細かく読み込んでいる。そのなかには、例えばイブン・ジュバイルやイブン・バットゥータといったムスリムの大旅行家たちや、一六世紀にマッカを訪れたイタリア人旅行家のルドヴィコ・ディ・ヴァルテマの旅行記までの広範な時代のものが含まれる。

たかだかアラビア半島を数か月間、しかもマッカ、マディーナを擁するヒジャーズ地方には一か月滞在するだけの旅行のために、なぜここまで長期間にわたって莫大な労力をかけて準備する必要があったのだろうか。ここまで入念な準備をする巡礼者の存在は、イブン・ジュバイルやイブン・バットゥータをはじめとする過去の旅行者や、現代の巡礼者にも見られないものである。バートンはなぜ、そこまで時間と労力を費やしたのか。その背景には、彼が巡礼旅行を計画する際に最も参考にした、ある一人の先駆者の存在を見て取ることができる。

ヨハン・ルードヴィッヒ・ブルクハルトと呼ばれるその人物は、一八一四年から翌年にかけてマッカに滞在し、当地の様子を克明に記して西洋社会に知らしめた、一九世紀のマッカ巡礼の先駆者と言える。その際、彼も自らをアラブ人のムスリム「シャイフ・イブラーヒーム・イブン・アブドゥッラー」と名乗って中東諸国で過ごしている。実際その人物設定に内実を伴わせるために、二年間シリアのアレッポでアラビア語やイスラーム諸学の知識の習得や周辺地域の調査旅行に費やし、ムスリムとしての生活を実践している。バートンが二年間の入念な準備期間を設定した背景には、先駆者としてのブルクハルトのやり方を忠実に模倣しようとした点があげられる。

しかし、なぜバートンやブルクハルトがここまで入念に旅行準備に費やしたのか。そこには、当時の西洋社会におけるアラビア半島に対するイメージや社会状況が横たわる。歴史的にもムスリム以外の入域を制限するために、ムスリムであることを証明するための諮問や、著名なムスリムからの身分保証、マッカ入域の許可書や巡礼ビザといったさまざまな方法が生み出されてきた。状況はこの当時も同様で、マッカに入ろうとした非ムスリムは、ムスリムであることを証明するために実に多くの労力を割いてきた。実際、ブルクハルトもムスリムであることを証明するために道中でさまざまな詰問に会って苦労してきた点を記しているとともに、入念な準備によって得たイスラーム諸学の知識によって当地の人びとの信頼を獲得してきた点を記している。現実にはこの時代にも「白人」のムスリムたちがマッカへの巡礼を果たしているが、ブルクハルトやその後続のバートンも旅行記のなかで、ムスリムたちがマッカへの「白人」たちの侵入を頑なに拒んできた点を強調し、一連の諮問を自ら修得した知識と経験によって切り抜けた体験を示すことで、自らのマッカ巡礼旅行の意義や特異性を強調している。

ブルクハルトがもたらしたヒジャーズ地方に関する詳細な情報や旅行の仕方を読み込み、それに沿って入念に準備を費やしてきたバートンの姿を見ると、旅行記が「ガイドブック」としての単なる当地に関する情報源としてだけでなく、「旅行経験の仕方」をも規定する重要な素材となってきた点を見て取れる。実際、バートンは入念な準備によって、旅行におけるさまざまな困難を回避することに成功するが、これは同時に旅行内容が事前に規定されてしまったと考えることもできる。

四　変容する巡礼旅行のなかで

バートンの巡礼旅行は、彼が一八五三年四月にエジプトのアレクサンドリアに入ったところからはじまる。バートンの旅行記の内容を概観すると、まずはアレクサンドリアやカイロに二か月ほど滞在し、アラビア語やアラビア医学、シャーフィイー法学派の勉強に費やしている。その期間中にラマダーン（断食月）も経験し、エジプトにおけるイスラーム文化に直に触れることになる。その後、七月にアラビア半島に行くためにスエズの港に出立すると、そこからアラビア半島のヤンブーまで船で渡り、陸路でマディーナに入る。マディーナでは預言者ムハンマド・モスクやバキーウ墓地をはじめとする周辺の聖地への参詣を繰り返す。その後八月三一日にシリアのダマスカスからやってきた巡礼団に合流してマッカに向かい、当地でハッジの儀礼を行った。その後マディーナの時と同様に関連する聖地への参詣を繰り返し、九月二〇日頃にマッカを出立して紅海沿岸のジェッダを経由し、船でエジプトに渡るところで彼の旅行記は終わっている。

彼の巡礼旅行の行程や訪問先を見ると、その多くがこれまでの巡礼者たちが辿ってきた伝統的な行路や、ブルクハルトをはじめとする先駆者たちが巡礼旅行で経験した内容を忠実に踏襲している。巡礼ルート沿いのキャラバンサライをはじめとする隊商ネットワークや巡礼団の活用、知人ネットワークを通じて各地で逗留するバートンの姿は、過去にイブン・ジュバイルやイブン・バットゥータ、ブルクハルトも活用してきた手法と重なる。その他にも、現地の情報に明るい知識人との交流を通じてさまざまな情報を入手している点や、ムタウウィフ（*mutawwif*）と呼ばれるマッカ在住の先達たちや知識人たちとの交流を通じて、この時代までに蓄積されてきたマッカ巡礼の伝統をうまく活用し、旅行を容易なものとしている。

他方で、技術の発展にともなう国際的な旅行形態の変化は、マッカ巡礼旅行の在り方も変容させてきた。その一つとして、パスポートの存在をあげることができる。「南アジア出身のダルヴィーシュ」という人物設定をしたバートンにとっての最大の問題は、アラビア半島に渡るための身分証明書をいかに入手するのかということであった。蒸気船や鉄道網の発展によって国際的な旅行ネットワークが構築されてきたこの時代には、物流や人びとの移動を監視・保障する点で、徐々にパスポートが西洋諸国を中心に世界的に広がりを見せはじめた時代であった。本来イギリス人であるはずのバートンが自らを「南アジア出身のダルヴィーシュ」と偽装するために、彼はアレクサンドリアのさまざまな役所であしらわれながら、パスポート取得のために悪戦苦闘する姿を旅行記のなかで克明に記している。最終的には「南アジア生まれの三〇歳の医者」としてパスポートを取得することに成功する。ここに当時の身分証明をめぐる制度上のある種の「緩さ」を見て取ることができる。しかし、スエズからアラビア半島のヤンブーに渡る際に、係員が取得したパスポートを通行のための証明書として認めてくれず、イギリス領事館からアラビア半島への通行許可書を新たに発行してもらったうえで紅海を渡っている。ここに、当時のさまざまな制度やシステムが未だに併存していた状況を見て取ることができる。

その他にも、決して多くない王立地理学協会から得た旅行資金を、国際送金ネットワークを駆使しながらうまくやりくりし、旅行に必要な装備や必要な資金を整えている点や、国際郵便網を用いてイギリス本国やアラビア半島の関係者に私信を送ったりと、当時世界的に構築されてきた最新の制度をうまく活用している様子が伺える。

これらの一連のバートンの旅行経験は、周囲の人びとが思うほどオリジナリティに溢れるものではなく、先人たちの積み重ねてきたさまざまな経験や知恵を拝借しているに過ぎない。それを示すように、自分の旅行を通じて知り得たマッカ、マディーナの情報や経験を、先駆者たちの旅行記や関連書籍の内容と比較検討している箇所が見られる。特に、バートン自身が明記しているように、直近の先駆者となるブルクハルトの記載内容や旅行行程にかなりの部分を依拠し、訪問先の選定や関連情報についても彼の記載に大きく依存している。その点バートンの巡礼旅行は、右も左もわからない予測不可能な環境下で、悪戦苦闘するなかで一から自分の巡礼経験を会得してきたブルクハルトのものとは性質が大きく異なる。

五　旅の源泉としての交流と善意のなかで

では、バートンの旅行内容がブルクハルトや先駆者たちの単なる模倣でしかなかったかと問われると、必ずしもそうとは言い切れない部分がある。むしろ、彼の旅行記を魅力的なものとしている点に、彼が旅行のなかで関わった人びととの交流の経験や、その善意や協力に対する謝意に関する記録があげられる。これらの一過性の出会いは、他者が模倣しようとしても模倣できない、彼独自の経験として大きな魅力を持つ。むしろ、これらの交流こそが、常にその人にしか体験できない巡礼経験の創造性として捉えることができる。

巡礼研究や観光研究のなかでは、観光や旅行の源泉として、巡礼旅行やそのなかで展開されてきた周囲の人びととの交流、そのなかで受け取ったり受け渡したりする善意や協力の存在が取り上げられることが多い。中世ヨーロッパでは、イェルサレム巡礼における巡礼騎士団の存在やサンティアゴ・デ・コンポステーラの巡礼路と巡礼者向けの旅行インフラの整備に、人びとの善意と協力に基づいた交流の姿を見て取ることができる。日本においても伊勢参りや四国八十八か所遍路において展開されてきた沿線での接待の存在をあげることが可能であろう。他の宗教においても地域や時代を超えて同じような事例を見出すことは可能であり、個別事例の差異はありながらも批判を恐れずに言えば、これらの善意や協力、そして交流は地域・時代を超えてあまねく普遍的に広がる現象として捉えることが可能であろう。それと同時に、これらの交流こそが巡礼を地域や時代、社会階層を超えて魅力あるものとしてきた。

実際に、バートンもエジプトからマッカ巡礼を果たすまでに、さまざまな人びとの善意や協力によって巡礼旅行を完遂できた点を詳細に記している。特に、「南アジア出身のダルヴィーシュ」としての人物設定に沿うように、カイロやヒジャーズ地方では南アジアと縁のある者やその知人ネットワークの善意に甘える形で逗留したり、世話を焼いてもらったりしている点を記している。カイロではハッジ・ワリーや彼の知人たちと親しく付き合って当地の慣習を習得していき、マディーナではシャイフ・ハーミドの自宅に逗留し、マッカでは巡礼団のシャイフ・ヌールの案内に頼りながら巡礼を行っている。その他にも、エジプトで雇って彼の身の回りの世話をしてくれた「少年モハンマド（boy Mohammad）」との交流についても事細かに記し、旅先で受けた善意について感謝の意とともにその一つ一つを仔細に残している。しかし、これらの善意や協力はバートンに限った話ではなく、時代や地域、社会階層を超えて多くの巡礼者たちの間で広く行き渡っていた現象として捉えることができる。

さらに、バートンは巡礼旅行の道中で出会った世界各地の巡礼者の姿を、西洋人非ムスリムの立場から詳細に書き記している。エジプトのカイロで出会った人びとの姿や、スエズからアラビア半島のヤンブーに渡る船のなかで出会ったアフリカ諸国からの巡礼者、ヒジャーズ地方や巡礼路のなかで出会った南アジア出身者たち、ダマスカス巡礼団のなかで出会ったトルコ人、アラブ人やペルシア人の巡礼者たちとの交流の様子を鮮やかに描き出している。むしろ、こうしたさまざまな地域の巡礼者たちが集積するマッカ、マディーナの国際性やその活気、そして彼等との交流を、バートンはマッカ巡礼最大の醍醐味として捉えていた節がある。

これらのさまざまな立場の人びととの交流を可能としたのも、彼が「南アジア出身のダルヴィーシュ」というある種曖昧な役割を演じることによって可能になったとも言える。バートンも旅行記のなかで何度か記載しているが、マッカ巡礼のなかでは必ずしもメジャーな存在ではなかった南アジア出身者、あるいはダルヴィーシュという存在は、ある特定の集団に埋もれることなく、さまざまな地域や社会集団を越境する境界的な存在としてマッカ巡礼旅行のなかで存在することを可能とした。逆に、それがゆえにさまざまな人びとからの善意や協力を得ることができたとともに、予想だにしない交流を生み出す結果ともなった。

これらのある種の偶然によって成り立つ多種多様な背景を持った人びととのコミュニケーション経験は、他人には決して真似のできない固有の体験として、バートンのマッカ巡礼記のなかで重要な意味合いを持っていく。むしろ、巡礼旅行のなかでのさまざまな巡礼者との交流こそ、「ミールザ・アブドゥッラーの巡礼経験」を際立たせるとともに、彼の巡礼旅行記が当時の人びとに読まれ、現代に至るまで読み継がれている一つの背景にあると考えられる。

旅行経験のなかの周囲のヒトやモノといった環境との相互作用については、近年の観光・旅行を研究対象とした人文・社会科学の諸分野の研究において議論されるテーマでもある。すなわち、さまざまな情報技術やコミュニケーション・ツールの発展にともなって観光・旅行経験の多くが模倣可能となり平準化していくなかでも、不確実性を孕む旅行中のさまざまなモノやヒトとの出会いが、旅行経験や観光活動そのものの新たな魅力を生み出していく原動力となっている、という視点である。特に、さまざまな文化的・社会的ステータスを背負っている人びとが集う聖地では、統一的な教義や実践によって画一的な経験を享受しているように見えるのとは裏腹に、実に多様なコミュニケーションが生み出され、創造性に満ちた個別の経験を産出している点が明らかにされている。一九世紀中盤のバートンの旅行経験も、一方では現代の巡礼経験の画一化に連なる旅行経験の模倣の動きが見られるが、他方でそのなかにおいて新たな旅行経験のモデルが生み出される創造の動きも見て取れる。むしろこの両者のダイナミズムこそが、マッカ巡礼をつねに魅力あるものとし続けてきたとともに、巡礼記を新たに生み出し続ける原動力となってきたと言えるかもしれない。

六　おわりに

アラビア半島への巡礼旅行を通じて「未踏の地を踏破した英雄」として評価されることになったバートンであるが、彼の旅行が先人たちによって積み重ねられてきたものを模倣することによって成立した点を明らかにした。他方で、旅行中のさまざまな人びととの出会いのなかで受けた善意や協力といった交流こそが、他の先駆者たちには見られないバートン独自の巡礼経験を創造すると同時に、彼の旅行記の最大の魅力となってきた点を示した。

しかし旅行記の魅力というのは個人に限られるものではなく、むしろそれがさらに後続の巡礼者たちの模倣と創造の源泉となっていく点にある。バートンがブルクハルトの記述に多くを依拠したように、彼の後にマッカ巡礼に向かう人びともまた、彼の巡礼旅行記をガイドブックのようにして使いながら、彼の巡礼経験との比較を通じて自分独自の巡礼経験を打ち立てようとしていく。そのなかで、旅行の仕方や巡礼経験の語り方が、西洋のムスリムや非ムスリムのなかである程度定式化されていく一方で、それらの知的伝統を踏まえた新たな巡礼経験も多数生み出してきた。

これらの一九世紀から二〇世紀初頭までに蓄積されてきた巡礼旅行の伝統の魅力は、その後マッカ巡礼の大衆化と官僚主義化にともなって、一部は失われていくことにもなる。特に、一九六〇年代のジャンボジェット機の就航にともなう国際航空網の形成や、増える巡礼者を管理するために導入されるさまざまなシステムとそれを支える官僚制度は、マッカ巡礼旅行やその経験内容を画一的で機械的な、予測可能なものへと変貌させてきた。さらに、儀礼の完遂に焦点が当てられるがゆえに、過去に存在した巡礼者同士の偶然に満ちた善意や協力に基づく交流といったものは徐々に失われていく。そのなかでも、巡礼記が過去のものから新たなものまで盛んに出版され、世界各地で地域を越えて読み継がれている点を見ると、巡礼記を通じた模倣と創造という伝統は、現代社会のなかでも脈々と受け継がれているのかもしれない。

厳密な史料批判を旨とする歴史学の立場からすれば、個人的経験に依拠し、時にフィクションも含めた主観的な事実に基づいて広がっていく社会現象を分析することは、多くの困難をともなうものである。他方で、これらの記載内容がさまざまな偶有性を孕み、新たなコミュニケーションを生み出していく点は興味深い。写真や映像といったコミュニケーション技術が発展した現代社会のなかでも、文章として表現される巡礼旅行記が生き続ける背景には、そうした人びとの希求が未だに横たわるからかもしれない。

【参考文献】

・Burckhardt, J.L. 1892 (1822). *Travels in Arabia*. Compiled and arranged by B. Taylor. New York: Charles Scribner's Sons.
・Burton, R.F. 1893 (1855). *Personal Narrative of a Pilgrimage to al-Madinah and Meccah Memorial Edition.* 2 vols. London: Tylston and Edwards.
・Wolfe, M. 1997. *One Thousand Roads to Mecca: Ten Centuries of Travelers Writing about the Muslim Pilgrimage*. New York: Grove Press.
・家島彦一『イブン・バットゥータと境域への旅 「大旅行記」をめぐる新研究』名古屋大学出版会、二〇一七年
・坂本勉『イスラーム巡礼』岩波書店、一九九九年

人間アウグスティヌスを『告白』から探る

豊田浩志

神学や哲学が、人間の理想の在り方を時代の最先端の知的エリートを通じて追求するのを主務としているのと異なり、歴史学は、当該時代の構造的制約の中で苦闘する人間の生き様をありのままに見つめる学問である。したがって、後世の記録に残ることができた一握りのエリートを取り上げることでこと足れりとするのではなく、人口の大半を占め、だが痕跡も残せず消え去っていった名もなき庶民への眼差しを常に視野に入れ、彼らや社会構造のプラス面とマイナス面の両面を冷静に評価する複眼的姿勢を貫かねばならない。そもそも完璧な人間などいやしないのだから。

『告白』や『神の国』の著者で、教科書にも登場するアウグスティヌス（三五四～四三〇年）は、聖人・教会大博士として大変著名で、そのためややもすると敬仰の対象になってしまい、彼の実像が見失われがちである。研究者がそのお先棒をかついで縮小再生産につとめていなければいいのだが、実際にはどうだろう。ローマ・カトリック教会が教会博士の称号を与えているのは、現在三五名（内、女性四名）を数えるが、その冒頭を飾る東西それぞれの四大教会博士の一人が、アウグスティヌスである（ちなみに他の西の三名は、アンブロシウス、ヒエロニムス、大グレゴリウス）。彼らは古来崇敬を集めていたが、公式にその称号を授けたのは一二九五年のボニファティウス八世だった。さて、旅行者の落とす滞在費に着目し、初めて「聖年」を定め聖都ローマへの巡礼を推奨したのもこの教皇だった。

今から二年ほど前に、出村和彦『アウグスティヌス』が出版された。コンパクトで読みやすい新書で、私はとりわけその終章で、アウグスティヌスの全著作がまとまった形で、当時のローマ司教の座所サン・ジョヴァンニ・イン・ラテラーノ宮殿内の図書室に所蔵された、という下りからは、不意打ちにも似たインスピレーションを受け取ることができた。折しも、大学で当時の同僚の私市正年教授から、日本アルジェリア協会でアウグスティヌスに関する講演依頼があり、そのためにも現地を一度見たほうがいいという教授のご配慮で、長年待望していたアルジェリアの地を訪れることができた。こうして私は従前の訪問地、北はミラノ、パヴィア、そしてローマ、オスティア、海を渡ってチュニジアのカルタゴに加え、アウグスティヌスゆかりの重要地点をすべて踏破することができた。

ところでここまでお読みになった読者諸氏は「なぜアルジェリアなの」とお思いの方が多いのではと思う。実はアウグスティヌスは、北アフリカの、現代の国名でアルジェリア出身の、人種的にベルベル系だった。その彼の思想がローマ・カトリック教会の、そして西欧キリスト教の礎石となったのだが（その件の詳細は別の機会に譲る）、そこから思考が逆行して、彼をヨーロッパ人と思い込んでしまっている人のなんと多いことか。それはともかく、こうして私は大学教員退職後の最初の一仕事としてアウグスティヌスの『告白』全編の再読に向かうことになった。実に四、五〇年振りの通読だったが、思いがけないほどの収穫に恵まれた。若い時の読み方がいかにステレオタイプに毒され雑だったのか、また原典を精読することの重要性にいまさらながら感じ入った次第である。この小稿ではその成果の一端を紹介しよう。

『告白』は、アウグスティヌスが三九六年（四二歳）にヒッポ・レギウスの司教に就任してすぐに書かれた。彼はその地の前任司教ヴァレリウスからの司祭就任要請を五年前に受け入れ、一族・同志とともに生地タガステから移住し、翌年補佐司教となっていた。だが彼のこの司祭・司教叙階には、当然のことながら彼の前歴に起因する反対も多かった。それに対する彼なりの対抗的弁明が『告白』だった、ということに研究者が触れることは少ないが、やはり重たく受け止めるべきではなかろうか。『告白』から読み取れる範囲で、私は以下のような疑惑を指摘できると思う。

1　彼の出自（とりわけ言語）事情
2　彼の放埒な性生活
3　マニ教ネットワークを利用しての立身出世疑惑
4　ミラノでの回心神話の虚実
5　彼の修道生活の隠された現実
6　彼の叙品・叙階における教会法違反疑惑

彼が、①正直に自らの弱みをさらけ出している場合もあれば、②事実を多少とも隠匿しようと言葉を濁している場合、さらには、③当時社会常識だったので本人がまったく無自覚に吐露している問題行動もある。また、④研究者が彼を敬仰するあまり手心を加えて指摘を避けている事情も無視できない。この小稿では上記すべてに触れる紙幅はないので、前半を主体に検討してみよう。

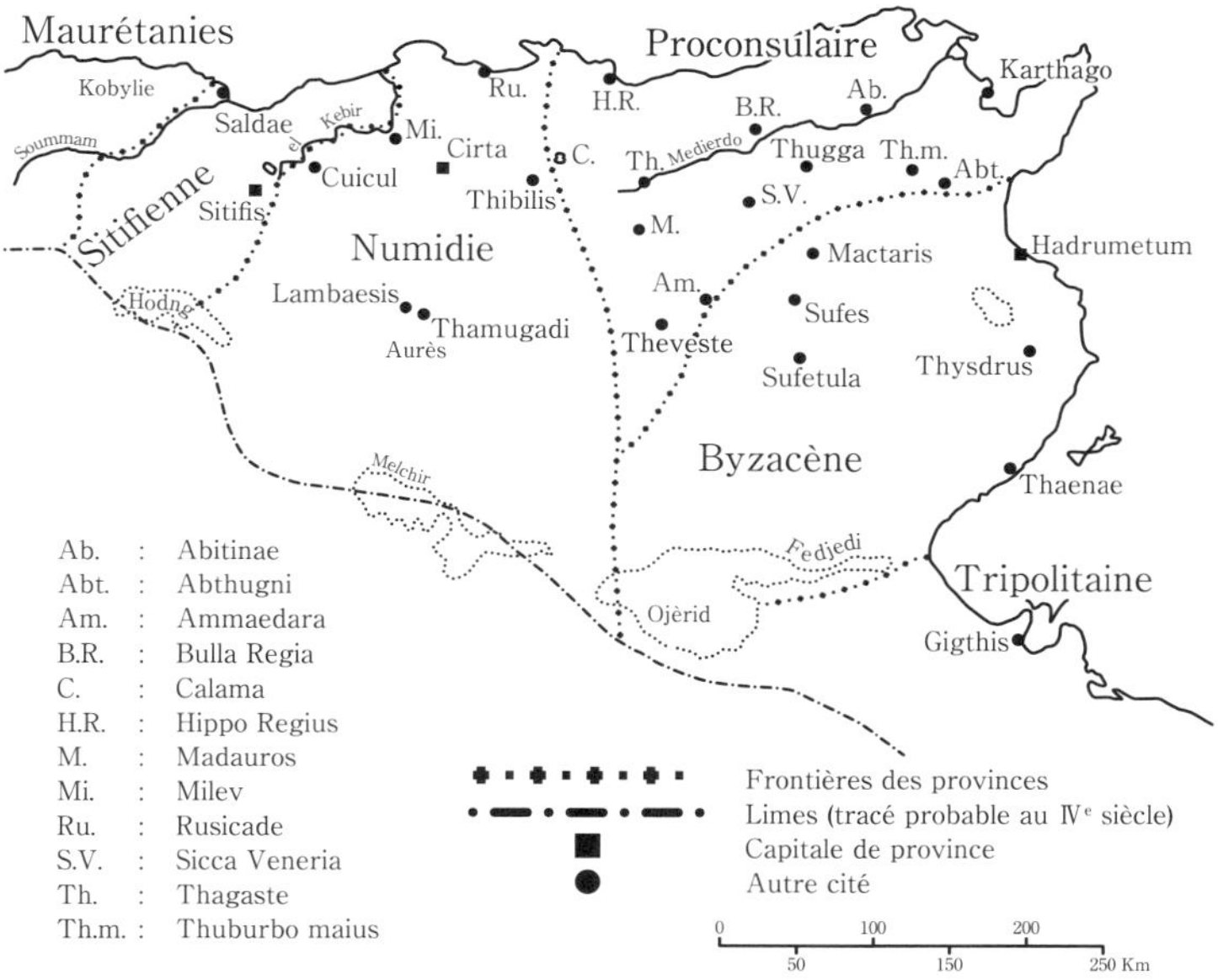

図1　４世紀北アフリカ地図

出典：C. Lepelley, *Aspects de l'Afrique romaine, Bari, 2001.*

一挙に本論に入りたいところだが、**彼の出自・家族問題**を省略して先に進むことはできない。アウグスティヌス崇敬の影響で微妙な点で研究者の恣意的味付けが顕著だからだ。彼の生地は先に触れたように今日のアルジェリアで、詳しくは海岸線から南に九五キロメートル内陸に入った、標高六〇〇メートルの山間盆地の自治都市municipiumのタガステ（現Souk-Ahras）だった。当時、行政的には帝国屈指の格式を誇るアフリカ・プロコンスラリス州（州都カルタゴ）に属していたが、西隣りのヌミディア州と境を接した辺境の地で、三〇キロメートル南の学術都市マダウロス、もっと南の軍事拠点テウェステや、逆に地中海の港町ヒッポ・レギウスへの中継地以上の存在ではなかった。そもそも自治都市とは、ローマ人が占領地に植民して建設したり、その格式が付与された植民都市coloniaと異なり、原住の、今の場合ベルベル人を主体とする居住者からなっていた。実際、タガステには、ローマ化の指標とされる闘技場、劇場、競技場、公共浴場など公共建築物の遺構も未確認で、先住のリビア・ベルベル語圏の文化・宗教が強く保存された地域だった。それはとりわけ、多くのベルベル語や、それとラテン語の両方が刻まれたバイリンガルな墓石碑文の出土から明白なのだが（W.H.C. Frend, A Note on the Berber Background in the Life of Augustine, *The Journal of Theological Studies*, 43, 1942, pp. 188-191）、我が国の研究者は、彼の生育環境をローマ的だったとみなすのがお約束となっているようで、その根拠は、父パトリキウスが都市参事会身分ordo decurionalis（都市経費負担と国税徴収の義務を有していた身分。その中から市長や市会議員といった公職者が選任された）で、その先祖はイタリア半島からの植民者だった、ないしローマ市民権を有した退役軍人のはずとの先入観に基づいていて、それほどにアウグスティヌスを生粋のローマ人とみなしたい思いが強いわけだが、その可能性は限りなく低い。たしかに、二一二年に皇帝カラカラが帝国内の奴隷以外の全自由民にローマ市民権を付与していたので、彼らも当然ローマ人とされてはいた。しかし後期ローマ帝国では、自由民は「上級身分層」honestioresと「下級身分層」humilioresとに新たに峻別されていて、両者間で法的社会的差別は歴然と存在していた。アウグスティヌスの両親はもちろん後者に属し、あまつさえ辺境住民だったので、生粋のローマ系からすれば三流市民扱いだったはずである。ともかく自由民といっても下層であれば奴隷とそう違わない苦しい生活水準で、妻を奴隷から求めることもめずらしくない、それが現実だった。

とまれ、父はおそらく小地主層で、癇癪持ちで、気性が荒く、アウグスティヌスが生まれたときすでに四〇歳を越えていて、才気に満ちた息子の学業と身体的成長を単純に喜んでいたが、アウグスティヌスが一七、八歳の頃他界している。父について彼は多くを語っていないが、息子の教育費捻出に経済力を越えて尽力したことを（Ⅱ．３：「はるかに裕福な多くの市民たちのなかの誰一人として、子供のためにそのような苦労はしませんでした」）、マイナス・イメージで「彼の野心」と冷たく言い放つ神経には、私はなんだかなという印象を持ってしまう。

父に比べて息子の評価が異常に高いのは、母モンニカMonnicaだった。その名前はタガステ近隣ティビリスの女神モンMonに由来していたので、彼女は明らかにベルベル系だった。とはいえ生まれながらのキリスト教徒（Ⅸ．８）で、女召使いに厳しく育てられ、嫁しては夫の癇癪と浮気に悩まされながら（「彼女は閨の諸々の不実に耐えた」）、キリスト教信仰にすがって外で愚痴ることなく、姑との良好な関係の演出もできる才覚の持ち主だった（Ⅸ．９）。アウグスティヌスは彼女が二三歳のときの子だったので、当時としては彼が長男である可能性は低く、むしろ「おとんぼ」と考える方が合理的だろう。家庭をキリスト教的に営むことで夫に口出しさせず（Ⅰ．11）、夫を臨終に際し洗礼に導いてもいる（そして息子アウグスティヌスも）。彼女は、息子一行と故郷へ帰還するためローマの外港オスティアで船待ちしている間に熱病に罹り、五六歳で死亡し遺言でその地の墓地に葬られた。その遺骨なるものは、一四三〇年にローマ教皇マルティヌス五世によりローマのサン・アゴスティノ教会に移送され、現在に到る（拙稿「聖モンニカ顕彰碑文とオスティア」坂口明・豊田編著『古代ローマの港町』勉誠出版、二〇一七年、二八五〜二九六頁）。

母に連れられてアウグスティヌスは幼少期から教会に通っていたが、洗礼は罪の浄めを考えて先延ばしにされていた。これは当時の風潮で、洗礼直後の罪の消滅した状態で天国に行くためだった（この世の終わりが目前と考えられていた初代教会では、幼児洗礼もやっていた。というか、子供を作らないことが二世紀ですら奨励されていた）。この点に関しては父も同感で、それは息子の社会的な立身出世を考慮してのことだった。ユリアヌス帝の反キリスト教政策実施は、三六二〜三年のことで、まだ状況は流動的だったからだ。それがキリスト教にとって好転していくのは、二〇年後あたりからで、アウグスティヌスの回心時期と微妙に同期している件は、先行研究者があまり触れようとしないが、やはり重視すべきだろう。彼の教会通いは彼がマニ教の聴聞者（＝正式の信者）になって中断し母の激怒を買うが、マニ教と距離を置くようになったミラノ時代に再開される。

家族には兄ナウィギウスと、のちにヒッポで女子修道院長となった姉が少なくとも一人いた。親戚には、従兄弟でラルティディアヌス、ルスティクスという初等教育しか受けていない者（『至福の生』I．6）や、ドナトゥス派に属し裕福で教養あるセウェリヌス（『書簡』52）、それに甥や姪もいた。アウグスティヌスは、アデオダトゥスという明白に非ラテン系の名前の息子（＝a Deo datus「神より与えられし者」＝Iatanbaal: M.G. Cox, Augustin, Jerome, Tyconius and Lingua Punica,

Studia Orientalis, 64, 1988, p. 88：ヌミディア系というよりも、より正確には後述のポエニ＝ヘブライ系というべきか）を、弱冠一八歳でカルタゴ遊学中に同棲した女性から得ていたが、わずか一七歳で早世している。彼は父以上にポエニ語を知っていたようで、おそらくそれが彼の母の出自のなにがしかを示していた（『教師』44：但し、ポエニ語をめぐっての検討は、後述参照）。

同棲相手とは、一五年後に母モンニカの強い勧めがあり、あからさまに持参金目当てで数え年一〇歳の少女と婚約したときに引き裂かれ、彼女は北アフリカに一人で帰って行った。その後の消息は不明だが、アウグスティヌスのここでの立ち振る舞いは実に不甲斐ない。その事情を彼は以下のように述懐している。

Ⅳ．2：一六、七歳の時「わたしは一人の女性と同棲し始めていましたが、法律で結婚と呼ばれるような間柄ではなくて、深い思慮もなく、ふらついた情熱によって目をつけた相手とでした。それでもわたしは、女性は彼女一人にし、彼女に寝床の誠実を tori fidem つくしました」（父との差別化表現？）。

Ⅵ．13：一四年後、彼のめざましい社会的上昇に伴い、母の強い意向である少女に求婚、法的結婚年齢に二年足らなかったが、気に入ったので待つことにした（母はいつもしていたように神からの了解を夢の中で得ようと祈るが、神は彼女に何も示さなかった）。

Ⅵ．15：同棲相手は「結婚の妨げになるという理由で、わたしから引き離されましたので、彼女に強く結びついていたわたしの心は引き裂かれ、傷を負い、血を流しました」。再婚はしないと彼女は神に誓い、息子を残してアフリカに帰って行った。ところがアウグスティヌスのほうは、彼女を見習うことも結婚までの二年も待てずに、別な女性（単数）と関係を持ってしまう体たらく。

私にいわせれば、両親ともにベルベル系ローマ市民と考えて一向に差し支えない気がする。それをさらに補強するのは、アウグスティヌスをめぐる**言語問題**である。彼にとってラテン語もギリシア語も第一言語ではなかった。学校で教師に苦しめられながら学び、ラテン語のほうは優れたレベルで修得できたものの、ギリシア語はとうとう身に付かずに終わったはずなのだが、世の研究者のみなさんにとって、あのアウグスティヌスが当時の文化教養学術に必須のギリシア語ができなかったということはどうしても受け入れがたいようで、さまざまな救済策を提案なさってきた。それを知れば本人は面はゆく赤面したに違いない。

I．13：「幼少の頃に教えこまれたギリシア語を嫌った理由が何であったのか、わたしには今でもまだ十分に説明出来かねます。というのは、ラテン語は大好きでしたから。もっともそれは、初級の教師たちが教えてくれたラテン語ではなく、［中等教育の］文法家と呼ばれる教師が教えてくれたものでした。読み、書き、数えることを学ばされる初級の学科は、わたしにとりギリシア語全体に劣らず煩わしく、苦渋に満ちたものでした。…」

I．14：「…思うに、わたしが、ホメロスを学ぶことを強いられたように、ギリシアの子供がウェルギリウスを強いられたとしたら、きっと彼らにとりウェルギリウスは、同じように苦いものと言えましょう…。じっさい、わたしはギリシア語を一言も知りませんでした。そこで、わたしは、ギリシア語を覚えるために、［初級教師の］残酷な脅迫と懲罰によって、激しく責められました。もちろん、ラテン語も幼少の頃は全く知りませんでした。しかし、恐怖も責め苦もなしに、乳母たちにあやされ、笑う人々にからかわれ、遊ぶ人々の歓声にふれ、意識することなしに覚えました。そのためわたしはラテン語を強制するひとの罰による圧迫なしに学びました。この時、わたしを学びに駆り立てたのは、自分の思いを言い表そうと欲するわたしの心でした。そして、わたしは、ある言葉を教えてくれる人からではなくて、話しかけてくる人の耳に、自分の思っているいろいろなことを伝えたのでした。…」

ラテン語に関するこの最後の箇所をどうとるかが分岐点となる。それが事実なら、乳母といえどもラテン語を話していたそんな恵まれた環境で育ったということなのだから。本当にそうだったのだろうか。私には疑問である。アウグスティヌスが故郷で親しく接していた男性名士たち、ロマニアヌス（彼のパトロン）やアリピウス（盟友で、後のタガステ司教）らはみなラテン語を操ることができたのは事実だ（もちろんアフリカ訛りだったはずだが）。それはちょうどフランス統治下のアラブ人やベルベル人が必死にフランス語を学んで社会的上昇を試みたのと同じ現象だった。その中で、アウグスティヌスの父母は、そして兄弟姉妹はどうだったのか、気になるところだが彼は何も述べていない。

それにしても、彼のギリシア語不得意証言を正面から受けとめたブラウンP. Brownは、憚ることなく次のように断言する。「ギリシア語を学び損ねたアウグスティヌスはまさに後期ローマの教育システムの犠牲者だったのである。彼は、事実上ギリシア語を知らない、古代で唯一のラテン哲学者になるのである。青年のアウグスティヌスは、かわいそうなくらい貧弱な準備だけで伝統的な哲学者がしたような「知恵の」探求へ取りかかろうとした。教養のあるギリシア人の聴衆ならば、カルタゴの大学からやって来たこのラテン語しか話せない学生を「大馬鹿者」とみなしたことだろう」(『アウグスティヌス伝』上、四〇頁)。ブラウンのこの思い切りのよさはすがすがしいし、こうとらえることが、アウグスティヌスの後半生を考える上で決定的重要性を持つことになる。

今は紙幅の関係で概略に止めざるをえないが、彼のカルタゴからローマ、そしてミラノへの目を見張る立身出世は、実は**マニ教の強力なネットワーク**あってこそだった。当時マニ教は公然活動を禁じられていたが、実際にはキリスト教マニ派の衣の下でむしろ活発に蠢動していて、彼はそのマニ教巻き返し策の一翼を担ってミラノ宮廷に送り込まれたのだ。そのミラノで直面した彼の知的危機の核心がまさに彼のギリシア語能力不足だった。この事情は素直に『告白』を読めば自明で、彼はミラノでは自分が一流として通用しないことを手痛く思い知らされるのである。**彼の回心**に司教アンブロシウスが大きな影響を与えたとされる言説も、一般に言われているプラス的にではなく、再起不能の屈辱体験というマイナス面でとらえ直すべきである。アウグスティヌスに対し司教は親切に対応し、彼の影響でアウグスティヌスはキリスト教に回帰することになった、と牧歌的に表現されるのが常であるが、真相は「司教は多忙でほとんど質問できなかった、それで主日での説教を聞いて学んだ」(Ⅵ．3)という状態だった。司教からみて、アウグスティヌスは明らかに異端派から送り込まれた活動家だったので、それを知ってからは多忙を理由に接触を避けて当然だった。

そしてまた、司教を中心とした当時のミラノの最先端のキリスト教教養サークルの主要な仕事は、先進文化圏の東方ギリシア語世界の学術や思想をラテン語に翻訳し取り入れる作業にあった。その点でアウグスティヌスは致命的に遅れをとっていた。要するにギリシア語に堪能なことが大前提で、その点、ギリシア語コンプレックスの彼には最初から入り込む余地はまったくなかった。しかも、である。彼はなんと、アレクサンドリアのユダヤ人フィロン（前三〇／二〇～後四〇／四五年）が旧約聖書解釈に導入していた「比喩的解釈法」も、三世紀以降の知的潮流となって隆盛を誇っていたエジプト出身のプロティノス（二〇五～二七〇年）らの新プラトン主義はいうまでもなく、キリスト教関係の、四世紀初頭以降同じくエジプトで開花したアントニオスの隠修士的修道運動すら、知らなかった。それを三〇年前に世に紹介したアレクサンドリアのアタナシオス『聖アントニオス伝』も、すでにラテン語訳されていたのにそれすら知らず、これも当時のミラノの知的水準に彼が決定的に遅れをとっていた証拠だった。

常にトップでなければ気の済まないアグレッシブな彼にとって、この挫折は到底受け入れられるものではなかった。まさに人生の危機である。その彼が右往左往の挙げ句再起を期して選択したのは、ラテン語だけでも一流であることができる故郷への帰還だった。これが彼の「回心」の核心だったのではとは、今回の読み直しでようやく到った私の確信である。『告白』の中で、模範信者の母を隠れ蓑に多用しつつ、自らの思想遍歴を延々と書いてキリスト教への回帰を読者に強く印象づけつつ、その実、田舎秀才アウグスティヌスは、ミラノで立ち遅れているもどかしさの中で大きな壁にぶつかっていた。ギリシア語ができない自分はここでは一流になれない、しかし真似事であれ一流になりたい、どうすれば…。得意なラテン語がエリートの証しのアフリカでなら…。こうして、彼はつい最近まで知りもしなかったキリスト教修道生活を手土産に故郷への帰還を決意する。

だからラテン語は彼にとって自分のアイディンティティの最後の拠り所、砦であった。ミラノ宮廷のラテン弁論術教師の経歴を引っさげて故郷に錦を飾る、しかも隆興の未来がようやく定まり出したキリスト教信仰に公然回帰し、最新情報の修道生活の実践者として。この選択にとり、マニ教人脈の推挙によるミラノ宮廷での教職辞職は必然で、しかし修道的清浄生活そのものはマニ教も決して無縁ではなく、むしろ推奨され先在していて、だがその逸脱した実態は背教者アウグスティヌスによって後日暴露されていくわけだが（『カトリック教会の道徳』Ⅱ．31．65）、立ち止まって考えてみるに、キリスト教修道生活においても同様の病理現象の発現は今日と同様とうてい免れえなかったはずであり、だが彼はその現実に直面した時、もはやキリスト教を捨てて別の道を歩もうとはしない。であれば、マニ教の改革者になることも可能だったはずなのに、そうしなかった彼の選択基準が奈辺にあったのかは、やはり仔細に検討されるべきだろう。

先走った閑話休題は以上で終わろう。ところで奇妙なことに、アウグスティヌスは彼の生来の第一言語だったはずのリビア・ベルベル語について一言も触れない。この事実に私は彼の狂おしいまでの自意識が感じられてならない。そこまでして自らをラテン語話者として印象づけたかったのだから。他方で、アウグスティヌスは諸著作中で「ポエニ語」に二〇回以上言及している。すなわち、ヒッポ等の地中海沿岸地方の現地人が話しているのを「ポエニ語」と表現しているのだが、しかし、カルタゴ支配の崩壊後すでに四世紀以上が経過しているので、彼の発言を根拠に文字通りのフェニキア系言語が北アフリカで生き続けていたとは、私にはとうてい信じがたいのだが、どうだろう。第二次世界大戦時以降に発掘された墓石碑文がその根拠に挙げられているけれど、たとえば、我が国の仏教墓地での梵字使用を想起するなら、葬送儀礼で記号的呪文的に生き残っていたとして、それが墓石を打刻させた人びとの日常語だったことになりはしない。そこで、アウグスティヌスは実際に話されていたもう一つの現地語（リビア・ベルベル語）を「ポエニ語」と意図的に表現していた、というのはセム語に属すフェニキア語は、旧約聖書が書かれたヘブライ語と同根だったので、彼はポエニ語に事寄せて、都市領域外で話されていた土着語（しかしてその実態はリビア・ベルベル語系方言）にキリスト教徒として最大の敬意を表し、すなわちここでは北アフリカ人の矜持を表明すべくそう表現していたのだ、という仮説のほうがより説得的に思えるのだが、どうだろう（cf. J.N. Adams, *Bilingualism and the Latin Language*, Cambridge UP, 2005, p. 238：もちろん異論もある。F. Millar, Local Cultures in the Roman Empire: Punic and Latin in Roman Africa, *Journal of Roman Studies*, 58, 1968, pp. 126–134）。いずれにせよ、『神の国』XVI・7の末尾で「実際、アフリカでも、多くの野蛮な民族が一つの言語で話しているのを私たちは知っている」（傍点筆者）と述べるとき、彼ははたしてどの言語を頭に浮かべていたというのであろうか。

さて**少年期**の彼は、大人の期待にこたえつつ、かなりやんちゃで傲慢だったようだ。そして人から賞賛を受けることに無上の喜びを感じ、非難に対しては三倍返し四倍返しで報復する攻撃的性格を涵養して成長していく。以下引用の最後の一文はとりわけ示唆的なので味読されたい。

I．9-10：「この世で功をなし、人間の名誉と虚偽の富の獲得に役立つお喋りの術にlinguosis artibus秀でよ、と忠告する人々に従うことこそ、正しい生き方である、と期待された」が、遊びにかまけ、学校での笞打ち怖さに勉強し、笞打たれませんようにと神に祈った。学業の出来はよく「わたしは諸競技では傲慢な勝利を、そして虚偽の物語で私の両耳をくすぐられるのを愛し」た。

I．19-20：「わたしは数えきれないほどの嘘をつき、「子供を学校に連れて行く」養育係奴隷と学校の先生、両親をだまし、遊びを愛し、馬鹿げた見せ物に熱中し、皆わたしにはてこずっていました。…親の地下蔵や台所から盗みもしました」。それは空腹だったからのこともあれば、友だちの遊び道具を得るためにしたこともあった。「遊びにおいて、自分が優越したい、という空しい欲望に負かされながら、しばしばいかさまによる勝利を得ようとしました」。しかし他人がいかさまをしたら激しく非難し、それなのに自分が見破られてもそれを認めようとせず、かえって激怒して反発した。「これは子供の無邪気さなのか、そうではありません。年齢が上がると対象は変わるが、実質はまったく同じことなのです」。

またアウグスティヌスは、**青年期**に彼を襲った情欲の嵐をも隠し立てすることなく率直に表明している。そこに微妙な表現が埋め込まれていることに今回私は気づい（てしまっ）た。その文言をそのまま辿ってみよう。

Ⅱ．1：「わたしはかつて青年時代に、下劣な思いを満たそうと燃え立ち、多くの汚らわしい愛欲のなかで、荒れすさんでいきました」。

2：「愛することと、愛されること、これ以外にわたしを喜ばせたものがあったでしょうか。しかし、わたしは魂から魂へという明るい友情の正道を保ちえず、しかも、どす黒い肉の欲望と思春期の発する霧が渦巻き、わたしの心を覆い曇らせたため、愛の明るさと情欲の暗さを区別出来なくなりました。この二つが入り乱れ、揺れ動き、脆弱な若者の心を奪い、欲望に引き裂き、恥ずべき醜行の渦の中に沈めていったのです」。しかるべき指導を得ていれば普通に生きて結婚できたのに、「身内の者は堕落していくわたしを、結婚によって抑制しようとは配慮せずに、わたしがよりうまく言い回す術を習得し、討論で説得出来るようになること、ただそれだけに気を遣っていました」。

Ⅱ．3：「16歳のとき、家庭のやむを得ない事情から全ての」学業を休み、両親と暮らし始めたころ、「情欲の茨がわたしの頭上に生い繁」ったが、誰も摘み取ってくれなかった。母は彼の素行を「たいそう心配して、淫行はしないように、とりわけ人妻との姦淫はいけません、とわたしを密かに諫めたことを、覚えています。これはわたしには女々しい忠告とうつり、従うことは恥ずかしいと思われました」。

Ⅲ．1：「愛し愛されることはわたしにとり、愛するひとの身体をも享受出来る場合、一層甘美で、楽しみが増大しました。それ故、わたしは、友情の絆を卑しい肉慾で汚し、その輝きを地獄のような深い情欲の間で、蔽いました」。

さて、みなさんはこれらをお読みいただきどのような印象をお持ちになるだろうか。すでに紙幅を越えているので引用は控えるが、Ⅳ．4-7やⅣ．8-9にもそれらしい記述が残されている。イタリアのかつての新カトリック派の旗手G・パピーニ（四三頁）は、「ここでかれは、偽らない、しかも明瞭な言葉をもって、友情の堕落、肉慾にまで堕落した友情、肉慾と合體した友情に就いて、暗示しているのである。かれが友情に就いて語る時は、きまりきって婦人を意味してはいなかった。また當時は、現今行われているごとく、戀人に對して友だちという言葉は使わなかった、アウグスチヌスが友だちとさえいえば、必ず男の友だちを意味しているのである」と喝破している。すなわち古代ローマ時代においては別に珍しくもなかったことだが、ここで彼は自らがバイセクシュアル（両刀遣い）だったと明白にカミング・アウトしている、としか読めないはずなのである…。

　実はこの件は、これまでも西欧の有識者にはよく知られていたようで、同性愛者たちは彼を自分たちの仲間と（多分に揶揄的に）称していることもあり、敬仰側はそれを否定するのに大わらわの体だが、我が国の研究者がずっと伏せてきた一件である。だが、私が偶然に知り得たパピーニの邦訳はすでに一九三〇年に出ているし、戦後改めてカトリック系出版社から再刊されてもいて、それなりの有識者であればよもや知らないはずはない。古説がすべて時代遅れで、最新刊がいつも斬新というわけではない実例である。真に貴重な先行研究探索の重要性を再確認して、この小稿を一旦終える。

いずれにせよ、故郷北アフリカに帰還後死亡するまでの四〇年間、彼は二度と再びイタリア本土に足を踏み入れることはなく、必要な場合は刎頸の友アリピウスを送っていた。北アフリカを自らの活動の場と意固地なまでに自己限定した振る舞い、と私には思えてならない。

【参考文献】

・アウグスティヌス（宮谷宣史訳）『告白録』教文館、二〇一二年（本稿で基本的に依拠、但し一部改訳）
・パピニ（寺尾純吉訳）『聖オーガスチン』アルス、一九三〇／パピーニ（五十嵐仁訳）『聖アウグスチヌス』中央出版社、一九四七年［Giovanni Papini, *Sant' Agostino*, Vallecchi Editore, Firenze, 1929］
・A・アマン（都丸恭子・印出忠夫訳）『アウグスティヌス時代の日常生活』LITHON、二〇〇一―二年（原著1971）
・P・ブラウン（出村和彦訳）『アウグスティヌス伝』上・下、教文館、二〇〇四年（原著1967, 2000）
・宮谷宣史『アウグスティヌス』講談社学術文庫、二〇〇四年（初版一九八一年）
・出村和彦『アウグスティヌス：「心」の哲学者』岩波新書、二〇一七年

「記憶の断罪damnatio memoriae」

——史料から見る古代ローマの名誉と不名誉——

中川亜希

はじめに

古代ローマ人は、名声が後世に伝えられ、永遠のものとなることを強く望み、数多くの碑文を残した。『ローマ法大全』の一部をなす『学説彙纂Digesta』によると、公共建築の建造や修復に、全面的あるいは部分的に貢献した人物について後世に伝えたいという願望からであれば、公共建築上に名前を刻んでもよいとされ（50.10.3）、皇帝と費用を負担した者以外の名前を公共建築に刻むことは禁じられていた（50.10.2）。これらの規定は、公共建築に名前を刻むことが古代ローマにおいて極めて重要であったということを示している。特に首都ローマでは、一世紀半ば以降、皇帝家の人々が公共建築に名前を刻む名誉を独占するようになった。

また博物学者として知られる大プリニウスは、記憶を永続させるために、あらゆる都市の広場に像が建立され、その台座には墓碑銘と同様に永遠に読まれるべき名誉が刻まれたと述べている（『博物誌』34.17）。被顕彰者は、自分の像のモデルの役割を果たしたのみならず、時に自身を顕彰する碑文の作成にも関わることにより自己顕示を試みたとされる（W. Eck, Tituli honorarii curriculum vitae e autorappresentazione nell'Alto Impero, in W. Eck, *Tra epigrafia prosopografia e archeologia: scritti scelti, rielaborati ed aggiornati*, Roma 1996, pp. 319–340）。大プリニウスの甥の小プリニウスは、ティティニウス・カピトという騎士身分の者がルキウス・シラヌスのための像の建立の許可をネルウァ帝に求めたことを称賛しつつ、「シラヌスに対して当然の名誉が与えられたのであるが、カピトはシラヌスの不滅性と同様に、自分の不滅性を先見していた。なぜならば、ローマ国民の広場に（他人の）像を置くことは、自分自身の像を持つことと同じく、名誉であり、人の注意を引くことだからである」（『書簡集』1.17）と述べている。公共の場に置かれた像の台座に刻まれた顕彰碑文には、顕彰者と被顕彰者それぞれの、記憶を永遠のものにしようとする試みが読み取れるのである。イタリアや属州の各都市においては、帝政期にもなお公共の場における名望家の像の建立は続けられ、名望家の姿と名前、そして時に具体的な功績が後世に伝えられた。しかしカッシウス・ディオによると、クラウディウス帝（在位：四一―五四年）が元老院の許可なく像を建立することを禁じた（『ローマ史』60.25.2–3）。首都ローマでは、一世紀中頃から、皇帝以外の像の設置は私的な空間へと限定されたようである。

碑文は、公共建築や像自体とともに、そこに名前が言及されるに相応しい人物であることを示し、その人物の名誉を伝えるものであったはずだ。帝政期の首都ローマで皇帝が独占していたことからも、碑文に名前を残すという名誉がいかに大きく、強く望まれるものであったのかということは明らかである。とはいうもののその名誉は、彼らが望むように永続したわけではない。公共建築や石碑が元の意義を失い、既にローマ時代から石材として再利用された例は数限りなくある。しかしそれ以外にも古代ローマには「記憶の断罪」と呼ばれる手続きが存在し、名誉を示すものであったはずの碑文がむしろ不名誉の証となることがあった。

一 「記憶の断罪」

皇帝は、死後、元老院において神格化が決議され、神々の列に加えられる。しかし「悪帝」と判断されると、神格化ではなく「記憶の断罪」が決議された。その場合、皇帝であっても、その肖像を陳列することを禁じられ、破壊されたり、時には頭部のみが別人のものに替えられたりした。また名前は槌で打って碑文から削除され、さらに生前に行ったことは無効とされた。このように、故人の存在と行動の記憶に関して措置がとられたため、「記憶の断罪」と呼ばれる。しかし日本語で「記憶の断罪」と訳されるラテン語damnatio memoriae（ダムナーティオー・メモリアエ）は、古代において用いられていた言葉ではなく、近代の造語である。したがって法的な定義はなく、具体的に意味するところ、実態を理解することは難しい。個々のケースを見ると、決議された処分の内容とその実行の程度が異なっている。実際、「記憶の断罪」が決議された皇帝の肖像も、多数、破壊の痕跡もなく現存している。碑文に関しても同様である。「記憶の断罪」を決議された人物の名前が全ての碑文から削除されているわけでは決してない（「記憶の断罪」については、Flower, H.I., *The Art of Forgetting: Disgrace and oblivion in Roman Political Culture*, Chapel Hill 2006：新保良明『ローマ帝国愚帝列伝』講談社、二〇〇〇年：島田誠「ローマ帝政初期における過去の記憶の形成と『記憶の断罪』について」『学習院大学文学部研究年報』55（二〇〇八）、四三―七一頁：島田誠「過去の記憶と『記憶の断罪』damnatio memoriae：古代ローマ人はどのように歴史を記憶し、歴史を創り換えてきたかを中心に」『学習院史学』47（二〇〇九）、七九―八四頁など）。

また逆に、名前が削除されているからといって、必ずしも「記憶の断罪」が実行されたとも限らない。例えば、ある人物が何らかの事情により埋葬されなかった場合は墓碑銘から名前が削除されることもあったし、またキリスト教徒が石碑を再利用した際に異教の神の名前を削除することもあった。そもそも碑文が刻まれている面がきれいに残っている場合は「記憶の断罪」が行われたことが明らかに分かるが、碑文が刻まれている面が大きく欠けていたり、全体的に削られていたりして、文字の読み取り自体が困難な場合などは、「記憶の断罪」により故意に削ったものかどうかの判断ができないこともある。それゆえ、石碑自体を調査し直すことによる、慎重な見直しも行われている。その上で、対象を一部の属州に限定しているものの、「記憶の断罪」の跡が見られる碑文の九割弱が皇帝家の人々に関する史料であると明らかにした研究もある（S. Benoist, Titurature simpériales et damnatio memoriae: l'enseignement des inscriptions martelées, *Cahiers du Centre Gustave Glotz* 15（2004）, pp. 175–189）。

「記憶の断罪」は、記憶を抹消することが目指されたというよりも、「名誉ある記憶」を「不名誉な記憶」へと変える手続きであったと考えられる。その不名誉は、元老院での決議という形式によって公的なものとなったのであるが、後の皇帝の意向を強く反映したものであった。皇帝は、前の皇帝の記憶について不名誉なものとするか否か、その判定を左右する権力を持っていたのであるが、それはつまり自身の死後の記憶については後の皇帝の意志に委ねざるを得ないということでもあった。皇帝は最高権力者であっても未来の名誉までをも支配することはできず、また権力者であるがゆえに、その時々の政治的状況により不名誉を被る可能性が高い存在であったと言える。

二　皇帝の「記憶の断罪」

死後、神格化されず、「記憶の断罪」を決議されたのは、「暴君」として後世にも名高い皇帝たちである。皇帝たちに対してどのような決議がなされたのか、まずは文献史料を見てみよう。

ギリシア教父の一人として知られる、パレスティナのカエサレアの司教エウセビオスが、『教会史』(III. 17.1) でネロ帝(在位：五四―六八年)に続いてキリスト教を迫害した皇帝と述べたドミティアヌス(在位：八一―九六年)は、恐怖政治で知られ、暗殺された。伝記作家スエトニウスが、ドミティアヌスに対して元老院で「記憶の断罪」が決議された様子を伝える。

「元老院議員は喜び、競っていっぱいに満たした議事堂において、非常に侮辱的で激しい言葉で故人を非難することを控えようとはせず、そして、梯子を運び入れ、彼の肖像付きの楯や像を皆の前で引きずりおろし、その場で地面に投げつけるように命じた。最後にあらゆる場所にある彼の碑銘が削られ、全ての記憶が消されるべきことを決議した。」(『ローマ皇帝伝』「ドミティアヌス伝」23)

スエトニウスは「全ての記憶が消されるべき」と元老院が決議したと述べるが、実際には、記憶の削除が徹底して行われたわけではない。ドミティアヌスの現存する碑文に関しては、その約四割にしか「記憶の断罪」の跡は見られないという(A. Martin, *La titulature épigraphique de Domitien*,

Frankfurt am Main 1987)。また彫像も、多くが破壊されたり、頭部のみ次の皇帝ネルウァのものに替えられたりしたが、他方でドミティアヌスの像としてそのまま飾られ、現存している例も多数ある。そもそも皇帝のように多くの碑文や像を残した人物の「全ての記憶を消」すことは不可能である。

「記憶の断罪」の実行が徹底されていなかったことには、様々な意図が読み取れるであろう。例えば「記憶の断罪」の跡が見られるドミティアヌスに関する碑文は、ブリテン島に設置された属州ブリタンニアや現在のドイツを含む属州ゲルマニアではわずかである。ドミティアヌスの死に際して、元老院議員たちが喜ぶ様子とともに、兵士たちが亡き皇帝のことを神君diusと呼ぼうとしたことも、スエトニウスは伝えている（『ローマ皇帝伝』「ドミティアヌス伝」23）。兵士たちはドミティアヌスの神格化を望

写真１　頭部のみネルウァ帝に替えられたドミティアヌス帝の騎馬像
所蔵：カンピ・フレグレイ考古学博物館、イタリア

んでいたというのである。恐らく、国境にあるため軍団が駐屯し、兵士たちの力が強かったブリタンニアやゲルマニアなどの属州では、「記憶の断罪」が積極的には行われなかったと考えられている（Benoist 2004）。

ドミティアヌスの「記憶の断罪」の後、いわゆる「五賢帝」の時代には、皇帝が暗殺されることはなく、死後、神格化されたが、その後のコンモドゥス帝（在位：一八〇―一九二年）はおよそ一〇〇年ぶりに暗殺された。コンモドゥスの遺骸が埋葬されたことに対して元老院が抗議し、「記憶の断罪」が決議されたことについて、以下のように伝えられる。

「キンギウス・セウェルスは言った。『彼は不当にも埋葬された。神官として私が言うように、神官団もこのことを言う。私は喜ばしいことをすでに挙げたので、今は必要なことへと向けよう。私は次のように考える。すなわち、単に市民の破滅のために、そして自身の不名誉のために生きたその人が、自分の名誉のために決議させたものは取り消されるべきである。至るところにある像は取り壊されるべきである。そして、全ての私的な、そして公的な記念物から、名前が削られるべきである。そして、暦の月の名は、この災いが初めて国家に降りかかった時に呼ばれていたその名前によって呼ばれるべきである。』」『ヒストリア・アウグスタ（ローマ皇帝群像）』「コンモドゥス・アントニヌスの生涯」20. 3–5）

コンモドゥスの像を破壊し、名前を削除し、暦の名前の変更など、生前に行ったことを無効とすることが決議されている。ところがコンモドゥス暗殺後の混乱を制した、北アフリカ出身のセプティミウス・セウェルス帝（在位：一九三―二一一年）は、皇帝としての正当化のため、五賢帝の五人目マルクス・アウレリウス帝（在位：一六一―一八〇年）の養子を名乗るようになった。そうするとマルクス・アウレリウスの実子コンモドゥスが義理の兄弟になる。セプティミウス・セウェルスは、一度、「記憶の断罪」を決議されたコンモドゥスを、一九五年に神格化し、「神君コンモドゥスの兄弟」と名乗った。ところがコンモドゥスに対しては、マクリヌス帝（在位：一一七―二一八年）の時代に再び「記憶の断罪」が決議されている。このコンモドゥスの例からも明らかなように、神格化か「記憶の断罪」かという判定は、元老院決議という形を取りながらも後の皇帝とその時の政治状況によって左右されるものであった。

セウェルス朝のエラガバルス(あるいはヘリオガバルス、在位：二一八―二二二)帝は、セプティミウス・セウェルスの妻ユリア・ドムナの姪の息子であり、シリアの神官の家系である。セプティミウス・セウェルスの子カラカラ帝（つまりマルクス・アウレリウス・アントニヌス帝、在位：二一一―二一七年）の息子であるとし、マルクス・アウレリウス・アントニヌスと名乗っていた。エラガバルスもまた暗殺され、その遺体は引き回された上、ローマを流れるテヴェレ川に投げ込まれたという。

「彼の名前、すなわちアントニヌスの名前は元老院の命令により削られ、ウァリウス・ヘリオガバルスの名前が残った。というのも、彼は、アントニヌスの息子とみなされることを望んだので、その名を偽って保持していたからである。」（『ヒストリア・アウグスタ』「アントニヌス・ヘリオガバルスの生涯」17.4）

元老院により、「記憶の断罪」を決議され、名を削られたというが、全てを削除したわけではなく、「偽って保持していた」アントニヌスの部分のみであり、ウァリウス・ヘリオガバルスの名前はそのままであったという。アントニヌスという名誉ある名前が削られ、「記憶の断罪」を受けた皇帝という不名誉が示されたのである。

三　皇帝の称号にみる「記憶の断罪」

名前が削除されたというが、実際にはどのように行われたのであろうか。

碑文に見られる皇帝の称号は、名前以外にも様々な要素から構成された。例えば「マルクスの息子」というように、ローマ市民は父親の名前を記すのが慣習であったので、初代皇帝アウグストゥス（在位：前二七―後一四年）は「神君の息子divi filius」という表現を用い、神格化されたユリウス・カエサルの子であり、神の家系であることを示した。以後の皇帝たちもこれにならい、正当性を示すために神格化された皇帝たちとのつながりを強調したが、時代が下るにつれ、神君の孫nepos、時には曾孫abneposであるとまで名乗る皇帝が現れる。さらに就任した職や権限が明示され、「ゲルマニアにおける勝者Germanicus」や「アルメニアにおける勝者Armeniacus」など戦争での勝利を示す称号や、特に五賢帝の一人であるトラヤヌス帝（在位：九八―一一七年）と結びつけられた「最善のoptimus」や生まれながらにして皇帝の子であったコンモドゥスに対して使われた「最も高貴なnobilissimus」などの形容語も加えられた。皇帝の称号には名誉を示す様々な要素が加えられていき、次第に長くなっていったのである。上述のようにエラガバルスは、その名前の中のアントニヌスのみ、削られたとあったが、「記憶の断罪」の跡が見られる碑文を見ると、皇帝の称号の全てが削られた場合もあれば、一部しか削られていない場合もある。ここでは、碑文において皇帝の称号のどの部分が削られたのかを見ることによって、「記憶の断罪」がどのように行われていたのかを考えたい。

帝国各地に広がる膨大な数の碑文を調査することは不可能なので、インデックスを利用できる『ラテン碑文選集*Inscriptiones Latinae Selectae*』に収められている碑文のみを対象とした。「記憶の断罪」が行われた皇帝は、ユリウス・クラウディウス朝ではカリグラ（在位：三七―四一年）、ネロ、そしてネロの死後の皇帝位をめぐる混乱の六九年の皇帝たち、すなわちガルバ、オト、ウィテリウス、その後のフラウィウス朝ではドミティアヌスと続くが、カリグラ、ガルバ、オト、ウィテリウスの碑文はそもそも少ないので対象としない。

ネロに関しては、『ラテン碑文選集』の四六点の碑文のうち一二点で「記憶の断罪」の跡が見られる。このうち一点では二行にわたるネロの称号が完全に削除されているが（5365番）、残り一一点のうち一点ではネロ・クラウディウスNero Claudius（231番）、そして一〇点ではネロNeroの部分しか削除されていない（226番、235番、5622番、5682番、8793番、8794番、8816番、8901番、9199番、9235番）。

ドミティアヌスに関しては、『ラテン碑文選集』の六二点の碑文のうち一六点で「記憶の断罪」

の跡が見られる。ドミティアヌスの場合も、三点では称号全体が削除され（254番、1005番、8796番）、もう一点でも殆ど削除されているが（3617番）、他の一二点の碑文ではドミティアヌスDomitianusの部分とその前後が削られているのみである（246番、263番、268番、3532番、5025番、5753番、5833番、6089番、8798番、8818番、9369番、9373番）。

上述のようにコンモドゥスは「記憶の断罪」を決議されたが、後にセプティミウス・セウェルスにより神格化され、さらにマクリヌスにより再び「記憶の断罪」が行われた。『ラテン碑文選集』の六三点の碑文のうち二七点の碑文において「記憶の断罪」の跡が見られ、以下の四種類に分類できる。コンモドゥスCommodusとその前後のみが削除されている碑文が九点（376番、393番、394番、1121番、2472番、2749番、5338番、6640番、8913番）、称号全てが削除された碑文が六点（390番、1420番、2401番、4132番、4135番、5163番）、称号全てを削除した上で、セプティミウス・セウェルスの称号等、他の言葉を刻み直した碑文が三点である。そして、「記憶の断罪」により一度称号を削除したものの、神格化により、再び刻み直した碑文が九点ある（377番、402番、405番、1124番、5186番、5193番、6770番、6808番、7022番）。

セプティミウス・セウェルスの死後、カラカラとゲタという二人の息子が共同統治を行ったが、仲が悪く、ゲタは殺害された。カラカラは、兄弟殺しの汚名を逃れるために、ゲタに対する「記憶の断罪」を元老院で決議させせたと考えられている。つまり「記憶の断罪」によってゲタを「悪帝」と公式に判定させ、その「悪帝」ゲタを排除してローマを救ったと自分の行為の正当化を試みたというのである。『ラテン碑文選集』に収められた五〇点の碑文のうちの二七点で「記憶の断罪」の跡が見られ、三種類に分類される。ゲタGetaの部分のみ消されているものが三点(433番、5899番、5909番)、称号が完全に消されているものが一三点(429番、2186番、2371番、2618番、3703番、436番、458番、460番、2485番、2486番、5847番、8917a番、9186番)、そして名前が消された上で、カラカラやセプティミウス・セウェルスの称号が新たに刻み直されているものが一一点ある(425番、426番、434番、448番、2163番、2218番、2354番、2397番、2484番、9096番、9097番)。中でも特に知られているのが、二〇三年に首都ローマの広場(フォロ・ロマーノ)に、元老院とローマ国民によって建てられた「セプティミウス・セウェルス帝の凱旋門」に刻まれた碑文である(425番、次頁の写真2と3)。この碑文では、凱旋門は、もともとはセプティミウス・セウェルスと二人の息子カラカラとゲタに捧げられたと記されていたが、二一二年にゲタが殺され、「記憶の断罪」が決議されると、ゲタの称号がきれいに削り取られた上で全く別の文字が刻み直され、セプティミウス・セウェルスとカラカラの二人に捧げられたかのように変更された。

「マルクスの子、インペラトル・カエサル・ルキウス・セプティミウス・セウェルス・ピウス・ペルティナクス・アウグストゥス、国父、パルティアの勝者、アラビアの勝者とアディアベネの勝者、大神祇官、護民官職権一一度、最高司令官歓呼一一度、コンスル三度、プロコンスルに対して、そしてルキウスの子、インペラトル・カエサル・マルクス・アウレリウス・アントニヌス・アウグストゥス・ピウス・フェリクス、護民官職権六度、コンスル、プロコンスル、そしてルキウスの子、プブリ

写真2　フォロ・ロマーノ（ローマ）のセプティミウス・セウェルス帝の凱旋門

写真3　ゲタの「記憶の断罪」の跡が見られる凱旋門の碑文

ウス・セプティミウス・ゲタ、最も高貴なるカエサルへ、国の内外でその著しい美徳によって国家を再建し、ローマ国民の支配領域を広げたため、元老院とローマ国民が（捧げた）。」

＊ゲタの「記憶の断罪」後、傍線部は「国父へ、（つまり）最善で最強の元首たちへ」と刻み直された。

同じくセウェルス朝のエラガバルスは、カラカラとゲタの母方の従姉妹の息子であり、一四歳で皇帝となったが、四年後に殺害され、「記憶の断罪」を決議された。上述のように、カラカラの息子を名乗ったエラガバルスは、自分の称号にアントニヌスAntoninusを入れた。『ラテン碑文選集』の二五点の碑文のうち一二点で「記憶の断罪」の跡が見られる。このうち、『ヒストリア・アウグスタ』で述べられているように、アントニヌスAntoninusのみが削除されている碑文が一〇点（466番、468番、471番、472番、2442番、3253番、5843番、5853番、6219番、6878番）、称号全体が削除されている碑文が二点（469番、7083番）、セウェルス・アレクサンデルの名前に変えられているものが一点である（5836番）。

続いて、エラガバルスの従兄弟セウェルス・アレクサンデル（在位：二二二―二三五）は、軍を敵にまわし、遠征中に殺害され、「記憶の断罪」を決議された。『ラテン碑文選集』では五〇点のうち二点の碑文にのみ、その跡が見られる。一点では次の皇帝マクシミヌス（在位：二三五―二三八年）の名前が刻み直され（2219番）、もう一点では、アレクサンデルの部分が削られている（6795番）。彼は後に神格化されたが、神君として刻まれている碑文も二点のみである。

以上から、ネロやドミティアヌスの頃、すなわち一世紀には、称号の中からネロNeroとドミティアヌスDomitianusという名前のみを削っている事例が殆どであったが、およそ一〇〇年後、コンモドゥスの頃から、長い称号を完全に削り取り、時には削ってできたスペースに別の語を補っている事例が多く見られるようになり、そして三世紀のエラガバルス、セウェルス・アレクサンデルの頃には、再び「記憶の断罪」の実行が緩やかになったという印象が持たれる。もちろん、『ラテン碑文選集』に収められている碑文は全てではなく、また情報も古いので、一つの傾向であるとしか言えず、全体の碑文の数、地域による偏りなども考慮しなければならない。しかし、そもそも碑文自体、全てが今日に伝わっている訳ではないので、今回の手段は「記憶の断罪」の時代による変化をたどるためには、ある程度有効な手段ではないかと考える。実際、ドミティアヌスの称号に関しては、「記憶の断罪」の跡が見られる一五五点の碑文のうち、ドミティアヌスDomitianusが削られている例がおよそ九〇点と半分以上であるが（Martin 1987）、その一方で、一部の属州に限定してはいるが、「記憶の断罪」の跡が見られるゲタの四八点の碑文のうち、ゲタGetaのみ削られている例は一二点と四分の一であるという研究（Benoist 2004）からも上述の傾向は裏付けられる。以上のように、一世紀には称号のうち、個人の名前を示す部分のみを削る例が多く見られるのに、二世紀末には、より完全に称号を削り、時には他の言葉を刻み直すなど、記憶の「削除」がより積極的に行われたように思われる。その背景として何が考えられるのであろうか。

一つは、五賢帝の時代が終わりを告げた後の厳しい政治状況が考えられる。五賢帝の跡を継いだコンモドゥスは、ドミティアヌス以来およそ一〇〇年ぶりに暗殺され、それからセウェルス朝が成立するまで政治的混乱があった。その混乱の中でセプティミウス・セウェルスと争ったディディウス・ユリアヌス、ペスケンニウス・ニゲル、クロディウス・アルビヌスは、「記憶の断罪」を決議された。新たなセウェルス朝が成立した際、ローマ帝国を混乱させた三人を悪とすることによって、セプティミウス・セウェルスは、その三人を排除した自身と自身の家系の者が皇帝位に就くことを正当化したのである。しかしセウェルス朝においても、セプティミウス・セウェルスと息子カラカラは神格化されたが、もう一人の息子ゲタ、そしてマクリヌスとエラガバルスも「記憶の断罪」を宣告されている。セウェルス朝期の文献史料、『ヒストリア・アウグスタ』やカッシウス・ディオ、ヘロディアヌス、アウレリウス・ウィクトルなどの史書の分析により、皇帝の殺害自体によって既になされた「悪帝」という判定を、「記憶の断罪」という元老院決議により正式なものとしとし、遺体の侮辱など兵士や民衆のやり過ぎとも思われる行動の後、秩序を取り戻し、合法性の中で新皇帝の即位が行われるべく、「記憶の断罪」が決議されたと結論づける研究もある（M. Bats, Mort violente et damnatio memoriae sous les Sévères dans les sources littéraires, *Cahiers du Centre Gustave Glotz* 14 (2003), pp. 281–298）。そこでは三世紀の頻繁な「記憶の断罪」は、帝国、皇帝権力を維持することが困難であったことに起因すると指摘される。

もう一つの背景としては「碑文習慣」と呼ばれる現象が挙げられるかもしれない。古代ローマでは多数の碑文が製作されたが、その数は常に一定であったわけではない。帝政期になり、次第に増加していった碑文の数は、二世紀末から三世紀初め、特にセプティミウス・セウェルスの時に最も多くなり、その後、急減した。この碑文の製作に関する増減は文化現象であったともされ、「碑文習慣」という言葉で説明される。皇帝の称号に関する「記憶の断罪」の実行のなされ方の変化は、この「碑文習慣」という現象の中に位置づけられるかもしれない。すなわち碑文が最も多く制作された時期、二世紀末から三世紀初めは、コンモドゥスとゲタの称号が「記憶の断罪」により積極的に削除され、時には別の言葉を刻み直すような手間をかけた時期と一致している。そしてその最盛期を境に年間碑文製作数が激減していくのであるが、エラガバルスやセウェルス・アレクサンデルの「記憶の断罪」の証拠も少なくなったのみならず、再び称号の一部のみを削除する、言わば形式的な実行に逆戻りしているようにも見える。「碑文習慣」の最盛期、碑文への注目が最大限に高まり、社会における存在感、重要性が増していたことは確かであろう。そのような状況下でこそ、「記憶の断罪」はなお一層効果を持つのであり、従って、皇帝位の正当化のための道具として、ますます頻繁に使われたと考えられる。同時に単なる形式的な消去ではなく、碑文を見る者の視線をより意識した、より積極的な削除が行われ、時に、その痕跡をなくすための努力の一環として別の言葉が刻み直されることもあったと言えるのではないだろうか。碑文における皇帝の称号が膨れ上がっていったことの背景にも、皇帝位の正当性の主張のみならず、「碑文習慣」の高まりによる碑文への注目という流れが根底にあるのかもしれない。「記憶の断罪」の実行の変化の背景については推測の域を出ない。しかし皇帝の称号における「記憶の断罪」の跡を見ると、「全ての記憶が消されるべきこと」（スエトニウス『ローマ皇帝伝』「ドミティアヌス伝」23）を目指すというよりも、その皇帝の不名誉を示す措置であったことがより一層明らかになると言える。

四　グナエウス・カルプルニウス・ピソ――皇帝以外の「記憶の断罪」――

最後に皇帝以外の「記憶の断罪」がどのようなものであったのか、二代目皇帝ティベリウス（在位：一四―三七年）の時代の裁判記録が残っているグナエウス・カルプルニウス・ピソ（以下の碑文では、同じ名前の息子と区別し、「父グナエウス・ピソ」と言及されている）について取り上げ、ローマにおける名誉と不名誉について考えてみよう。一九八〇年代以降にイベリア半島南部で、グナエウス・カルプルニウス・ピソの裁判についての元老院決議が刻まれた青銅板（Senatus Consultum de Cn. Pisone Patre）が発見された。一七六行に及び、現存する最も長い碑文の一つである。複数の断片が発見され、かつての属州バエティカ内で、少なくとも六点か七点のコピーが掲げられていたことが明らかになっている。一九年に東方の属州シュリアでティベリウス帝の甥であり養子となっていたゲルマニクス（以下の碑文では「ゲルマニクス・カエサル」と言及されている）が死去した際、当時、属州シュリア総督であったグナエウス・カルプルニウス・ピソによる毒殺が疑われた。加えてピソが、ゲルマニクスの死の前後に属州を離れ、再び戻ろうとしたこと、さらに軍団の間の対立を招いたことが問題となり、大逆罪に問われ、起訴された。イベリア半島で発見された青銅版は、この裁判に関する二〇年一二月一〇日の元老院決議である（この碑文に関しては、Eck, W./ Caballos, A./ Fernández, F., *Das Senatus Consultum de Cn. Pisone Patre*, Munich 1996;

Potter, D.S., Review of Eck et al. 1996, *Journal of Roman Archaeology* 11 (1998), pp. 437-457; Flower, H.I., Rethinking "Damnatio Memoriae": The Case of Cn. Calpurnius Piso Pater in AD 20, *Classical Antiquity* 17.2 (1998), pp. 155-187; Flower 2006, pp. 132-138; Gradel, I., A New Fragment of Copy A of the Senatus Consultum de Cn. Pisone Patre, *Zeitschrift für Papyrologie und Epigraphik* 192 (2014), pp. 284-286：島田（二〇〇八年）五四-六四頁など）。

ゲルマニクスは民衆や兵士の間で非常に人気があったため、ティベリウスが警戒していたとされる。歴史家タキトゥスによれば、軍からの支持を得てゲルマニクスが支配権を握ろうとするのではないかとティベリウスは恐れていたし（『年代記』1.7）、ゲルマニクスが亡くなった時には、ティベリウスがピソを使って秘かに毒殺させたのではないかと人々は噂した（『年代記』3.16）。ピソの裁判に関する碑文では、そのような噂を否定し、人々の不信感を拭おうとするかのように、ティベリウスやその母リウィアをはじめとする皇帝一族が一致してゲルマニクスの死を悲しみ、しかし同時に裁判の公正さを求めてその悲しみを自制していることが強調されている（一二三行目以降）。

ピソは判決が出る前に無実を主張して自殺した。しかし「これらの理由ゆえに、父グナエウス・ピソが当然の罰を自身に与えず、より大きな、そして審判人たちの義務感と厳格さから自分に迫っていると認識した罰から（自分を）遠ざけた、と元老院は判断する。したがって、（ピソが）自分自身について課した罰に、（以下のように）付け加える」（七一―七三行目）。つまりピソの自殺は、より大きな罰から逃れるためのものであるとし、死よりも重い罰として「記憶の断罪」が決議された。

「もしもこの元老院決議が行われなかったら、祖先の慣習によって女たちによって悲しまれるべきであったのであるが、父グナエウス・ピソはその死ゆえの悲しみを女たちからは受けられないこと。そして、父グナエウス・ピソの彫像と肖像は、どこに置かれたものであれ、取り除かれること。いつでも、カルプルニウス家に属する者、あるいは血縁関係や姻戚関係によってカルプルニウス家と親戚である者は、その一族の誰かあるいはカルプルニウス家と血縁関係や姻戚関係にある人のうちの誰かが亡くなり、悲しまれるべきである時、もしも葬式の行列を行う習慣である他の肖像の中に父グナエウス・ピソの肖像が持って行かれたり、あるいは彼の肖像がカルプルニウス家の肖像の間に置かれたりしないように配慮をしたら、正しく相応しく振る舞うということになるだろう。そして、ソダレス・アウグスタレスがゲルマニクス・カエサルのためにカンプスの中のプロウィデンティアの祭壇の側に置いたゲルマニクス・カエサルの像の銘から、父グナエウス・ピソの名前が取り除かれること。」（七三―八四行目）

女たちから死を悼む悲しみを受けられないというのは、家族の一員として認められなくなるということであり、「記憶の断罪」としての処罰である。そしてピソ自身の像が全て取り除かれることが定められているが、添えられていた碑文があれば、一緒に撤去されたであろう。またローマ市民の伝統的な習慣であった、蝋のマスクimagoをカルプルニウス家や親族の葬列で掲げたり、家の玄関の間atriumに飾ったりすることが禁じられている。最後は具体的に、首都ローマのカンプス・マルティウス（マルスの野）と呼ばれた地区に設置されていたゲルマニクスの像の碑文からピソの名前が削除されることが指定されている。ゲルマニクスとの関係から特に指定する必要があったため、具体的な碑文が挙げられ、名前の削除が命じられたと考えられている。しかし他にもピソの名前が削除された碑文が発見されており、また逆にピソと関係が深かった都市ではピソの碑文が敢えて保存されている例もあることから、「記憶の断罪」の実行が碑文や像が置かれていた個々の都市や個人に委ねられていたことが指摘されている（Flower 2006, pp. 135–136）。

グナエウス・カルプルニウス・ピソは、大逆罪に関しては有罪、そしてゲルマニクス殺人に関しても恐らく有罪となり、財産は没収された。ところが結局は、初代皇帝アウグストゥスによって与えられた土地以外は、その財産を息子二人が相続し（ただし長男は父と同じ個人名グナエウスを変えることを条件として）、さらに次男マルクスの娘カルプルニアの持参金も定められている。この事件の後も、ピソの家系の人々は要職に就いた。有罪判決という不名誉を受けたピソ本人が「記憶の断罪」の処罰を受け、家系から「削除」されることで、家系とその名誉の維持が図られたことが指摘されている（Flower 1998, pp. 155–187）。

ティベリウスの治世の他の裁判についても調査すると、当時の不安定な政治的状況の中で、ティベリウス自身の地位、生命に危険が及ばない限り、大逆罪に訴えることはせず、また刑罰を軽減するなど、処罰の対象を中心人物のみにして範囲を拡げようとしなかったことが明らかになる。その理由としては、社会的流動性のある不安定な状況の中でローマの第一の身分である元老院身分や第二の身分である騎士身分の者の没落を防ぎ、危険を及ぼし得る人物、家族、家自体までを完全に排除してしまうのではなく、許すことによって社会階層の維持を試みたということが挙げられる（Nakagawa, A., L' imperatore Tiberio e la virtù della moderatio, *Annali della Facoltà di Studi Umanistici dell' Università degli Studi di Milano* LV.III（2002）, pp. 219–235）。ピソの裁判の場合も、有罪となった本人に、「記憶の断罪」という不名誉が明確な形で与えられ、その家から切り離されることにより、その家の名誉が守られ、家系の維持が可能となったと言えよう。

「そして取り扱われた全ての事の次第が、より容易に子孫たちの記憶に伝えられ得るように、そしてゲルマニクス・カエサルの比類無き節度と父グナエウス・ピソの犯罪について、元老院がどのような判決をしたのかを子孫たちが知るために、（元老院は以下のように）決める。我々の第一人者が読んだ演説と同様にこれらの元老院の決議は、銅板に刻まれて、ティベリウス・カエサル・アウグストゥスによって（適当と）考えられる場所に置かれること。同様にこの元老院決議が、銅に刻まれて、各属州の最も賑やかな都市に、そしてその都市自体の最も賑やかな場所に、掲げられること。そして同様にこの元老院決議が、各軍団の冬営地において、そして軍旗の側に掲げられること」（一六五―一七三行目）。

ピソの記憶は、「記憶の断罪」の元老院決議により抹消したという手続きをへて、大逆罪を犯すと死よりも重い不名誉な処罰が下される例として帝国各地で示されたのである。

おわりに

ローマ人は記憶の永続を願って碑文を刻み、皇帝は最高権力者としてその名誉を支配していた。しかし、そこに名前を刻まれた皇帝が元老院において「悪帝」と判定され、その皇帝の名前の一部が削除されて「記憶の断罪」を受けたことが明示されれば、皇帝の名誉の記憶を本来伝えるはずであった石碑が、逆にその皇帝の不名誉を示すものとなった。あるいは、その「悪帝」の名前が完全に削除されて別の皇帝の名前が刻み直されれば、その石碑は新たに名前が刻まれた皇帝の名誉の印となった。「記憶の断罪」による、このような石碑の価値、意義の変化は、当然、皇帝権力の維持のために政治的に利用された。しかし「記憶の断罪」が決議されたにもかかわらず、名前が削除されていない碑文もある。名前の削除の程度も一様ではない。ピソの裁判についての元老院決議を記した碑文からは、「記憶の断罪」による処罰の内容は、その時々、決められ、また「記憶の断罪」の実行が各地、各人に委ねられていたことがうかがえる。そして単に「記憶の断罪」が実行されたか否かのみならず、その実行の程度からもまた色々なことを読み取り、解釈していくことが可能である。

文献史料が後世の写本によって今日に伝えられる一方で、碑文は、それ自体が現在まで残る貴重な史料である。しかし、後の時代の人々によって、当初の目的を失い、別の意図が反映される場合がある。碑文は時に断片的で、内容も背景も意図も明確ではないことも多々あり、圧倒的な情報量を持つ文献史料に比べて扱いが困難である。しかし碑文からしか得られない情報も多い。テキスト自体を読むだけではなく、その背景を丁寧に読み取っていくことが必要であろう。

本稿は、二〇〇九年度歴史学研究会大会合同部会シンポジウムの報告要旨、中川亜希「古代ローマのモニュメントとしての石碑―権力と、記憶を刻むという名誉―」『歴史学研究』859、二〇〇九年、一五二―一六〇頁を大幅に加筆、修正したものである。

祈りを必要とする教皇たち

――中世における教皇の死とメモリア――

藤崎　衛

一　はじめに

中世ヨーロッパにおいて、この世を去った死者は生者が祈りをささげることによって生者の共同体とのつながりを保った。聖職者たちの共同体は死者の魂の安寧を願って追悼の祈祷を行い、こうして祈りをささげられた死者は生者とのつながりを維持することができ、また生者の共同体の中にとどまり続けることができた。中世を通して西方キリスト教世界のかしらであるとみなされ、またそう自覚するようになったローマ教皇であっても、当然ながら死を免れることはできず、死後はやはり生者の祈りを通してこの世とつながることができた。

ローマ教皇というカトリック教会の宗教指導者の死は、いうまでもなく中世ヨーロッパ社会にとって特別な出来事であった。たとえば、一一世紀の枢機卿ペトルス・ダミアーニは、教皇を唯一無二の太陽に、そして教皇の死を日食にたとえ、その存在と死の重大さを強調している。しかし、当の教皇は、自身あるいは他の教皇の死をどのように捉え、それに備えたのだろうか。ここでは、教皇たちがどのようにして自らの、また他の教皇たちのメモリア（*memoria*）を保持しようとしたのかについて、その一端を明らかにすることを試みる。メモリアとは記憶や想起を意味するが、特に死と関連して用いられることの多い言葉である。生者による祈りのなかで死者の生前の様子が追憶され、追悼されることがここでのメモリアということになる。教皇たちは自らの死後の魂のために生前から祈りを求め、それに応じて生者は没後の教皇のために祈り、ミサを執り行った。こうして教皇たちのメモリアは保たれることとなった。

修道院をはじめとして、聖堂参事会や兄弟団など西洋中世のあらゆる宗教上の団体は、死去した成員を追悼する術を心得ていた。そのためにそれぞれの団体はカレンダーのような周年供養のための死者名簿（ネクロロギウム等）を作成し、死去した成員の名が命日の正確なあるいはおおよその日付の欄に書きこまれた。宗教団体の成員だけでなく、教会施設に寄進をした者たちの名がそこに書き込まれることもあった。その目的は、団体の成員たちに対し没後名前を書き込まれた者たちの祥月命日に永続的な祈りを要請することにあった。ローマにあるいくつかの教会についても周年供養名簿が残されている。そのうちの一つ、ヴァティカンのサン・ピエトロ教会の参事会が一三世紀に作成し、その後一五世紀にかけて書き加えていった『周年追悼の書』（リベル・アンニウェルサリオールム *Liber anniversariorum*）は今日まで同参事会の文書館に伝来しているが、そこにはこの時期の参事会員に加えて、幾人かの教皇たちの名も書き込まれている。以下においては、この『周年追悼の書』について概観したのち、特にそこに現れる教皇たちに注目しつつ、教皇の親類による教皇のメモリアの保持について、その他の者たちによる教皇の周年追悼について、教皇による先任者たちの追悼について、そして教皇による自らの周年追悼と自らの墓への配慮について、順を追ってみていく。調査対象となる時代は一三世紀から一四世紀初頭にかけてのおよそ一世紀間である。これは、対外的な政治や外交の活発さにおいても教皇庁制度においても著しい充実をみたインノケンティウス三世の教皇在位期間に始まり、教皇庁がイタリアから南フランスのアヴィニョンに移転する直前までの一つのまとまりをなす時期にあたる。この時期、教皇庁に関する文書の作成と保管の程度が増大したため、先行する時代に比べて私たちは具体的な様相に迫りやすくなる。『周年追悼の書』が一三世紀に作成され始めたということも、検討対象の時期を限定している。この時期に関しては取り扱うことのできる関連史料が限られているとはいえ、以下に可能な範囲内で教皇のメモリアの管理について明らかにしたい。

二　サン・ピエトロ教会参事会の『周年追悼の書』

こんにち教皇はヴァティカンの宮殿を居所としているが、一二世紀まではローマ市内にあるラテラノ宮殿が主たる居所であった。一二世紀中葉の教皇エウゲニウス三世（在位一一四五―五三年）はヴァティカンの丘に「新しい宮殿」を建設したと言われており、この頃から教皇はヴァティカン宮殿に滞在する期間が長くなる。それでも、一二世紀の教皇たちはラテラノ宮殿が付属するラテラノ教会に葬られることがなおも多かった。ところが、一三世紀になると教皇がヴァティカン宮殿に滞在する頻度と期間はさらに増すようになり、ヴァティカンのサン・ピエトロ教会に葬られることが次第に増えてきた。この教会は参事会によって管理されていたが、ここでの参事会とは、教会に所属する聖職者たちによって構成され、ローマ司教である教皇を補佐したり教会を維持・管理した組織のことである。

サン・ピエトロ教会参事会にとっての中世の死者名簿は、上述のように一三世紀から一五世紀にかけて作成・更新された『周年追悼の書』である。ここに現れる最初の教皇たちは、一二世紀後半のエウゲニウス三世とハドリアヌス四世（在位一一五四―五九年）であるが、一三世紀に入るとインノケンティウス三世（以下、一三世紀の教皇の在位期間は末尾の表を参照のこと）からアレクサンデル四世にいたるまで、六代連続する教皇たちの名がそこに書きこまれるようになった。これら六人の教皇たちのうち、サン・ピエトロ聖堂に葬られたのは二名（グレゴリウス九世とケレスティヌス四世）だけであったとはいえ、一三世紀の教皇たちとサン・ピエトロ教会との結びつきが強まったということははっきりと指摘することができる。

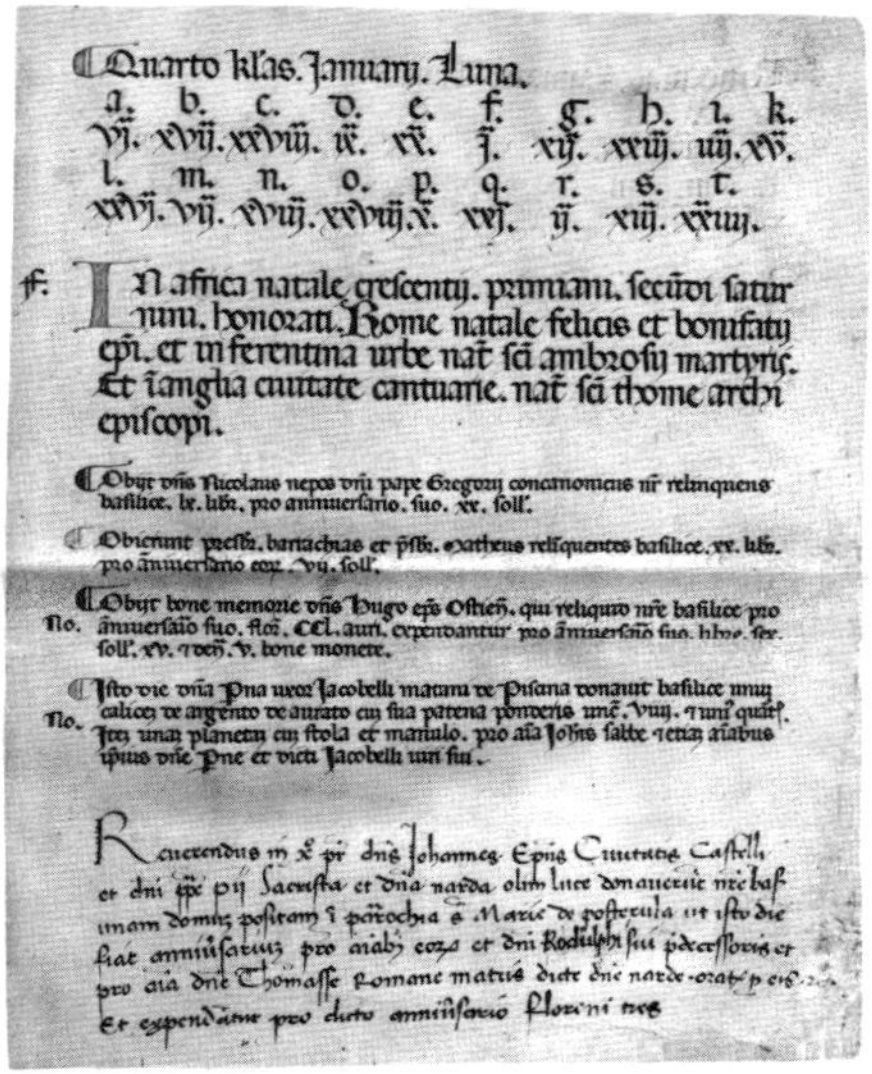
Quarto kl'as. Januarij. Luna.
a. b. c. d. e. f. g. h. i. k.
l. m. n. o. p. q. r. s. t.
In affrica natale crescentij. primiani. secundi satur ninni. honorati. Rome natale felicis et bonifatij epi. et in ferentina urbe nat sci ambrosij martyris. Et in anglia ciuitate cantuarie. nat sci thome archi episcopi.

図　ヴァティカンのサン・ピエトロ教会参事会が作成した『周年追悼の書』

（Archivio Capitolare di San Pietro in Vaticano, 57H, c. 184 A）出典：P. Egidi（ed.）, *Necrologi e libri affini . . .*

　このような教皇とサン・ピエトロ教会の強い結びつきは、教皇たちがサン・ピエトロ教会に対して多くの財産を遺したという記録からも確認することができる。実際、インノケンティウス三世はサン・ピエトロ教会に対して六〇リブラを、グレゴリウス九世は一〇〇リブラ相当の金の聖杯（カリス）およびそのほかに二〇〇マルカ相当の財産を、またインノケンティウス四世は多額の財産を、さらにアレクサンデル四世も多額の財産を、そして別の写本によればさまざまの高価な典礼具や祭服を寄贈した。『周年追悼の書』は、ニコラウス三世やボニファティウス八世がアレクサンデル四世と同様に典礼具や祭服、さらには城塞施設など多くの不動産を寄贈したことについても詳細に記している。

三　親類による教皇のメモリア保持

西欧キリスト教世界のかしらである教皇は、俗名を捨て去って新たな教皇名を名乗り、個人的なことについては世俗の世界と関係を断ったようにみえるが、死という重大な事柄に関しては、実際には血縁関係が完全に断ち切られていたわけではなかったようである。教皇の親類が亡き教皇の死後の追悼を配慮するという事実がこれを示している。ここでは二つの事例について目を配っておこう。

一つは、のちに教皇ハドリアヌス五世となるオットボーノ・フィエスキという人物の事例である。彼はシニバルド・フィエスキ、つまり教皇インノケンティウス四世の甥であった。オットボーノが一二七五年九月二八日に作成した遺言のなかで、彼は自分自身や両親だけでなく、父方のおじであった教皇の魂のために故郷のジェノヴァやパルマの大聖堂において毎日ミサが唱えられるよう求めた。そのために彼はこれらの教会に一定の額の金銭を遺贈し、それが一人の礼拝堂付司祭の収入となるよう定めた。礼拝堂付司祭を養わせる金銭を贈与することにより、この司祭は亡き教皇のために祈りをささげることが可能となるのである。同様にオットボーノは、同教皇の墓があったナポリの大聖堂でも、その墓の脇にある祭壇で継続的に聖務を執り行う一人の司祭が養われることを求めた。

もう一つの事例は、ジョヴァンニ・ボッカマッツァという人物についてである。彼はホノリウス四世の親類であったと考えられている。そしてこのジョヴァンニはホノリウスが就任させた唯一の枢機卿だった。サン・ピエトロ聖堂参事会の『周年追悼の書』によれば、ジョヴァンニはサン・ピエトロ教会に葬られたホノリウス四世を追悼する命日ミサのために金銭を拠出した。彼はこれとは別に、自らが一三〇九年六月三〇日に作成した遺言において教皇の魂の安らぎを求めた。それによれば、彼はサン・ピエトロ教会に自身が葬られた場合——そして実際、彼はそれを望んでいた——、この教会に多額の金銭を遺贈し、その金銭によって支援される司祭と従者が彼自身だけでなく、教皇ホノリウス四世、自らの両親、兄弟、恩恵者の魂の永遠の安らぎのためのミサを執り行うよう求めた。彼が作成した遺言からは、サン・ピエトロ教会のみならず他のいくつかの修道院や教会への遺贈においても、同様に自身や親族に加えて教皇の魂のために周年追悼を求めていたことが明らかとなっている。

サン・ピエトロ教会の『周年追悼の書』において、上述のジョヴァンニ・ボッカマッツァがホノリウス四世のために周年追悼を設定したという記述の直前には、サン・ピエトロ教会の参事会の決定としてこう記されている。「サヴェッリ家出身の教皇ホノリウス四世様が亡くなった」。出身の家名に言及するこの表現からは、すでに見たとおり、親族のつながりが意識されていることがうかがえる。教皇は、必ずしも地上の血縁的なつながりから分断された、教会の中だけの存在だと認識されたわけではなかったのである。

四　教皇の親類以外の者たちによる教皇の周年追悼の意志

しかしながら、死去した教皇の魂のために実際に執り成すのは聖職者であった。ホノリウス四世のためには、サン・ピエトロ教会の参事会がこの役割を担った。『周年追悼の書』の記述はこう続く。「われわれ参事会員の集団は〔……〕毎日彼の墓の隣の祭壇でミサが唱えられるようにし、また毎年記念祭をするように定める」。サン・ピエトロ教会の参事会員の集団は、出所は不明だが一定の金銭を持っていて、それをもとに毎日この教皇の墓の隣の祭壇でミサが唱えられるように、また毎年、周年追悼が行われるように定めた。金銭の出所はこの教皇の寄付によるものだったかもしれないが、『周年供養の書』はこれを明らかにしていない。いずれにせよこのテクストは、教皇の死後における親族的なつながりの存続を示唆すると同時に、参事会のような聖職者集団が亡き教皇の魂のために祈りの勤めを維持しようと意図していたことを証言している。

ローマのサンタ・マリア・マッジョーレ大聖堂では、ニコラウス四世の魂ために聖職者が祈りをささげていたと考えられる。なぜなら、枢機卿ジャコモ・コロンナが、サンタ・マリア・マッジョーレ大聖堂で「幸福な記憶のニコラウス四世の魂および他の信者たちの罪の救いのために荘厳ミサおよび他の聖務を挙行する者たちの収益から、一定の聖職禄受領者たちが生活の支えを受け取るように」命じたからである。

ウルバヌス四世からボニファティウス八世の間まで約三〇年間教皇礼拝堂付司祭を務め、数学者でもあったカンパーノ・ダ・ノヴァラは、一二九六年九月九日に作成した遺言で、枢機卿ゲラルド・ビアンキの魂のためおよび彼が恩恵をこうむったすべてのローマ教皇の魂のために、死者のための聖務と聖母マリアのための聖務が毎日四名の兄弟たちによって執り行われるよう命じている。

枢機卿ユーグ・エスランは一二九七年一二月二八日に没したが、それに先立って同年八月二四日に作成した遺言によれば、彼は、教皇ボニファティウス八世に黄金の器などを遺贈する意思を表明したばかりでなく、サン・ピエトロ教会で教皇の魂のために周年追悼がなされるように多額の金銭をこの教会に遺贈した。サン・ピエトロ教会の『周年追悼の書』の一〇月一三日の箇所を見ると、その周年追悼は讃課を伴う九度の読誦によるものだったということが分かる。ユーグがこれほど多大な贈与を行った理由は、本人とその家族が教皇から多くの教会職とそれに付随する収入（聖職禄）を授与されたという事実によって説明がつく。

これらの事例からは、サン・ピエトロなど教会への寄付をもとにした基金によって生者である聖職者が養われ、亡き教皇の魂の平安のために祈るという、基金と祈りを介した仕方で取り結ばれる死者と生者の関係が浮かび上がってくる。

五　教皇による先任の教皇のための記念追悼

教皇が先任の教皇たちのために周年追悼を行う、または行うよう求めるという事例を確認することもできる。それらのいくつかを見てみよう。

ホノリウス三世は、自ら編纂した説教集の中に、「教皇証聖者」（証聖者とは、殉教には至らなかったが苦難や迫害のなかで信仰を公に表明した人物に対する称号である）の祝日に語られる説教を取り入れた。つまり、証聖者の称号が与えられた少数の教皇たちのためであるとはいえ、過去の教皇たちを記念しようという意志がホノリウス三世の頃に明確に表れてきたことを我々は確認することができるのである。彼を継いだグレゴリウス九世は一二二八年、滞在先のペルージャにて、この地で一二一六年に死去した二代前の教皇インノケンティウス三世のための周年追悼を荘厳に執り行った。

アレクサンデル四世は、一二五九年八月、すでに物故したローマ教皇や枢機卿たちのための代祷（執り成しの祈り）をなすために、毎年九月五日に周年追悼を挙行するよう命じた。この命令によれば、毎年この日に、教皇および枢機卿たちによって晩課と徹夜課が九度の読誦と音楽を伴って荘厳に挙行されることとされ、同日、教皇は枢機卿たちに補佐されて死者のための荘厳ミサを執り行うこととされた。なお、爾後、教皇や枢機卿が死去した際にも、同様に死者のためのミサが執り行われることも定められた。この規定の文面は次に掲げるとおりである。

自らのために救いの助言を得ることができない死者たちの忠実な魂が、人間の愛という動因にもとづき、代祷によって助けられることは適切であるため、至聖なる父、教皇アレクサンデル四世様が、その兄弟たち〔枢機卿〕の全員一致の助言と同意にもとづき、聖なるローマ教会の死去した教皇たちおよび枢機卿たちの周年追悼が毎年九月五日にかくの如くなされるよう命じた。すなわち、はじめにローマ司教〔＝教皇〕と枢機卿たちによって自らの礼拝堂において、死者たちのための晩課と徹夜課が九度の読誦と音楽を伴って荘厳に挙行され、ローマ教皇自らが、慣例通りに枢機卿たちに補佐されつつ、死者たちのためのミサを、同じ日に荘厳に挙行し、二〇〇人の貧者に食事を与えるよう、また各々の枢機卿は二五人に食事を与えるように。同様に、前述の兄弟たちの助言と同意にもとづいて命じた。ローマ教皇が生を全うしてしまうとき、彼の死去の日に枢機卿たちが荘厳にかつ音楽を伴って死者たちのために聖務を挙行するように、また、死去した教皇の魂のためにどの枢機卿も五〇人の貧者たちに食事を供与するように、その後、死者たちのための同じ数だけのミサを唱えさせるように。さらに命じた、枢機卿が死去したとき、同教皇も枢機卿たちも、自らの礼拝堂において音楽を伴って荘厳に死者たちのための聖務を唱えるように、また、同ローマ教皇は彼の魂のために二〇〇人の貧者に食事を与え、どの枢機卿も二五人に食事を与えるように、のみならず、その後、教皇様は自ら死者たちのために二〇〇のミサを挙行させ、枢機卿の各人はその後、二五のミサを挙行させるように。

（*Le Liber censuum de l'Église romaine*, edited by P. Fabre, L. Duchesne, and G. Mollat, Paris 1899–1952, vol. 1, no. 339, pp. 584–585.）

ここで想起しなければならないのは、一三世紀の教皇たちがしばしばローマを離れていたということである。都市ローマに影響力を及ぼそうとしたフリードリヒ二世などドイツの皇帝権力や一二世紀半ば以降自律性を獲得したローマの都市政府（コムーネ）との関係が悪化することで、しばしば教皇がローマを離れなければならなかったからである。たとえば当のアレクサンデル四世はその治世およそ七七ヶ月のうち、ローマを不在にしていたのはおよそ六〇ヶ月であり、つまり在任中七七パーセントにあたる期間はローマ外で過ごしたことになる。彼はしばしばアナーニやヴィテルボといった教皇領内の別の都市に滞在しており、上記の命令もまさにローマを離れて滞在中のアナーニで下されたものであった。教皇の宮廷が長期にわたってローマを不在にするという現象はこの教皇に限ったわけではなく、インノケンティウス三世からベネディクトゥス一一世までの一三世紀（一一九八―一三〇四年）の教皇たちは、全体のおよそ六〇パーセントの期間にわたってローマを不在にしていたのである。一三世紀においてヴィテルボあるいはそのすぐ近郊で死去した教皇はアレクサンデル四世を含めて五人おり、うち四人の墓はこんにちなおヴィテルボ市内にある。

このような状況にあった一三世紀の半ばにおいて、教皇の宮廷がローマからしばしば離れていたことと、アレクサンデル四世が年に一度死去した教皇と枢機卿たちのために周年供養を定めたことの間に、何らかの関係を見出すことができそうである。すでに指摘したように、多くの教皇たちはローマ市内の主要な教会に葬られてきた。ところが、教皇の宮廷がローマを離れざるをえなくなったことにより、教皇たちや枢機卿たちは先任者たちが埋葬された教会に定期的に赴きそこで彼らを記念するための典礼を行うことが困難になった。この周年追悼の慣行はその後、中世を通して教皇宮廷における儀式の中で長らく保たれたようである。個々の教皇の墓で教皇のメモリアを維持するのとは異なる仕方で、死去した教皇たちの集合的なメモリアを維持する意図が教皇自らの主導によって実現し、永続したのである。

ところで、アレクサンデル四世の定めにおける生者と死者のつながりは、祈る側と祈られる側という関係だけで実現したのではなかった。ここで現れる生者は、祈る人間つまり聖職者(参事会員)だけではなかったのである。貧者への食事の施しを通して、聖職者以外の人間も登場する。教皇は二〇〇人の貧者に、各々の枢機卿は二五人の貧者に食事を与えることとされた。死去した教皇や枢機卿たちのための九月五日に行われる周年追悼に際してであれ、爾後の教皇や枢機卿が死去した場合における死者のための聖務に際してであれ、同様に貧者への食事の施しが定められている。ここに、死者が生者を養うというもうひとつ別のあり方を認めることができるだろう。

アレクサンデル四世に続くウルバヌス四世とクレメンス四世はいずれもフランス出身であったが、この二人の教皇は、そもそもローマに入ることすら実現できなかった。このうちウルバヌス四世は、教皇選出後すぐに、出身地であるフランスのトロワに三世紀前半の聖人教皇ウルバヌス一世にささげる教会(サン・テュルバン教会)を建立する事業に取りかかった。教皇が自身と同じ名前を持つ教皇を記念して教会や礼拝堂を建設するという事例はほかにもみられる。一〇世紀後半から教皇は新たに選出されてから改名するようになったが、教皇名の選定にあたっては先行する同名の教皇の事績等にあやかったということは強く推定される。ウルバヌス四世の教会建設の行為はこの点を踏まえて理解すべきであり、またこのような行為は過去の教皇を追悼するということにもなったといえるだろう。

ウルバヌス四世は一二六四年一〇月二日に没するが、その後を継いだ教皇クレメンス四世はサン・テュルバン教会をローマ教会の保護下に置くことを決定し、翌年九月二四日には前者の教会の聖職者が、毎日荘厳ミサにおいて前任の教皇ウルバヌス四世を追悼するよう定めた。そして直前の教皇だけでなく、すでに死去した他の教皇たちのためにも少なくとも週に一度はミサを挙行するよう定めた。

六　教皇による自らのための周年追悼設定と自らの墓への配慮

以上みてきたように、教皇たちは先任の死去した教皇たちの魂のために周年追悼を行い、またはそれを命じることがあったが、自らがいずれ同じような追悼の対象となることを自覚したであろうことは想像に難くない。以下に見るように、教皇が生前に死後の自分の魂のために周年供養を求めるということは至極自然なことであった。

たとえばインノケンティウス四世は、各修道会の全ての教会が荘厳な聖務によってインノケンティウス自らの周年追悼を永久に執り行うよう、それらの教会に書簡を宛てた。

また、ニコラウス三世は、在任中の一二七九年、サン・ピエトロ教会の参事会員の職務について規定した文書において、同教会内に彼が建て上げた聖ニコラウスの祭壇でこの教会の参事会員たちが彼、つまりニコラウス三世の魂のために毎日徹夜課とミサを執り行うよう定めた。先に紹介したウルバヌス四世の事例と同様に、ここでも同名の教皇とのつながりを重視する傾向を確認することができるが、それ以上に注目したいのは、教皇が、死んでから執り成してもらうことを待ちきれず、生きているうちから執り成しの祈りを求めていたということである。当然ながら、彼は生前における執り成しを求めるだけで満足したわけではなく、自らが死去した後にはサン・ピエトロ教会の聖職者たちが毎年の命日にミサを唱えるようにも規定した。教皇の家族、つまり教皇の父、母、おじ、二人の兄弟のためにも周年追悼が執り行われなければならなかったのであるが、このことは、すでに見たように教皇の死後にも親族的な結びつきが維持されたという点において興味深い。教皇は死後においても親族的な結びつきに自らを組み入れようとした、あるいは教皇のための周年追悼に自らの親族を組み入れようとしたのである。

一三世紀末、ボニファティウス八世は、サン・ピエトロ教会の中に七世紀初頭の聖人教皇ボニファティウス四世にささげた祭壇を建て、その周囲を礼拝堂とした。そして彼はこの礼拝堂内に自らの墓を作らせ、それを完成させた。この事例においても、同名の教皇との結びつきを意識している様子を確認することができるものの、ここではやはり自らの死に備えているという点にこそ着目しておこう。ボニファティウス八世は一三〇一年三月一六日の非常に詳細な勅書で、彼の墓である礼拝堂での典礼活動について定めており、それによれば、彼の死後永久に一日三度のミサが唱えられなければならないとされた。

ボニファティウスが存命中に自らの墓の作成を注文し完成させたことは、教皇の歴史においてこれまでにない革新的なことであったが、自らの死に備え、死後の祈りを求めるという点においては、ニコラウス三世が示した傾向の延長線上にあったともいえる。教皇権の世俗王権に対する優越性を主張したこの教皇がフィリップ四世に代表されるフランス王権と対立し、滞在中の故郷アナーニで襲撃された事実はよく知られているが、教皇の死後、対立する勢力による教皇が異端だったという訴えにもとづいて、教皇に対する訴訟手続きが開始され、その過程でフィリップに対して聖ボニファティウスの礼拝堂から教皇ボニファティウス八世の遺体を取り去ることが要求されもした。これはいうなれば「記憶の断罪」(ダムナティオ・メモリアエ)の試みであったが、実際にはうまくいかなかったようである。むしろサン・ピエトロ聖堂の参事会は、中世後期においてもこの礼拝堂における勤めを忠実に守り、毎年、教皇の祥月命日である一〇月一一日に教皇が行った多大な寄進の記憶を呼び起こしていたことが、同参事会の『周年追悼の書』からわかる。このように聖職者集団により教皇のメモリアは保持されたのである。

七　結論

中世の教皇たちは「ペトロの代理」あるいは「キリストの代理」として他者のために執り成す存在であった。しかし彼らはまた、自らの死後に自らの魂の平安のためにキリスト教の典礼、つまりミサと祈りを必要とし、それを生前に要請していた。教皇たちは生前にサン・ピエトロなどの教会に財産を寄贈し、基金を創設することによってそのような祈りを確保しようとした。生者である聖職者は死後の教皇によって養われ、教皇のために執り成しの祈りをささげた。こうして教皇の死に関して、死者と生者は金銭と祈りを介して関係を取り結んでいた。両者は互いに支えあい、互いを必要としていたのである。死後の祈りを促した要因としては霊的共同体としてのつながりもあれば、親族的なつながりもあった。教皇の周年追悼が親類の供養とともに執り行われるという事例をいくつか確認することもできた。検討した時期において教皇のメモリアを保持するための一貫した方針があったわけではないが、言い換えるならばさまざまな手段によって教皇たちのメモリアは保持されたのであった。教皇は自らが死すべき存在であることを自覚し、先任者たちそして本人の死後の魂の安らぎのために人々の祈りを必要としたのである。

表　13世紀の教皇の墓所

教皇名（括弧内は俗名）	教皇在位期間（選出から死去まで。ただし、ケレスティヌス５世は生前退位まで）	墓所の地名と教会名（矢印は移葬を示す）	『周年追悼の書』に記載のある教皇（丸印）*
インノケンティウス３世（ロタリオ・ディ・セーニ）	1198. 1. 8–1216. 7. 16	ペルージャ、サン・ロレンツォ（司教座教会）→19世紀にローマ、サン・ジョヴァンニ・イン・ラテラーノ	○
ホノリウス３世（チェンチオ・サヴェッリ）	1216. 7. 18–1227. 3. 18	ローマ、サンタ・マリア・マッジョーレ	○
グレゴリウス９世（ウゴリーノ・ディ・セーニ）	1227. 3. 19–1241. 8. 22	ローマ、サン・ピエトロ・イン・ヴァティカーノ	○
ケレスティヌス４世（ゴッフレード・カスティリオーニ）	1241. 10. 23–1241. 11. 10	ローマ、サン・ピエトロ・イン・ヴァティカーノ	○
インノケンティウス４世（シニバルド・フィエスキ）	1243. 1. 25–1254. 12. 7	ナポリ、サン・ジェンナーロ（司教座教会）	○
アレクサンデル４世（リナルド・ダ・イエンネ）	1254. 12. 12–1261. 5. 25	ヴィテルボ、サン・ロレンツォ（司教座教会）	○
ウルバヌス４世（ジャック・パンタレオン）	1261. 8. 29–1264. 10. 2	ペルージャ、サン・ロレンツォ（司教座教会）→19世紀にローマ、サン・ジョヴァンニ・イン・ラテラーノ	
クレメンス４世（ギ・フコワ）	1265. 2. 5–1268. 11. 29	ヴィテルボ、サンタ・マリア・イン・グラーディ→ヴィテルボ、サン・ロレンツォ（司教座教会）→ヴィテルボ、サンタ・マリア・イン・グラーディ→ヴィテルボ、サン・フランチェスコ	
グレゴリウス10世（テオバルド・ヴィスコンティ）	1271. 9. 1–1276. 1. 10	アレッツォ、サン・ピエトロ（司教座教会）	
インノケンティウス５世（ピエール・ド・タランテーズ、ドミニコ会士）	1276. 1. 21–1276. 6. 22	ローマ、サン・ジョヴァンニ・イン・ラテラーノ	
ハドリアヌス５世（オットボーノ・フィエスキ）	1276. 7. 11–1276. 8. 18	ヴィテルボ、サン・フランチェスコ	
ヨハンネス21世（ペドロ・ジュリアン）	1276. 9. 8–1277. 5. 20	ヴィテルボ、サン・ロレンツォ（司教座教会）	
ニコラウス３世（ジョヴァンニ・ガエターノ・オルシーニ）	1277. 11. 25–1280. 8. 22	（ヴィテルボにて没）ローマ、サン・ピエトロ・イン・ヴァティカーノ	○
マルティヌス４世（シモン・ド・ブリ）	1281. 2. 22–1285. 3. 28	ペルージャ、サン・ロレンツォ（司教座教会）	
ホノリウス４世（ジャコモ・サヴェッリ）	1285. 4. 2–1287. 4. 3	ローマ、サン・ピエトロ・イン・ヴァティカーノ→1549年頃にサンタ・マリア・イン・アラチェリ	○
ニコラウス４世（ジローラモ・ダ・アスコリ、フランシスコ会士）	1288. 2. 22–1292. 4. 4	ローマ、サンタ・マリア・マッジョーレ	
ケレスティヌス５世（ピエトロ・ダ・モッローネ	1294. 7. 5–1294. 12. 13	（1296. 5. 19、カステル・フモーネにて没）フェレンティーノ、サン・タントニオ→サン・タガタ→ラクィラ、サンタ・マリア・ディ・コッレマッジョ	○
ボニファティウス８世（ベネデット・カエターニ）	1294. 12. 24–1303. 10. 11	ローマ、サン・ピエトロ・イン・ヴァティカーノ	○
ベネディクトゥス11世（ニッコロ・ボッカシーニ、ドミニコ会士）	1303. 10. 22–1304. 7. 7	ペルージャ、サン・ドメニコ	

*サン・ピエトロ教会参事会の『周年追悼の書』には、12世紀の教皇としてエウゲニウス３世（1145. 2. 15–1153. 7. 8）とハドリアヌス４世（1154. 12. 4–1159. 9. 1）も含まれている。

【参考文献】

・パトリック・ギアリ『死者と生きる中世――ヨーロッパ封建社会における生死観の変遷』杉崎泰一郎訳（白水社、一九九九年）

・ハンス＝ヴェルナー・ゲッツ『中世の聖と俗――信仰と日常の交錯する空間』津山拓也訳（八坂書房、二〇〇四年）

・藤崎衛「はかなき肉体―中世中期における教皇の死の表象」『死生学研究』11（二〇〇九年）

・藤崎衛『中世教皇庁の成立と展開』（八坂書房、二〇一三年）（一三世紀の教皇の移動に関するデータと詳細を含む）

・Pietro Egidi (ed.), *Necrologi e libri affini della provincia romana*, 2 vols., Roma 1908–1914（サン・ピエトロ教会参事会の『周年追悼の書』のテクストを含む）

・Michael Borgolte, *Petrusnachfolge und Kaiserimitation. Die Grablegen der Päpste, ihre Genese und Traditionsbildung*, 2nd ed., Göttingen 1995（主に中世末期までを対象とする教皇の墓に関する総合的な研究）

・Agostiono Paravicini Bagliani, *I testamenti dei cardinali del Duecento*, Roma 1980.

・Agostiono Paravicini Bagliani, *Il corpo del papa*, Torino 1994（中世の教皇の身体や死に関する文化史的考察）

絵画から読み解くフランス宗教戦争

坂野正則

はじめに――絵画史料が教えてくれること――

一九世紀に誕生した近代歴史学は長らく文書のみを史料の対象としてきたが、ここ数十年の間に文書以外のモノがもつ史料としての価値の認識や活用の方法論は大いに深められてきた。そうした史料の一つが絵画である。都市民の生活の息遣いが伝わってくるような『清明上河図』や『洛中洛外図屏風』、厳しい自然環境の下での労働や農村の冠婚葬祭を描いたブリューゲル絵画などは、同時代の社会・生活・行動様式について、文字を介さずに私たちの視覚へ直接に訴えかけてくる。もちろん、絵画に表現されている内容が事実そのものであるとは限らない。絵画の主題や構図の選択、人物の描写には画家の主観や想像が反映される場合も多い。また、二〇世紀の戦時ポスターのように、特定のイデオロギーや主張を訴えかけて国民を動員するために制作されたものもある。そうした史料に仕掛けられた陥穽《かんせい》にはまることを避けるには、画家の社会的・個人的背景や制作意図、同時代人による図像の意味解読、絵画所有の変遷といった複数の情報を集め、それらを複合的に分析しなければならない。絵画を含む画像史料の定義や種別、具体的な用い方などを論じた書物も最近出版されているので、詳細はそちらに譲ろう（吉田・八尾師・千葉編二〇一四）。

西ヨーロッパで、木版や活版の印刷技術が中世末期から発達したことにより、一六世紀以降の宗教改革運動の伝播が促されたことはよく知られている。とくに文字による情報の伝達と共に、様々なジャンルの図版が宗教書に添付されたり、ルネサンス文化が花開く中で、宗教画をはじめ芸術表像が発展したことは大きい。その結果、宗教改革の理念が、知識人による難解な神学論議の次元から、より広範な人々による信仰生活の刷新という実践の次元に浸透し始めた。それゆえ、一六世紀から一七世紀前半にかけての宗教改革および宗教戦争については、視覚史料が重要な考察素材となりうる（森田・二〇一三）。

本稿は、フランス宗教戦争（日本の高校世界史では「ユグノー戦争」と呼ばれている）の時代に制作された三つの絵画史料を対象として、絵画の主題、制作者の意図と戦略、「記憶」の保存や改変を分析していく。この内戦では、フランスの宗教的多数派であるカトリックと少数派であるカルヴァン派プロテスタント（改革派と称される）という二つの宗派の間で、三〇年以上の長期にわたり断続的な戦闘が続いたため、たった三枚の絵画ですべてを論じつくすことはできない。ただし、本稿では内戦前半に集中した宗派間での虐殺の表象を扱った絵画から分析を始め、内戦後半におけるカトリック急進派と穏健に国内統一を目指すアンリ・ド・ナヴァル支持派との抗争の時期を扱った絵画を検討した後、宗教戦争がひとまず終結するナント王令発布直前の時期に制作された絵画で考察を締めくくる形を取るため、おおよそ内戦の重要な主題は含まれる。

一　暴力と終末意識

まず初めに検討するのは、フランソワ・デュボワ作の《サン＝バルテルミの虐殺》である。この作品は、縦九四・五×横一四八㎝の油彩画で、一五七六年から八四年の間に制作されたと考えられる。現在はスイスのローザンヌにあるヴォ州立美術館が所蔵している。この絵画は、複数の高校世界史の教科書に採録されているため、目にしたことのある人も多いと思われる。この絵画には殴られる人々、虐殺される女性や乳飲み子の姿といった凄惨な暴力の犠牲者が全面にわたって描きこまれており、宗教戦争が内包する「宗教と暴力」という主題が迫力と説得力をもって伝わってくる。そのため、この内戦を視覚的に学ぶ素材として適切と考えられてきたのだろう。しかし、この絵は事実をありのままに伝えているのであろうか。

この絵の題材となった一五七二年八月にパリで起こった「サン＝バルテルミの虐殺」の概要を把握しておこう。事件の起こるおよそ一〇年前から宗教戦争は断続的に継続していたが、一五七〇年にサン＝ジェルマン王令が発布され、限定的ではあったが改革派信徒に礼拝の自由が認められた。国王シャルル九世と王母カトリーヌ・ド・メディシスは、改革派陣営に属する王族の一員であるブルボン家のアンリ・ド・ナヴァル（後の国王アンリ四世）と現国王の妹にあたるヴァロワ家のマルグリット・ド・ヴァロワとの婚姻を、宗派間融和を象徴するものとして計画した。宮廷内部では、一五七〇年以降、国王顧問会議に復帰してきた改革派の指導者ガスパール・ド・コリニ提督が国王からの厚い信任を得ていた。一五七二年六月にコリニはカルヴァン派貴族を従えてパリに入ったが、それは王家の結婚式に参列するためであると同時に、スペイン軍と戦うネーデルラントのカルヴァン派貴族を支援するために、国王を説得して、フランス軍を派遣するよう迫るためでもあった。結局、王母の反対によりこの計画は国王顧問会議で退けられる。ところで、カトリック陣営の指導者ギーズ公アンリとその一党もパリに集結していたが、彼はコリニを父フランソワの仇とみなしていた。パリでは、改革派への強硬姿勢を保つギーズ公が高い人気を博していたのに対して、国王が改革派と協調的姿勢を保つことへの強い不満が蓄積された。その結果、カトリックと改革派双方の住民の中で、宗教的「他者」への激しい怖れの感情が充満しはじめていた。

こうした緊張関係の中で、八月二二日にルーヴル宮から戻るコリニが狙撃され、負傷を負う事件が発生する。この事件の実行犯は不明であったが、背後にギーズ公がいることを疑うものはいなかった。この事件を受けて、パリ市当局は改革派貴族からの復讐を警戒しながらも、軍事的な行動は控えて不要な衝突を避けようとした。ところが、二四日の早朝四時頃に、コリニの館がスイス衛兵とギーズ一党の襲撃を受け、二日前に仕損じたコリニの殺害が成し遂げられ、その首は切断された。「王が望んでいる」という叫び声と共に、ルーヴル宮に避難していた改革派貴族も殺害されていった。早朝の鐘を聞いて目を覚ましてきたパリのカトリック住民の間で、街の中心部に位置する墓地において、花が季節外れに開花して血をしたたらせたという奇蹟譚の噂が広がった。当時、カトリック住民は、内戦の災禍をこの世の終末が近づいている徴候と認識し、悔い改めの行為として改革派信仰を消滅しようと考えていた。そうした中で、この「奇跡」について、彼らは改革派への復讐が成し遂げられたことを神が喜び、異端根絶を期待していると解釈して、暴力を行使することに信仰的な意味合いを付与した。こうした特異な心性に基づいて、貴族に留まらず、改革派の住民も襲撃・殺害された。午前一一時頃にはパリ市長にあたる商人奉行が国王に市内の惨状を伝え、国王は殺人・略奪・暴動を阻止するように命じている。これを受けて、当局自体は事態の沈静化に動いた。それゆえ、民兵隊が組織的に虐殺を行ったとは考えにくいが、市当局が民兵を完全に掌握していたわけではなく、複数の民兵が虐殺に加わっていた事実が明らかとなっている。ところが、二六日に国王は高等法院において、コリニをはじめとする改革派貴族の首脳陣が殺害された責任を引き受けると表明した。この事実は、即座に国王が虐殺を推奨したことを意味するわけではない。実は、和平成立以前の一五六九年にコリニは高等法院より内乱の廉で死刑の判決を受けており、彼の殺害は司直の判断に従った処刑実行という性格を帯びていた。「法を守る」国王が宗派に拘わらず、徒党を組んで国王に対する謀反を企むことへの断固たる処置を法の殿堂で明言することで、改革派貴族の殺害を法的に正当化するのみならず、サン＝ジェルマン王令以来の改革派におもねる軟弱な国王というイメージを払拭しようとした。しかし、この表明を受け取った側のカトリック住民は、虐殺が王の意志と解釈した。その結果、一連の虐殺は八月三〇日まで約一週間に渡り断続的に続き、数千名の改革派信徒が殺害され、セーヌ川は死体で埋まったといわれる。ちなみに、この「虐殺の季節」は全国に及び一〇月初頭まで続いた。パリを中心とした一連の経緯は以上の通りであるが、事前の計画、首謀者とその動機については明確でなく、これまで歴史家が様々な解釈を施して現在に至っている。

絵画に描かれた内容を考察していこう。画面中央の背景には、ルーヴル美術館の元となったルーヴル宮が見える。画面左側を流れる川がセーヌ川、川の対岸にあたる左岸地区には、川沿いにカト

①  ② 

《サン＝バルテルミの虐殺》
（フランソワ・デュボワ作、ローザンヌ・ヴォ州立美術館所蔵）

リックのアウグスティヌス会系列に属する修道院、その奥にサント＝ジュヌヴィエヴの丘が望める。ただし、この絵画で表現された景観の立地は、空間的に不正確であり、むしろ一連の事件のあらましを一つの画面におさめることに主眼が置かれている。ルーヴル宮の門前では、全身黒ずくめの王母カトリーヌ・ド・メディシスが、裸のまま山積みに放置された改革派信徒の死体を検分している姿が描かれている。その背後で、国王の衛兵が改革派貴族を虐殺している状況には全く関心を示さず、不気味な様子を漂わせている（①）。死体を山積みにして放置することは、この時期の暴力形態として、しばしば確認され、人間の遺体としては敬意を払わないことで、神への信仰を伴わない魂の状態を公に示そうとした。宮殿の二階の窓からは、シャルル九世が小銃を構えている姿も見える。しかし、文字史料で確認する限り、国王と王母が実際にこうした行動を取ったかどうかは定かでなく、事件の経過を考慮すると、彼ら自身が虐殺を扇動した可能性は低い。ところが、八月二六日に国王が事件の責任を表明したことで、虐殺の被害者は、事件の首謀者を国王および王母とみなすようになった。

画面右手で中心となる主題を構成するのは、ガスパール・ド・コリニの虐殺である（②）。三つの出来事が一つの画面に集約されて描かれているのが特徴的で、滞在していた居館の二階部分から突き落とされる現場、首を落とされ去勢される場面、画面右側後方へ首のない死体が引きずられ、市外のモンフォコンの刑場（画面最右奥の丘の上）へ向かう光景である。描写された内容はほぼ史実に即しており、この遺体は最終的に刑場につるされることで一五六九年に言い渡された刑の執行は完遂された。コリニの首を持ちあげている人物はギーズ公アンリで、残りの二人の貴族はギーズ公と共に殺害計画を担った、国王の異母兄弟にあたるアンリ・ド・ダングレムとギーズ公アンリの叔父にあたるオマル公クロードと推察される。当時、身体の一部を切断することは、その遺体を凌辱する目的というよりも終末に関連した儀礼としての意味合いが強かった。それは最後の審判後に与えられる劫罰を異端者に世上であらかじめ与えることを意味したのである。

フランソワ・デュボワは、なぜこの絵を制作したのか。彼は一五二九年に北フランスのアミアンで生まれた改革派の画家である。彼自身の半生については不明な部分が多いが、パリでのサン＝バルテルミの虐殺直後に、カルヴァン派の根拠地であるジュネーヴへ亡命している。彼の親族の中では、外科医のアントワヌ・デュボワがこの事件で犠牲となった。したがって、彼をこの作品制作へ駆り立てた動機の一つは、パリの事件をジュネーヴに滞在する同宗者に伝えようとするものであっただろう。ただし、彼がどのくらい正確な情報を得ていたのかは分からない。確かに、ジュネーヴに虐殺事件の被害者や身の危険を避けて避難してきた人々は多くおり、彼らから証言を集めることはできたと考えられる。しかし、全てが史実と符合しているわけではない。彼は、事実を正確に記録して、彼にとっての異端者であるカトリック信徒がいかに残虐であるかを告発するというよりもむしろ、筆舌に尽くしがたい残酷な行為が荒れ狂う状況を終末が近づいたと認識し、その様子を克明に描くことにより、カルヴァン派の人々が終末に向けて回心を準備するよう促そうとした面が強い。この画家も宗教戦争の中で終末を強く意識した一人であった。また、虐殺された子供や妊婦を含む犠牲者は、カルヴァン派の間で信仰のために自らをささげた「殉教者」と見なされ、神から特別に選ばれた存在と信じられた。こうした霊的メッセージを含むこの絵画は、視覚表現による殉教伝の機能も担っていた。

二　パリ攻囲戦の記憶

次に考察する絵画は、《リーグ派の宗教行列》と題された一枚である。この主題を扱った作品はフランス全国の美術館に所蔵されているが、この作品はパリのカルナヴァレ博物館（パリ歴史博物館）にある縦一〇〇×横二一二㎝の油彩画で、描いた画家を特定することは出来ていない。この博物館は同じ表題をもつが別の構図で描かれた作品を他に三点所蔵しているが、これら一連の作品群は、一六世紀後半のパリ史を象徴する画像史料として、独特の存在感を示している。この絵は、一五九〇年五月一四日に行われた宗教行列を題材にとり、パリ市庁舎のサン＝ジャン門の下を通過し、グレーヴ広場を横断している様子を描いている。サン＝バルテルミの虐殺の絵画と同様にパリの右岸が舞台となっており、画面右手のセーヌ川の対岸には、ノートルダム司教座聖堂を含むシテ島の主要建造物が眺められる。

具体的な作品の考察へ入る前に、一五九〇年前後におけるパリの政治的動向を高澤紀恵の研究に基づいて概観する（高澤・二〇〇八）。国王シャルル九世がサン＝バルテルミの虐殺の二年後に亡くなった後、王位は弟のアンリ三世に移ったが、彼もまた世継ぎに恵まれなかった。そうした中、一五八四年六月にヴァロワ家最後の王位継承者であったアランソン公が死去したため、次の王位継承者は「フランス改革派教会の総保護者」たるアンリ・ド・ナヴァルへ移った。翌八五年三月に、異端（改革派）の王を戴くことを容認できないカトリック貴族は、ギーズ一門の主導でカトリック同盟《リーグ》（リーグ派）を結成した。パリ市では、改革派との徹底的な闘争を目指すカトリックのエリート層がギーズ公アンリを中心とする動きに呼応し、反王権的性格を強めていく。一五八八年五月、ギーズ公と結ぶパリの民兵隊が全市を封鎖して国王軍に抵抗した結果、リーグ派がパリを統御することとなり、国王勢力はこの都市から敗走した（「バリケードの日」）。その後、両者で歩み寄りも見られたが、リーグ派はフランス各都市を統括する組織をパリに設立し、その組織はギーズ公の弟にあたるマイエンヌ公シャルル・ド・ロレーヌに王国総代官の地位を与える。こうしてパリは、都市の「自治」と「伝統」を自らの手で守り通しただけでなく、リーグ派に新たな王国の統治体制の基盤を提供した。しかし、一五八八年末にギーズ公アンリは国王派の手で暗殺され、国王アンリ三世はアンリ・ド・ナヴァル率いる改革派陣営との連携を選択したが、一五八九年夏、ギーズ公暗殺に対する報復として国王が暗殺され内戦が再開した。アンリ・ド・ナヴァルは王位継承を宣言するも、リーグ派は受け入れず戦闘は続いた。これ以降、宗教戦争の争点は、宗派の差異ではなく、アンリ・ド・ナヴァルの王位継承を認めるか否かに移行した。一五八九年秋と翌九〇年五月から九月にかけて、アンリ・ド・ナヴァル軍によるパリ攻囲戦が実行された。パリ市当局は、民兵隊を軸に街区民による伝統的な都市防衛の体制を活用し、戦費調達のために街区システムを通じた徴税が実施された。街区住民の人脈に基づく防衛と財務の機構を補完的に稼働させた結果、攻囲戦に耐えることができた。この絵画で描かれている時期は、まさにこうした事態が始まった段階である。その後の展開を一言でまとめるならば、パリ・リーグ派内部の路線対立が表面化してくる。すなわち、

《リーグ派の宗教行列》
（パリ・カルナヴァレ博物館所蔵）

都市自治体制の強化を進める立場、ギーズ公アンリの後継者であるマイエンヌ公を中心にパリの自治勢力を抑制しようとする立場、さらにアンリ・ド・ナヴァルのカトリック改宗ならびに彼との協調路線を模索する立場が複雑に入り組んで内部崩壊が加速した。最終的には、カトリックへ改宗しフランス国王として聖別されたアンリ四世（アンリ・ド・ナヴァル）にパリが市門を開いて降伏するのは、一五九四年三月二二日のことである。

　絵画の内容に戻ろう。パリのリーグ派は、「政治」和解による国民的一体性の再建よりもカトリック信仰の擁護と異端の根絶を、自らのアイデンティティとして優先させていたため、各種の宗教儀礼や信心業が運動体統合の象徴として重視されていた。宗教行列はカトリック典礼の伝統的な暦に従って行われる場合と宗教戦争の特定の出来事を記憶・記念するために実施される場合とがあった。

　この絵で行列を率いているのは、サンリス司教ギヨーム・ロズ（①）であり、その右手には彼に挨拶をするギーズ一門とリーグ派の有力者が描かれている。この時期の都市サンリスはアンリ・ド・ナヴァル派の手に落ちていたので、リーグ派を支持する司教ロズはパリに避難・滞在していた。この行列に帽子を脱いで敬意を表しているのがマイエンヌ公（②）、その右隣りにはギーズ公アンリの妹にあたるモンパンシエ夫人カトリーヌ・ド・ロレーヌはリーグ派のシンボルである緑色のスカーフを振っている。さらにその右側には全身に純白のドレスを纏ったギーズ公の寡婦カトリーヌ・ド・ヌヴェールが二人の幼い子供たちと行列を眺めている（③）。夫の暗殺後に積極的にリーグ派の運動に参画していった彼女の姿は、ギーズ家による同派への支援を象徴している。ところで、このギーズ公夫人の姿をよく観察すると、一人の男性が背後から彼女の腰にこっそりと手を回し、耳に何かをささやきかけているのが分かる。この人物を特定することはできないが、夫人との特別な関係を示唆している。また、ギーズ一門の右隣で行列を眺めている黒い服を着てつばの広い帽子をかぶった老人が教皇大使である（④）。ここで紹介した人物が全員行列に参加していたのか、あるいはそれを眺めていたのかを同時代の史料から確定することは困難である。しかし、画家はギーズ一門、パリ民衆、ローマ教皇の大使を同じ構図に含めて描くことにより、都市自治の確固たる伝統、「リーグ派フランス」の拠点としての機能、国際的カトリシズム連帯の志向というパリのリーグ派勢力のもつ三つの性格を表現することに成功している。同時に、ギーズ公寡婦の秘めた背徳を描き込むことによりリーグ派のもつ宗教的熱意を隠れ蓑とした「偽善」的側面をも告発している。

パリ住民の総体を描こうとする画家の眼差しは、さらに行進する人々とその周囲の人々の細部へ向けられる。行列の中には銃で武装したフランチェスコ会修道士の姿が複数見られるが、武力で異端を撲滅しようとする意欲とは裏腹に、武器の扱いに慣れていないものも見受けられる。たとえば、画面中央に近いフランチェスコ会士（⑤）は、目を大きく見開きながら銃の装填装置の扱いに苦心している。その姿をリーグ派の俗人民兵がからかっている。この絵画とは別の構図の行列図では、行列の只中で誤発射している修道士の姿が描かれているものもある。

この絵で目を引くのは、リーグ派のエリート層が整然と行列に参加するか、もしくはその行列を厳かに見送っているのとは対称的に、民衆はそれぞれの生活をたくましく生きている点である。画面左手では、行列に全く関心を示さずに婦人たちが食料の配給を行っているが、それを手に入れたぼろをまとった少年たちは乱闘して奪い合っている（⑥）。その近くで水を運んでいる女性は、頭部の帽子かあるいは布に十字架の印をつけているリーグ派の民兵に話しかけられており、明らかに迷惑そうである（⑦）。画面右手では、広場の片隅に二台の売り台が設置されて魚と肉が売られているが、売る人も買う人も同じ広場で繰り広げられている行列に全く視線を向けていない（⑧）。またセーヌ河岸では、小舟を切り刻んで薪を作っている。

とくに子供の姿は、この絵画における対照性を明確に示している。すなわち、行列の先頭で兜と盾を身に着けてサンリス司教と共に整然と歩く三名の子供は、異端の撲滅とカトリック教会秩序の回復というリーグ派の政治的・宗教的主張を象徴している。これに対し、行列に目を向けず食料を奪い合う子供の無秩序さは、国王軍による都市包囲に起因する深刻な食料難という日常生活の切実さを訴えかけてくる。実際、その後の四ヶ月近くにわたる攻囲戦の犠牲者は数万人に及ぶことになった。こうした厳しい戦時を耐え抜くうえで、エリート層の掲げる大義と並んでパリ民衆の生活の次元における強靭さが必要であったことを画家は見抜いていた。したがって、この絵画は単なる党派を賞賛するプロパガンダのために描かれたのではなく、王権に抵抗するというパリの伝統的「自治」を称揚するためだけでもなく、一六世紀後半の内戦下におけるパリ社会の現実を記憶し、宗教的「他者」の屈服よりも政治の安寧を願って制作されたと考えられる。

一八世紀後半以降、この絵画はビュネル兄弟のどちらかが描いたのではないかと言われてきている。兄フランソワ・ビュネルはトゥールで生まれ、一五八三年から九〇年にかけてアンリ・ド・ナヴァルに近侍の画家として仕えた。弟ジャコブ・ビュネルは兄より名声が高く、一六〇二年以降、ルーヴル宮に居住しアンリ四世に仕え、彼が暗殺された後はその王妃で摂政となったマリ・ド・メディシスの宮廷画家として活動した。しかし、この兄弟と作品とを結びつける史料的裏付けは発見されていないことは指摘した通りである。

制作者より所有者については、関連する補足的な情報を複数の史料から拾うことができ、絵画の来歴を考える上で参考となる。それによると、アンリ四世の財務卿も歴任した側近政治家で、国王がカトリックへ改宗した後も改革派信仰を保ち続けたシュリ公マクシミリアン・ド・ベテュンヌが、自らの居館を飾るために《リーグ派の宗教行列》と題する絵画作品を一六〇二年に購入したことが同時代人の覚書から分かる。また一七世紀にアカデミー・フランセーズの創設メンバーとなる文人ヴァランタン・コンラルの父にあたり、パリで改革派商人として活動したジャック・コンラル（一六二四年死去）の死後動産目録に《リーグ派の宗教行列》と呼ばれる絵画作品が含まれていた。もちろん、史料に登場する二つの絵画が同一である根拠はなく、さらに本稿で論じてきた作品がそれに該当する直接的な確証はない。ただし、同一主題の一連の作品群のどれかが、リーグ派の理念を受け継ぐカトリック貴族ではなく、ブルボン王権に近い改革派エリートが所有していたことは興味深い。なぜなら、パリ攻囲戦の「記憶」を保存した人々は、ナント王令に基づく統治体制の一翼を担っており、彼らによる宗派分裂を乗り越えて国内の政治的統一を目指す姿勢は、本稿で分析した画家の制作動機と合致する部分が大きいからである。

三　国王と宗教平和

暫定的との評価もあるが宗教戦争を収束に導いたアンリ四世と彼の宗教平和について最後に論じる。そのために考察対象とするのは、《アンリ四世は、宗教に支えられ、フランスに平和を回復させる》と題された作品で、スペインとの国境に近いポー城博物館が所蔵する縦三三×横二五・五㎝の油彩画である。この作品も作者不詳であるが、前節で検討したフランソワ・ビュネルが制作した銅版画の素描で残されたアンリ四世の肖像画と顔の描線が似ていることから彼を制作者とする説もあるが確定はできない。

画面中央に立つアンリ四世は、古代ローマの「インペラートル」（もともとは古代ローマの皇帝を意味したが、近世ヨーロッパでは主権をもつ王公をさす）の鎧を身に着け、百合の花をあしらったマントを纏っていることから、フランス王国の主権者たる正統なフランス国王として表現されている。それゆえ、この絵画はアンリ・ド・ナヴァルが改革派のまま王位継承を宣言した一五八九年以降に制作されたと考えられる。王自身は武装しておらず、頭上の天にいる七名の小天使がメドゥーサの盾、籠手、剣、兜をはじめとする王の武具を持っている。これは王が神のために戦い、その戦いは成し遂げられ、平和が実現したことを意味する。画面に向かって王の左側から彼に視線を送っている女性はフランスの寓意であり、王は彼女にミネルヴァの木であるオリーヴの小枝を渡している。これは世俗的平和の象徴であり、フランスの分裂が知恵により回避されたことを讃えている。反対側に立つ女性は宗教の寓意であり、微笑みをたたえ穏やかな印象をも

《アンリ４世は、宗教に支えられ、フランスに平和を回復させる》
（ポー城博物館所蔵）

つ女性の視線が王と同じ方向に向けられていることは、王の信仰と同一であることを意味する。さらに王がこの女性の肩に手を置いていることは、アンリ四世のもたらした平和が宗教なくして、もしくは宗教に敵対しては実現されなかったことを示している。ところで、彼女のアトリビュート（西洋美術において描かれた人や神の象徴的な持ち物）は、開かれた聖書、十字架、ホスチア、聖杯だが、それらは同時に描かれたものではないことが科学的調査によって判明した。最初に描かれていたのはプロテスタントの聖書主義を象徴する開かれた聖書のみであり、その後にカトリックの教義を象徴する他の三点が書き加えられた。カトリック教会は、聖体と聖杯について、ミサ聖祭の中で毎回イエス＝キリストの肉と血に実体変化してその場に現存すると考えており、それらを司祭の手を通じて与えられる聖餐は最も重要な秘跡である。また聖体と並んで十字架上のキリストは、受難と贖罪の証であった。要するに、最初改革派プロテスタントの寓意として描かれた女性が、国王のカトリックへの改宗後に、カトリックの寓意として転用されたことを示す。この図像の改変についてはは、すでに深沢克己が編著の図版解説において指摘している（深沢・高山編・二〇〇六）。本稿では、アンリ四世の改宗過程を考察する中で、改変後の開かれた聖書の上に不自然な形で聖体・聖杯・十字架を持っている姿を、同時代的視点から再解釈してみたい。

アンリ四世による一五九三年の改宗は、内戦の終結と自己の王位の安定を目指したからと考えられることが多い。しかし、彼自身が過ごしてきた信仰生活の軌跡を辿ってみると、そうした解釈は一面的であることが分かる。彼は幼少期から信仰問題と宗派環境に翻弄されながら育つ。彼の母は改革派信仰に傾倒する一方、父親であるアントワヌ・ド・ブルボンは改革派に一定の理解を示しつつカトリック信徒であり続け、息子にも父と同一の信仰を保持することを求める。一五六〇年代に母の影響で改革派に改宗したアンリは、従兄弟にあたるヴァロワ家の王族と共に宮廷で育つ。その時には、コレージュ（中等学校）や宮廷でカトリック教育を受け、家庭教師からは改革派の教義を学んでいた。サン＝バルテルミの虐殺直後にカトリックへ「強制」改宗させられたことは有名であるが、彼はカトリック教育を受けるための時間を国王に求め、事件直前に改宗したばかりの元改革派牧師から信仰教育を受けた。その後、宮廷から脱出した後、改革派へ再改宗するが、彼が政治的な打算で宗派を選択したのではないことは、王位継承の可能性が高くなってきた一五八四年に従兄弟の枢機卿からカトリックへの改宗勧告を受けた時に、「宗教はシャツのように脱ぎ捨てることはできない」と回答したことと、王位を継承する直前の一五八九年三月にも即座に改宗することは良心と名誉に反すると宣言していることからも分かる。自身の王位継承が実現した後、「カトリック教会の長女」たるフランスを統治するという国王の責務を自覚した彼は、内面の良心と国王の宗教との両立に意欲を示し始める。有名な一五九三年の改宗を行う前に宗教教育を再度受ける。その指南役を担ったルネ・ブノワは特異な神学者であり、彼は人間からの働きかけではなく、神が無償で人間に救済を与えると考えていたため、それは改革派と通底するものであった。同時に彼はカトリック典礼も重視した。それゆえ、彼の神学はカトリック教会の中心的な位置というより周縁部に置かれるものであった。以上、アンリ・ド・ナヴァルの人生の軌跡を辿ると、彼が終生二つの宗派が隣接する信仰上の境域に自己の同一性を見出していたことが分かる。もちろん画家の創作意図を実証することは史料上できないが、アンリ四世の宗教的感性を観察した目でこの宗教を寓意する女性の姿を再度眺め直してみると、政治的な現実主義《リアリズム》からカトリックに関するアトリビュートが書き加えられたというよりも、宗教改革から宗教戦争に至る宗派間の不安定な関係性の中で構築された独特な信仰理解の方法を表しているように思われる。

おわりに

フランス宗教戦争期に制作された絵画史料を分析してきたが、個別作品の解釈とその歴史的文脈についてはすでに論じてきたので、それらを総合して得られる知見を提示して終えたい。

最初の作品を除いて画家を確定することはできないが、三作品に共通する特徴は、カトリックと改革派、あるいは信仰と世俗利害といった単純な二項対立に還元できない内戦の諸相をとらえている点である。サン＝バルテルミの虐殺の絵画は、被害の責任の所在を王権に帰することでこの事件を告発するとともに、カルヴァン派信徒に殉教者についての記憶の保存と宗教的回心の契機をもたらした。リーグ派の宗教行列の図では、パリの攻囲戦が行われる中での都市民の心性と生活の重層的な実相が丁寧に描かれている。アンリ四世の肖像画には絵画の改変を通じてこの時代特有の宗教的感性が表現されていた。こうした新たな知見は、カトリックと王権の伸長を近代社会に対する反動的現象と理解したり、政教分離や政治的リアリズムといった近代的原理で一六世紀ヨーロッパ社会を解釈しようとする行為に再考の契機を与えてくれる。

冒頭で述べたように絵画史料をそのまま鵜呑みにすることはできないが、他の各種史料と組み合わせながら批判的に参照してみると、絵画が伝えてくれる様々なメッセージから今まで見ることのできなかった新たな歴史の風景を眺めることができるはずである。

【参考文献】

・坂野正則「一六世紀フランスの宗派的境界と信仰生活」『福音宣教』（オリエンス宗教研究所）二〇一五年八・九月号、三〇～三六頁。
・高澤紀恵『近世パリに生きる』（岩波書店、二〇〇八年）
・深沢克己・高山博『信仰と他者　寛容と不寛容のヨーロッパ宗教社会史』（東京大学出版会、二〇〇六年）
・森田安一『木版画を読む　占星術・「死の舞踏」そして宗教改革』（山川出版社、二〇一三年）
・吉田ゆり子・八尾師誠・千葉敏之編『画像史料論　世界史の読み方』（東京外国語大学出版会、二〇一四年）
・Robert Benoît, «Henri de Navarre: un itinéraire religieux chaotique», in: Alain Joblin（dir.）, *L'Edit de Nantes (1598), la France et l'Europe. Actes des journées d'études, Arras, 2 avril 1998*, Arras: Artois Presses Université, 1998, pp. 19–30.
・Denis Crouzet, *La Nuit de la Saint-Barthélemy: Un rêve perdu de la Renaissance*, Paris: Fayard,

1994.

Tom Hamilton, «The Procession of the League: remembering the Wars of Religion in visual and literary satire», *French History,* 30–1 (2016), pp. 1–30.

・Nicolas Le Roux, *Les guerres de religion 1559–1629,* Paris: Belin, 2009.

・Luc Racaut, «Le sacrifice de la messe en France avant le concile: ni Rome ni Genève?», in: Fabrien Salesse (éd.), *Le bon historien sait faire parler les silences. Hommages à Thierry Wanegffelen,* Toulouse: Presses universitaires du Midi, 2012, pp. 311–330.

ドイツ人かユダヤ人か

――ヴァルター・ラーテナウ「聴け、イスラエルよ！」に見るアイデンティティの衝突――

吉野恭一郎

はじめに

ヴァルター・ラーテナウ（Walther Rathenau, 1867–1922）は、一九・二〇世紀転換期のドイツにおける重要人物の一人である。裕福なドイツ・ユダヤ人の家庭に生まれたラーテナウは、一八九〇年代から企業家として手腕を発揮し、一九一四年に始まった第一次世界大戦では、軍事省の局長としてドイツ帝国の総力戦体制を整備した。戦後はドイツ民主党の設立に携わったほか、ヴァイマル共和国の復興大臣、次いで外務大臣となり、一九二二年にソ連とラッパロ条約を締結するなど、敗戦からの復興に尽力した。

写真1　フランクフルトにあるラーテナウ広場

写真2　標識

極右テロリストによる暗殺という痛ましい最期は、当時の人々に共和国の防衛を奮起させる契機となり、今でもベルリンやフランクフルトといった主要都市の中心部には、彼の名前を冠した広場が置かれている（写真1、2）。

当代を代表する企業家・政

治家であったラーテナウは、一方で当時の著名な画家や作家らと活発な交流を行う文化人としての顔も持っていた。彼はウィーンやベルリンで方々のサロンに出入りし、パトロンの役割を果たすだけでなく、自身も文筆家として、当時の社会情勢や自身の世界観を綴った論文・エッセイを精力的に発表した。これらのテキストの一部は生前より自選集等の形で出版されており、二〇一九年現在は全集が刊行中である。そのため、ラーテナウの言説に関する一次史料は閲覧・入手が比較的容易であり、ドイツでも日本でももっぱら彼をドイツ近代化の推進者と位置づけた上で、研究が行われてきた。

ただしラーテナウの言説は、ドイツ資本主義経済を発展させた企業家やヴァイマル共和国の殉教者といったイメージで捉えられるものばかりではない。中でも、一八九七年に発表した「聴け、イスラエルよ！（Höre, Israel！）」は、当時のドイツ社会でも大きな物議を醸したセンセーショナルなテキストである。なぜなら、彼自身がユダヤ人であるにも拘わらず、この論文には反ユダヤ主義的とも取れる内容が含まれていたからである。とはいえ、ラーテナウは単純な自己否定のためだけに、同論文を著したわけではない。そこには、一九世紀末のドイツ社会におけるユダヤ人の立場の複雑さが深く関わっていた。

ラーテナウがこのような論文を書くに至った歴史的背景を明らかにするために、本稿では、まず第一章で、ヨーロッパ世界において長らく抑圧された立場にあったユダヤ人が、一八世紀末から一九世紀にかけて法的平等を達成するまでの経緯と、このユダヤ人解放を受けて、新たな反ユダヤ主義が広がっていった様子を概観する。続く第二章では、一九世紀末ドイツにおけるラーテナウの経歴と社会的地位を踏まえたうえで、彼がドイツ・ユダヤ人の現状をどう認識し、どのような方向へ導こうとしたのかを明らかにする。これについては、ラーテナウの論文の他、日常生活の様子を伝える史料として書簡が有用である。そして最後に、ラーテナウの言説におけるマイノリティ性とマジョリティ性の同居に着目し、彼が「聴け、イスラエルよ！」に込めた思いとその限界について、考察する。

第一章　ドイツにおけるユダヤ人問題の歴史的背景

(1)　ユダヤ人解放までの流れ

キリスト教徒が圧倒的多数を占めるヨーロッパ世界において、ユダヤ教を信仰するユダヤ人は、長らく差別的な扱いを受けてきた。一一七九年の第三ラテラノ公会議以降、カトリック教会はキリスト教徒とユダヤ教徒の接触を制限するようになり、一六世紀頃からはヨーロッパ各地で、ユダヤ人は「ゲットー」と呼ばれる特定の居住区へ強制移住させられた。ゲットーを

年表1　ヨーロッパにおけるユダヤ史概略（19世紀末まで）

1179年	第三ラテラノ公会議
16世紀頃	ゲットーの一般化
1791年	フランスでユダヤ人解放令
1812年	プロイセンでユダヤ人解放勅令
1848年	フランクフルト国民議会でユダヤ人解放令
1871年	ドイツ帝国成立
1874年	ドイツで起業バブル崩壊、「大不況」開始
1881年	ロシアで第一波ポグロム勃発
1894年	フランスでドレフュス事件発生

巡っては現在でも、都市改造等を通じて風化することに対する保存運動が各地で行われている（写真3、4）。

こうしたユダヤ人への差別的待遇が改善されるきっかけになったのが、一八世紀からフランスを中心に広がった啓蒙主義運動である。啓蒙主義者たちが合理主義を唱え、政教分離を押し進めていった結果、ユダヤ教徒に対する宗教的偏見は徐々に改善されていった。この流れを決定的なものにしたのが、フランス革命である。国民議会は一七九一年にユダヤ人に対する例外法の全てを廃止し、フランス軍はユダヤ人解放令をその支配地域にも適用した。フランス軍の快進撃は、各国に近

写真３　シナゴーグ跡地を示す記念碑

写真４　フランクフルトのゲットー跡地に建てられた博物館

代化の必要性を痛感させ、プロイセンではシュタインとハルデンベルクの改革によって、一八一二年にユダヤ人解放勅令が発布された。

こうした一連の展開は、フランス軍の侵攻・支配と不可分であったため、一八一五年に始まるウィーン体制下では、ユダヤ人解放も停滞・反動を余儀なくされた。しかし、一八四八年革命によって再び解放の機運が高まると、ドイツではフランクフルト

写真５　フランクフルト国民議会が開かれたパウルス教会

国民議会が、ユダヤ人に対する全ての例外法を撤廃した（写真５）。この措置自体は、同議会がドイツ統一を巡る行き詰まりによって解散するまでのわずかな期間だけのものであったが、その流れはビスマルクが推進するドイツ統一運動にも引き継がれた。一八七一年にドイツ帝国が成立すると、ドイツにおける法的なユダヤ人解放は一応の達成を見た。

（２）　新たな反ユダヤ主義と「東方ユダヤ人」の流入

しかし、このようなユダヤ人解放の流れは、他方で新たな反ユダヤ主義の醸成とも不可分であった。政教分離の進行によって、宗教的反感に基づく前近代的反ユダヤ主義が解消していくかのよう

に思えたのも束の間、今度は近代化の負の側面、とりわけ資本主義経済の発展に伴って生じた様々な社会矛盾に対する不満が、ユダヤ人への反感と結びつけられていったからである。ドイツでは早くもウィーン体制下の一八一九年に、零落した中小農民や職人層によるユダヤ人襲撃が発生している。

彼ら旧中間層の零落化は、実際には産業構造の変化によるところが大きかったが、現状を冷静に分析するのではなく、全ての原因をユダヤ人に擦り付けることで世界を手っ取り早く「理解」してしまいたいという欲求は、当事者だけでなく、知識人たちにとっても無縁ではなかった。知識人たちは、多様な階層や広がりを持っていたユダヤ人たちを「ユダヤ金融資本」などの言葉でレッテル貼りをすることで、特にユダヤ人の中でも相当数を占めていた貧困層の存在を無視して、あたかも単一信条や思想の下に行動する一枚岩の集団であるかのように扱った。

また、一八七〇年代初頭までのドイツ経済は、普仏戦争の賠償金やドイツ帝国成立によって空前の好景気に沸いていたが、一八七四年に起業バブルが崩壊すると、一八九〇年代半ばまで「大不況」と呼ばれる経済的停滞期が続いた。資本主義のリスクを目の当たりにし、「レッセ・フェール」に象徴される、楽観的で予定調和的な世界観が崩れる中で、これまでヨーロッパ世界を押し上げてきた近代化は、今や大きな曲がり角を迎えているという認識が広まっていった。そして一部の知識人は、従来肯定的に捉えられてきた自由主義や合理主義を始めとする啓蒙主義的価値観を再考し、新たな世界観の構築と生活の刷新を目指す生改革運動を展開した。神秘主義的宗教回帰から自然科学の拡大解釈まで、幅広い内容を持つこの運動は、エコロジー運動や田園都市運動など、二〇世紀以降の政治と文化に多大な影響を与える革新的な思潮を数多く生みだした。しかしその一方で、啓蒙主義の特徴である普遍性へのアンチテーゼやフランスに対する反感から、この運動はしばしばナショナリスティックで民族主義的な色彩を帯びた。さらにそこへ紋切り型のユダヤ人イメージが加わることで、生改革運動の少なからぬものが、反ユダヤ主義と結びつくこととなった。

こうした反ユダヤ主義的傾向に拍車をかけたのが、一九世紀末から二〇世紀にかけてロシア帝国南西部を中心に起こった「ポグロム」と呼ばれるユダヤ人虐殺の影響である。一八八一年に起こった皇帝アレクサンドル二世暗殺をきっかけとして社会的緊張が極度に高まったロシア帝国では、暴徒化した民衆によるユダヤ人襲撃が相次いだ。これを受けてロシア・ユダヤ人たちは、その多くが元々経済的に困窮していたこともあり、雪崩を打って国外へと逃げ出した。ポグロムの衝撃を窺い知る一端となるのが、国外退出者に関する統計資料である。一九世紀末の時点で、ロシア帝国内には約五二〇万人のユダヤ人が生活していたが、この影響で数十万人のユダヤ人が出国した。その多くはアメリカ合衆国へ向かったが、ドイツ国内にも数万人が流れこんだ。

ロシア・ユダヤ人の大多数は元々ポーランドで生活していたが、一八世紀後半のポーランド分割によってロシア帝国に組み込まれた人々である。彼らは「東方ユダヤ人（アシュケナジム）」と呼ばれるグループに属しており、同じ「ユダヤ人」とはいえ、一九世紀以降急速に同化が進んだドイツ・ユダヤ人とは異なる文化や風習の下で暮らしていた。それゆえ東方ユダヤ人の大量流入は、反ユダヤ主義者たちの排外主義的感情を刺激しただけでなく、ドイツ・ユダヤ人によっても容易には包摂しがたい「異質」な存在として受けとめられるなど、複雑な反応を引き起こした。

(3) ドイツ・ユダヤ人にとってのユダヤ人解放と反ユダヤ主義

一九世紀におけるユダヤ人解放とそれに続く新たな反ユダヤ主義の高まりは、ドイツ・ユダヤ人の間でも様々な反応を引き起こした。まずドイツ・ユダヤ人にとって、ユダヤ人解放は、ドイツ社会における差別的地位の改善をもたらしただけでなく、ユダヤ共同体内部における制約や縛りからの解放でもあった。とりわけ大きな変化をもたらしたのが、ゲットーの解体である。ユダヤ人にとってゲットーは、封じ込められた場所であると同時に安全圏でもあり、良きにつけ悪しきにつけ、外部から隔絶したユダヤ・コミュニティを維持する役割を長らく果たしてきた。ゲットーのユダヤ人がドイツ語を用いるのはドイツ人相手の場合に限られ、宗教に関する事柄はヘブライ語で学び、ユダヤ人同士の日常会話は主にイディッシュ語を用いた。イディッシュ語とは、ドイツ及び東欧に住むユダヤ人の間で広く用いられ、ドイツ語を母体としつつ、ヘブライ語やスラヴ語の影響を受けて形成された独自の言語である。そして彼らの宗教的紐帯の象徴が、礼拝所であるシナゴーグであり、宗教的指導者

写真6　クラクフのシナゴーグ

であるラビは絶大な権限を有していた（写真６）。

一九世紀初頭のプロイセン改革に代表される近代化政策は、ユダヤ・コミュニティの閉鎖性を解体し、ラビによる支配からの解放をもたらすものであったため、多くのユダヤ人から好意的に受けとめられた。ただしこの政策は、個人を前近代的なコミュニティから解き放つだけではなく、国民国家の構成員として彼らを新たに組み込むためのものでもあった。それゆえこれ以降ドイツ・ユダヤ人たちは、「ドイツ国民」としていかに自らの愛国心を示すかという課題に迫られるようになった。一八一三年の諸国民戦争において、ナポレオン軍との戦いに彼らが積極的に身を投じていったのは、その一例である。一九世紀半ばになると、ユダヤ教に対する改革運動が勢力を増していき、教義の合理化を訴える改革者たちは、現代の生活から乖離している儀式や戒律の修正を主張した。彼らの主張は、伝統的なあり方を守ろうとする正統派のラビや神学者と激しく対立しつつも、着実にその支持者を広げていった。

しかし一八八〇年代に入ると、ドイツ社会への同化とユダヤ教の合理化は、曲がり角を迎えるようになった。その原因は大きく分けて二つ挙げられる。一つは、先に言及した新たな反ユダヤ主義の広がりであり、もう一つは、社会的同化と宗教的合理化の結果不可避的に進行した、ユダヤ・アイデンティティの希薄化および生に対する形而上的意味付けの喪失である。フランス革命の余波を受けて始まったユダヤ人解放が、ドイツ帝国成立をもって一応の完成を見たとき、ほとんどのドイツ・ユダヤ人たちは、もう日常でもイディッシュ語ではなくドイツ語を用いるようになっていたし、とりわけ若い世代でユダヤ教に対する関心は目に見えて低下していた。啓蒙主義の広がりに伴う既成宗教の影響力低下とそれによる精神的動揺は、ドイツ・ユダヤ人に限らず、近代社会一般で見られる現象ではある。しかしそれが新たな反ユダヤ主義の広がりと同時に進行したために、彼らを取り巻く状況はより複雑化した。

このような状況に対しドイツ・ユダヤ人の多くは、これまでの同化路線を継続しつつ、なるべく波風を立てないように振る舞うことでやり過ごす方法を選んだ。社会への同化を突き詰めていった結果、キリスト教への改宗まで至るべきかについては様々な議論があったが、いずれにしても彼らは、ユダヤ人であることとドイツ人であることとは、ドイツ社会へのさらなる同化によって十分に両立可能であると考えた。しかし他方で、同化路線とは別の選択肢も提案されるようになった。その代表例が一九世紀末に生まれたシオニズムである。ユダヤ人がディアスポラ以前に住んでいたパレスチナの地に戻って祖国を再建するという考えは、ドイツ人でありながらユダヤ人でもあるというアイデンティティの二重性を一挙に解決する手段であると目された。ロシアでポグロムを目の当たりにしたレオン・ピンスカー（Leon Pinsker, 1821–1891）や、ドレフュス事件を取材したテオドール・ヘルツル（Theodor Herzl, 1860–1904）らは、パンフレット作成や協会設立を通じて、この運動を押し進めていった。

とはいえ、パレスチナへ移り住むという発想は、すでに何世代にもわたりヨーロッパで暮らしてきたドイツ・ユダヤ人の大多数にとって、さしあたってリアリティを欠いていた。それゆえシオニズム運動も、当初はまだ小さな勢力に過ぎなかった。しかし、かつては熱心な啓蒙主義者であったピンスカーやヘルツルが同化主義に見切りをつけたのは、単なる気まぐれや思いつきではない。彼らは、それまで同化主義者であったからこそ、民族や宗教に左右されることのない平等で自立した個人からなる国民国家という近代社会の理想が、現実とあまりに乖離していることに大きな衝撃を受けたのである。

第二章　ラーテナウとユダヤ・アイデンティティ

（1）ラーテナウの青年期

このような歴史的背景を持つユダヤ人問題は、ドイツ社会全体の問題であると同時に、当事者たちにとっては自身のアイデンティティを揺さぶるものでもあった。それゆえこの問題への向きあい方は、各々の状況や特性を反映して、無数のヴァリエーションを展開した。そこで本章では、前章で確認した時代背景と社会状況を踏まえつつ、ユダヤ・ドイツ人の一員でもあるラーテナウが、この問題にどのような態度で臨んだのかを明らかにしていきたい。

電気機械産業の雄であるＡＥＧの創業者エミール・ラーテナウ（Emil Rathenau, 1838–1915）を父に持ち、二四歳で実業界へ足を踏み入れたラーテナウだが、そこに至るまでの道筋は必ずしも一本道というわけではなかった。彼は大学で父の事業とも関連の深い自然科学を専攻したが、学業に対する情熱はそれほど高いわけではなく、むしろ貴族的伝統への憧れとエリート主義的志向から、当初は軍人になることを志していた。しかし、当時のドイツ軍の将校団は、ユンカー出身者が独占する極めて閉鎖的な組織であり、ユダヤ人であるラーテナウが入り込む余地はなく、彼はこの挫折によって深い傷を受けた。

学生時代のラーテナウは、絵画制作や舞台演劇の脚本執筆など文化活動にも情熱を注いだ。父は彼に職業画家になることも認める姿勢を示したが、彼は早い段階で自らの芸術的才能を見切り、それらを趣味に留める決意をした。他方でラーテナウは、文化人が集まるサークルに出入りするようになり、エドヴァルド・ムンク（Edvard Munch, 1863–1944）、シュテファン・ツヴァイク（Stefan Zweig, 1881–1942）、ゲルハルト・ハウプトマン（Gerhart Hauptmann, 1862–1946）など、当世を代表する芸術家たちと交流を深めた。わけても、辣腕のジャーナリストであり、後にヴィルヘルム二世の性的スキャンダルを告発してハルデン・オイレンブルク事件を巻き起こしたマックス・ハルデン（Max Harden, 1861–1927）との親交は、ラーテナウが文筆業に携わるうえで、大きな意味を持った。ただし、すでに企業家としての立場があり、何より父親に累が及ぶことを懸念したラーテナウ

年表2　ラーテナウの略歴

1867年	ベルリンで生まれる
1885年	大学入学
1891年	父親が経営する企業の関連工場に入社
1897年	「聴け、イスラエルよ！」発表
1902年	論文集『印象』出版
1914/15年	軍需物資供給組織の指導者に就任
1920/21年	復興大臣としてヴィルト内閣に入閣
1922年	外務大臣として第二次ヴィルト内閣に入閣、ラパロ条約締結、暗殺

は、当初はもっぱら偽名で論文を発表した。

（2）ラーテナウの問題関心とユダヤ・アイデンティティ

一九世紀末におけるラーテナウの基本的な問題意識は、一八九三年に書かれた処女作「今日の道徳（Moral heutzutage）」から伺うことができる。同論文で彼が取りあげたのは、現代社会における既成宗教の後退と、それに伴う絶対性の喪失である。曰く、宗教がアクチュアルであった前近代においては、それが定める道徳もまた日常生活の規範としての実用性を有していた。しかし、科学の発展によって宗教的確信が大きく減退した今日においては道徳もその拠り所を失い、我々はその都度自分に都合の良い内容を援用して取り繕うだけの場当たり的な姿勢に終始している、と。それゆえ、今後の人類全体の発展のためには、宗教と科学の折り合いをつける新たな道徳的基準の創造が不可欠であり、それは衛生学や心理学としての側面を持ちつつも、精神性の追求と魂の救済を担うものでなければならない、と主張した。啓蒙主義的目標が一定の成果を得たからこそ、近代化に伴う既成宗教の影響力低下の問題点が浮きぼりになったという認識や、時代に則した世界観を新たに確立することでこの問題を克服しようとする態度は、当時の知識人層一般で広く共有されていた傾向であった。

ただし、ユダヤ人であるラーテナウにとって、こうした宗教一般の退潮による絶対性の喪失という問題は、自身の民族的アイデンティティを巡る問題と不可分であった。前章で見てきたように、一九世紀末はユダヤ人解放路線の行き詰まりと反ユダヤ主義の台頭が顕在化していく中で、同化主義のオルタナティブが模索された時期である。日常の中で、反ユダヤ主義が、個人の生活をどのように脅かしたのかについて、有意義な情報を提供してくれる史料が書簡である。学生時代のラーテナウは、母親宛の書簡の中で、仲間の一人が酒場で反ユダヤ主義者から侮辱を受けたためにあわや決闘騒ぎになった様子や、ユダヤ人であることを理由に、友人が軍隊で不当に処分されたことなどを伝えている。このような経験から、やがて彼は、啓蒙主義的理想に基づく同化主義的方向性の限界を確信するようになる。

しかしその一方でラーテナウは、当時の多くのドイツ・ユダヤ人同様、自分たちの帰属先はあくまでドイツ社会であり、パレスチナではありえないという認識を持っていた。同化主義もシオニズムも駄目ならば、ドイツ・ユダヤ人はどこへ向かえばよいのか。当時ラーテナウは、初めて手がけた工場が破綻し、経営方針を巡って父エミールと対立するなど、一人の企業家としても岐路に立っていたが、苦しい状況下にあればこそ、彼はその民族的アイデンティティを直視し、自身が進むべき方向性を見定めることが不可避の課題であると考えた。

(3) ラーテナウのユダヤ人論

こうした問題意識に基づいて著されたのが、一八九七年三月六日付でハルデン主宰の雑誌『未来(Die Zukunft)』に掲載された「聴け、イスラエルよ!」である。この論文の冒頭で、ラーテナウはまず自分が「ユダヤ人」であることを明らかにする。ただし続いて彼は、自分は確かにユダヤ人だが、長きにわたってドイツ社会に同化した生活を送ってきたために、宗教的・民族的な繋がりを持つとされる同胞よりも、ドイツ社会のマジョリティであるキリスト教徒たちの方にずっと親近感を感じる、と述べる。そうして自分を言わば「限りなくドイツ文化に適合したユダヤ人」として位置づけた上で、なぜ今日のドイツ社会で反ユダヤ主義が広がっているのかについて、次のような見解を述べた。曰く、この問題において重要なのは、声高にユダヤ人排斥を叫ぶ急進的な反ユダヤ主義者ではなく、表立って行動を起こすことはないが、静かにユダヤ人を嫌悪している「大多数のまっとうなドイツ人」の存在である。なぜなら、彼らは宗教的・文化的な相違からではなく、その耐え難い「振る舞い」ゆえに、ユダヤ人に対し嫌悪感を抱いているからである。ユダヤ人は貪欲で虚栄心に満ち、外連味が強く優雅さに欠け、「自分の子供たちがフランス語よりもドイツ語の方を上手く話すようになったときに、それを恥じるような」愛国心を欠いた国際性をひけらかす。さらに、近年新たにドイツに移住してきた東方ユダヤ人に至っては、今なおゲットー生活を送っているかのように、独自の「アジア的な」風習を頑なに守り続け、同胞以外を寄せつけようとしない排他性を誇示している、と。

このような、自身もユダヤ人でありながら、反ユダヤ主義に同調するかのような現状分析を行ったうえで、ラーテナウは、目下のユダヤ人問題を解決するためには、他ならぬユダヤ人自身が「ドイツ的」になるための努力をしなければならない、と力説する。ただしそれは、単にユダヤ教からキリスト教に改宗すれば済むという話でもない。曰く、改宗自体は別に悪いことではないが、仮にユダヤ人全体の半分が改宗したとしても、残りの人々が態度を変えなければ、ユダヤ人への反感は解消されないし、改宗者も「元ユダヤ教徒」として変わらず反ユダヤ主義の対象であり続ける。それゆえ、現状でユダヤ人が追究すべきものは、「誠実な意識」だけである。「自覚的な自己教育」を行い、「ある程度、ショーヴィニストとなる」ことも辞さないことで、社会におけるユダヤ人への敵意を和らげるのが、目下最善の道である。つまり、ドイツ・ユダヤ人が目指すべきは、「ゲルマン人のふりをした紛いもの」ではなく、「ドイツ的な性質と教育を備えたユダヤ人」である、と。

このような論文が、当時のドイツ社会において激しい物議を醸したことは、想像に難くない。「聴け、イスラエルよ！」は、「今日の道徳」同様、最初は偽名で発表されたが、一九〇二年に出版した論文集『印象（Impressionen）』に収録されたことにより、それがラーテナウの手によることが公となった。その結果この論文は、当時のユダヤ・コミュニティにおいて反ユダヤ主義的であるとして厳しく批判され、元々息子の文筆業への関わりを苦々しく感じていた父エミールはこれに激高し、父子の関係が悪化した。また、ナチ時代になっても、ヴァルター・フランク（Walter Frank, 1905–1945）を始めとするナチス御用学者たちによって、他ならぬユダヤ人側から出た事例として繰り返し引用された。

ただしラーテナウ自身にとってもこの論文は、それまで公に出来なかった本音を余すところなく書ききったというよりは、自身の中で渦巻く整理しきれない思いに形を与えようとした結果生まれた、不完全な表現であった。それは、彼の手書き原稿に書き込まれた夥しい修正からも窺える。そして一九一〇年代に入ると彼は、同化主義の再評価へ向かい、この論文から距離を取るようになった。

(4) ラーテナウとユダヤ・アイデンティティ

「聴け、イスラエルよ!」でラーテナウは、愛国心を欠いた国際性は慎むべきであり、むしろ排外主義的態度すら必要であると説くなど、ナショナリスティックな方向性を明確に表している。既成宗教の退潮による精神的動揺を補完する役割をナショナリズムに担わせることは、生改革運動を初めとする一九世紀末の思潮や運動に多く見られた特徴であり、「今日の道徳」で絶対性の喪失を問題視したラーテナウも、同じ流れの中にいる。また、社会的上昇をとげた大ブルジョアジーが貴族的生活様式を真似て保守化することは、当時ドイツのみならずヨーロッパ各国でしばしば見られた現象であり、彼もまたかつて軍人志望であったことから分かるように、ドイツ帝国の保守本流であるユンカー的貴族主義に憧憬を抱いていた。しかし、彼がドイツ人のマジョリティと異なるのは、そのナショナリズムが排外主義的色彩を帯びるにつれ、自身の民族的アイデンティティと衝突する危険性が高まる点にあった。

そして、ラーテナウがいくらドイツ人のマジョリティに親近感を抱き、自身をドイツ文化に適合したユダヤ人と見なしたとしても、ユダヤ・アイデンティティは容易に手放しうるものではなかった。それは、ドイツ人のマジョリティが改宗を認めようとしないというだけでなく、ラーテナウ自身、帰属するユダヤ・コミュニティに対して、愛着と居心地の悪さが相半ばする複雑な感情を強く抱いていたからである。一連のユダヤ人解放を経た一九世紀末においてもなお、ユダヤ・コミュニティの互助活動は活発であった。学生時代のラーテナウの書簡には、日々誰と会い、どのような集まりに出かけたかといった内容が詳細に記されているが、そこに登場する学生仲間や指導教官のほとんどがユダヤ人であり、家族ぐるみのつき合いも珍しくなかった。こうした同族に囲まれた人間関係に対し、ラーテナウは息苦しさも感じており、主に母親宛の手紙の中で、皮肉な口調でユダヤ・コミュニティの排他性や閉塞感を訴えた。彼が「聴け、イスラエルよ！」の中で「ユダヤ的悪癖」として挙げた外連味に満ちた態度や虚栄心の強さなどの特徴が、彼の人となりを知るツヴァイクやローベルト・ムージル（Robert Musil, 1880–1942）が異口同音に語るラーテナウ自身の悪癖と大いに重なるものであったことも、ユダヤ・アイデンティティが自己嫌悪と密接に結びついていた様子を窺わせる。

結局ラーテナウは、たとえ熱心なユダヤ教徒ではなかったとしても、自分の生活がユダヤ・コミュニティと不可分の関係にあること、すなわち自身のユダヤ性を認めざるを得なかった。「聴け、イスラエルよ！」で示された「ユダヤ人は結局のところユダヤ人である（Jude ist Jude）」という見解は、そうした彼の諦念と受容の表れでもある。そのうえでラーテナウは、ドイツ人のマジョリティによる理不尽な反ユダヤ主義やユダヤ人の参入を認めない頑迷な国家制度に対しては、国家にとって有用な「優秀なユダヤ人」を離反させないためにも、「あまり反ユダヤ主義をやり過ぎるべきではない」と、皮肉交じりの忠告を行っている。

おわりに

「聴け、イスラエルよ！」で展開されたラーテナウのユダヤ人論には、ある社会的マイノリティの立場に置かれた人間が、どのような苦悩に直面させられたのかを窺い知るうえで有用な手がかりがいくつも含まれている。同論文からまず読み取れるのは、ドイツ・ユダヤ人の生きづらさである。ラーテナウがこうした形でアイデンティティの組み直しに取り組まなければいけなかったのは、ドイツ人のマジョリティからの差別や偏見への対処というだけでなく、ドイツ人でありユダヤ人であるという状況について彼自身も感じていた違和感を、何らかの形で整理する必要に迫られたからである。

同論文には反ユダヤ主義的特徴が認められるが、国民国家的理想と現実の深刻な乖離を前提としている点では、様々な問題をユダヤ人に押しつけることで処理しようとしたドイツ人のマジョリティによるそれとは異なる前提に立っており、その現状認識に限って言えば、むしろヘルツルらシオニストたちに近い。ラーテナウが同論文の反ユダヤ主義的傾向とその危うさに自覚的であったことは、「もし問題があると判断したなら、掲載を取り下げても構わない」し「自分の名前は絶対にふせて欲しい」といった要求を伝える編集者宛の書簡からも確認できる。それでもなお彼が論文の発表に踏みきったのは、同化主義ともシオニズムとも異なる第三の道を進むために必要な行為だと考えたからである。

しかし、「聴け、イスラエルよ！」のユダヤ人論は、看過できない問題点を抱えていたために、ラーテナウが期待したような、ユダヤ人問題を改善・解消する有効性を持ち得なかった。まずラーテナウは、台頭する反ユダヤ主義の原因を「ユダヤ人の不作法な態度に対するマジョリティの反感」という構図からのみ捉えようとしたことで、ユダヤ人問題が持つ様々な歴史的・社会的背景を捨象し、矮小化してしまった。そのため、「ドイツ的な性質と教育を備えたユダヤ人」という目標も、彼がその限界を指摘したはずの同化主義の亜流にしかならなかった。またラーテナウは、大ブルジョアジーとしての社会的上昇志向からも、青年らしい精神性の希求からも、ナショナリズムを欲したが、ユダヤ人でありつつナショナリストたらんとする姿勢は、しばしばナショナリズムへの過剰適応を引き起こした。「聴け、イスラエルよ！」における反ユダヤ主義的言説は、そうした側面からも捉えることができる。

加えてラーテナウは、反ユダヤ主義的言説における科学的根拠の乏しさや実証性の欠如に対して、十分な批判的検討を加えることを怠った。勿論、ラーテナウの主張は、反ユダヤ主義を煽ることを目的としたものではない。しかし、マイノリティや異分子の排除という側面に無自覚なままユダヤ人を取り巻く問題を考察した結果、しばしば彼の言説は、キリスト教社会の中でマイノリティ性に苦しむユダヤ人としての立場よりも、帝国主義政策を推進するドイツ帝国あるいはヨーロッパ世界の一員という立場をより強く反映した。とりわけ、宗教的には同じ「ユダヤ教徒」ではあっても、彼にとっては異質な存在でしかなかった東方ユダヤ人を「アジア的な一群」と呼んで、その差別意識を露わにしたとき、ラーテナウの言説は、間違いなく差別する主体としてのマジョリティのそれであった。

こうしたマイノリティ性とマジョリティ性の同居が、ラーテナウの代表的業績とされるＡＥＧ総裁としての企業運営や第一次世界大戦時の軍事局長としての総力戦体制の構築、さらにはヴァイマル共和国の復興大臣・外務大臣としての条約締結などに際して、どのような影響を及ぼしたのかについては、別稿で論じることとしたい。

【参考文献】

一次史料

・Walther Rathenau, Briefe. Teilband I: 1871–1913, hrsg. v. Alexander Jaser, Clemens Picht und Ernst Schulin, Düsseldorf 2006.

・Ders., Schriften der Wilhelmnischen Zeit 1885–1914, hrsg. v. Alexander Jaser, Düsseldorf 2015, S. 96–103, 108–120.

二次文献

・Inge Schlotzhauer, Studien zur Frankfurter Geschichte. Ideologie und Organisation des politischen Antisemitismus in Frankfurt am Main 1880–1914, Frankfurt am Main 1989.

・Shulamit Volkov, Walther Rathenau. Weimar's Fallen Statesman, New Haven and London, 2012.

・高尾智津子『ロシアとユダヤ人―苦悩の歴史と現在』東洋書店、二〇一四年
・竹中亨『帰依する世紀末―ドイツ近代の原理主義者群像』ミネルヴァ書房、二〇〇四年
・シュテファン・ツヴァイク、原田義人訳『昨日の世界』みすず書房、一九九九年
・メンデル・ノイクレッシェル、野村真理訳・解説『イディッシュのウィーン』松籟社、一九九七年
・野村＝中沢真理『西欧とユダヤのはざま―近代ドイツ・ユダヤ人問題』南窓社、一九九二年
・ローベルト・ムージル、加藤二郎訳『特性のない男』松籟社、一九九二年
・ウルリヒ・リンゼ、内田俊一他訳『生態平和とアナーキー―ドイツにおけるエコロジー運動の歴史』法政大学出版局、一九九〇年

両世界大戦における開戦の契機をめぐって

中井晶夫

はじめに

第一次世界大戦が終わった時、当時の人びとは、前代未聞の最大の惨事だったと実感した。それ故、この悲劇はもう繰り返すまいと決意したのは当然であった。戦後のパリ講和会議において、その条約の第一編には、国際連盟規約が掲げられ、締約国は国家間の紛争を、今後戦争に訴えない義務を受諾した。その後、一九二二年のワシントン、一九三〇年のロンドンでの軍縮条約、また一九二八年には、「不戦条約」も締結された。今後、戦争はしないための方策が次々と打ち出されたのである。

ところがこの講和後、大戦中フランス軍の英雄フォッシュ元帥は、「この条約は、講和ではなく、休戦に過ぎない。この休戦は二〇年続く」と予言した。ドイツの文豪トーマス・マンの子で、歴史家のゴーロ・マンは、「一九三九年の第二次世界大戦の開始を見ると、この予言は驚嘆に価する」と言う。また第二次世界大戦は、第一次世界大戦の繰り返しであったと主張する。例えば、両大戦において、主としてヨーロッパで戦った双方の主役について見ると、独 対 英・米・仏・露（第二次ではソ連）と同じなのである（ゴーロ・マン著、上原和夫訳、『近代ドイツ史』、下、みすず書房、一九九〇年）。

しかし、戦後のドイツ（ワイマール共和国）でも、平和思想は広く行き渡っていた。だが極右政党ナチスの党首アドルフ・ヒトラーの「繰り返さぬ」は、「ドイツの敗北を繰り返さぬ」であった。

彼は、大戦中勇敢な兵士として抜群の功があった。生命を賭しての戦闘こそ、彼の生き甲斐であった。ドイツが敗北を認めて和を講じた時、ヒトラーは戦闘に負けたとは信じなかった。それ故、「今度こそ勝つ」との決意を固めていたのである。

一　第一次世界大戦の勃発

「第一次世界大戦の原因」については、世界の各国で発表された学術論文、新聞雑誌記事等は殆ど無数と言ってよい。そのうち、最も早く現われたのは、一九一四年七月の大戦の開始とほぼ同時に発表されたオトフリート・ニッポルト（一八六四―一九三八）の記事であろう。ニッポルトはドイツに生まれ、青少年時代をスイスで過ごし、イエーナ大学で国際法の論文で博士学位を得た。一八八九年から三年間、日本でお雇い教師として国際法を教えた後、ドイツには帰らず、一八九二年、スイスに定住して、市民権を得、ベルンで弁護士開業、またベルン大学の教授資格を得た。一九一一年、戦争の危機を見て、ドイツに移り、多くの学者を誘って、「国際理解のための連盟」を設立し、避戦運動を展開して、ことに独仏和解に尽力した。この間、ドイツの極右運動の危険について、『ドイツのショーヴィニズム』（文末参考文献1）の書物によって警告している。世界大戦が勃発すると、ニッポルトは、すぐ「ヨーロッパ戦争の原因」をスイスの新聞に連載し始めた。しかしそこには、ドイツへの痛烈な批判が見られたので、スイス駐在のドイツ大使館から、掲載中止の要求があり、そのため、この記事は三回で中止となった。ニッポルトは、その後も秘かに執筆し続けた。彼の死後、それらは、甥のベルン大学コールシュミット教授の私蔵するところとなり、さらに同教授が亡くなると、ベルンのブルガー図書館に「ニッポルト遺稿」として納められた。

筆者は、一九六二年から三年間、ベルン大学に留学したが、その時に知遇を得たコールシュミット教授から、伯父ニッポルトの業績を詳しく聞くことができた。そして一九八八年、ベルンの図書館を訪ねて、ニッポルトの「ヨーロッパ戦争の原因」を読み、一九九五年、『ドイツ人とスイス人の戦争と平和』（南窓社）の著書の中で、彼の第一次世界大戦観を論じた。その後、筑波大学教授のハラルド・クラインシュミット氏も、これに頗る興味を持ち、翌年同図書館に行き、その戦争原因論を精読し、二〇〇五年、編集者となって、ニッポルト著『ヨーロッパ戦争の原因の真相、日本、第一次世界大戦の開始と国際法による平和維持』（文末参考文献2）と題して出版した。

ニッポルトのヨーロッパ戦争原因論には、「中立の立場から、特にドイツに留意して」との但し書きがある。そこで注目すべき点は、一九一四年七月の危機にあって、宰相ベートマン・ホルヴェークの下のドイツ帝国政府がとった行動についての解釈である。ニッポルトは、そこで記している。

「ドイツとオーストリアは、力試しKraftprobeをしようとした。つまりロシアが一九〇八年のように、今度も譲歩するかと、これは明らかに危険な賭けであった。」（三九頁）

この賭けとは、オーストリアの強硬な態度を、三帝同盟のよしみによって、今度もロシアが黙認するか、或いはセルビアを軍事援助して、オーストリアとドイツと戦うかである。この二者択一のうち、後者ならば、それは確実に「ヨーロッパ大戦」にまでなってしまう。その場合ドイツには、防衛戦との正義が生じることになる。

「力試し」という見解は、一九九五年、ボン大学教授のヒルデブラントの大著『過ぎ去った帝国、ビスマルクからヒトラーまでのドイツ外交』（文末参考文献3）にも、同様な見解が見出される。それを要約すると、

「ドイツはこれを、国際的地位を改善する絶好の機会と捉えた。今までの守勢を攻勢に変えようとしたのである。即ち、ロシア、フランスに対する力試しMachtprobeとして、オーストリアが前面に立ち、ドイツがその後に控える。これは冒険Risikoであり、失敗すればヨーロッパ大戦になってしまう。ドイツの政治家は、ここで軍事闘争になるという宿命をも意識した。そしてこの絶好の機会に、存在を賭した試練Probeを成功させなければならぬと考えたのだった。」（三〇三頁以降）

右のような当時のドイツ帝国政府の見解は、第一次世界大戦から百年後に出版された『仏独共同通史、第一次世界大戦』（ジャン＝ジャック・ベッケール、ゲルト・クルマイヒ共著、剣持久木、西山暁共訳、岩波書店、二〇一二年）にも紹介解説されている。その内容を要約すると、

「ドイツ政府は同盟国のオーストリア・ハンガリーの利害だけに関心を持っていたわけではなく、サラエボ事件をロシアの意思を試すために、利用しようとしていたことも、指摘しておかねばならない。ドイツ政府の戦略は複雑であり、またリスクを冒すことを辞さないものであった。ロシアは、君主制国家としての連帯感から、オーストリア・ハンガリーが、セルビア政府にそのかされたと考えたサ

ラエボのテロリストたちを懲罰することを黙認するであろう、というのが一般的な見方であった。しかし、もしロシアが、セルビアを支持するために、あえて戦争の危険を冒すようであれば、それこそがロシアの攻撃性の証明であり、そのことが、ドイツの開戦決定を正当化するものとみなされた。」（上巻、七六頁以降）

オトフリート・ニッポルトの名は、第一次世界大戦前や戦後の国際連盟の機能が働いていた時代には有名であった。しかし、その後は全く忘れ去られた。そして、第一次世界大戦からほぼ百年たった今、ニッポルトが、開戦直後に記した「大戦原因論」が、すでに一世紀後の結論を先取りしているのは驚嘆に価しよう。

二　第二次世界大戦の開幕

第一次世界大戦は、まずドイツとオーストリアの政府が、一九一四年の危機に際して、相手（まずロシア）の出方を試した。かつての三帝同盟のよしみを想起して、引っ込めば、平和が保てるとし、反対ならば戦端を開くとした。事実は後者、即ち「負」と出たので、戦争に打って出たのだった。

第二次世界大戦の事情は、全く異なっていた。二度目に生じたこの大戦は、「開幕」なのである。この見解は、大戦後、西ベルリンに新たに創立されたベルリン自由大学の教授のスイス人ヴァルター・ホーファーが唱えたものである。彼は、第一次と第二次世界大戦との違いを、比喩的に次のように述べている。

「一九一四年には、平和の天使は、災難によって、或いは恐らく過失で死亡したのだと言える。だが、一九三九年には、天使は殺害されたのだ。」（W．ホーファー著、林健太郎、斉藤孝共訳、『第二次世界大戦前史』、お茶の水書房、一九五八年、一〇頁）

その犯人は、アドルフ・ヒトラーであった。この男は、第一次大戦後に、政界に身を投じ、群小政党の一つであったナチスの一員となった。一九二五年に刊行された自伝『我が闘争』の中でも、新たに戦争を起こす、それはドイツのためであり、またこの戦争の準備に必要な内政外交上の措置をも公言した。また、その勝利のため、取るべき方針として、次の三点を強調していた。第一に、政治、軍事を統率する強力な独裁者の下、全国民が一致して最後の勝利まで戦う。第二に、国の東西など、多方面に戦線は作らず、各個撃破で一国ずつ倒していく。第三に、長期戦に至らず、「電撃戦」で一気に勝利する。

しかし一九三三年、ヒンデンブルク大統領によって首相に任命されたヒトラーは、「平和演説」を行い、戦後、平和と安定を求めていたドイツ国民の希望に応える態度をとった。同じ年、ヒトラーはローマ教皇庁と政教条約を結んだが、これは彼の平和外交の証と受け取られた。この頃、国際情勢はドイツにとって不利ではなく、ヨーロッパ諸国のうち、ドイツに敵意を抱き、心あるドイツ人を不安にさせていたのはポーランドのみであった。ヒトラーは、ナチスにとって敵であるはずのスラヴ人種のこの国と、翌年、不可侵条約を結んだが、これもヒトラーの平和路線を実証したかに見えた。

一九三四年、ヒンデンブルク大統領の死後、ヒトラーは「総統」と称して独裁者となり、翌年には、ヴェルサイユ条約の軍事条項を破棄して、再軍備を公然のものとし、徴兵制をも復活させた。しかしこれは、ドイツが強国の一つになった証として非難されなかった。英国は、同年、このドイツと海軍協定を結び、この国の再軍備を容認した。

一九三七年一一月五日、ヒトラーは、軍、政府の最高幹部を集めて、ドイツ国民にはおくびにも出さなかった戦争計画を明言した。ヒトラーの戦争の危険を冒す意思表明に対し、ナチ党員でない軍部には、反対の意向の者が多かった。するとヒトラーは、それら将軍たちを、スキャンダルなどの理由をつけて罷免し、自ら陸相となり、国防軍を改め、国防軍最高司令部を新設した。

翌年三月一二日、ドイツ軍はオーストリアに進駐し、翌日、この国はドイツに併合された。五月三〇日、ヒトラーはさらに、チェコスロバキア攻撃を決意する。この時も、多くの将軍たちは、ドイツには、軍事的、経済的に、大規模な戦争する力がないとの意見であった。国防軍参謀総長ベックは辞職するに至り、クーデターの試みすら生じた。しかし、この国際問題のために、ミュンヘン会談が開催され、九月二九日、英・仏・伊・独間の妥協が成立した。チェコスロバキアの中で、ドイツ人が多く住むズデーテンのみが、ドイツに併合されたのである。これは、ヒトラー外交の勝利として、ドイツ国民は歓喜の声をあげる結果となった。

しかし、ヒトラーの領土拡張欲は、これに留まらなかった。彼はなお、戦争によってドイツの強大化を計ろうとした。なぜそのような信念が生き続けたのであろうか？ それはヒトラーが、その巧みな演説で繰り返し強調するナチズムの「世界観」によっていた。

この「世界観」には、次の三つの特色が見出せる。その第一は、人類の歴史は、絶えざる民族闘争の歴史であるという見解である。そこには、ダーヴィニズムを人間社会に当てはめた「社会ダーヴィニズム」への転用がある。かの「適者生存」は、強い民族こそ戦争によって勝利を占め、支配者となると理解された。第二には、特有な人種論がある。人種とは、生物学的な分類方法で、皮膚の色や毛髪によって分けられるが、ヒトラーによれば、皮膚が白く、金髪波毛の人種、その中でもゲルマン民族こそ最高である。また、ヨーロッパに散在するユダヤ人は、人間社会の寄生虫、害虫と卑しめられた。彼らが人間扱いされず、害虫ならば、後にガスで殺される悲劇も当然と考えられよう。そして第三には、ドイツ人が生きるための、より大きな生活領域を獲得すべきであるという信念である。ドイツは、第一次世界大戦によって、生きていくべき「生存圏」が狭められた。今やドイツは、その領土をドイツ本土と地続きの東（スラヴの地）に拡大すべきものとされた。そこには、スラヴ人やユダヤ人が住んでいるが、スラヴ人は、さらに東方に追放され、ユダヤ人も同様であるが、抵抗すれば抹殺すら躊躇しないという態度であった。

一九三九年三月一五日、チェコ人の住むボヘミアもドイツ領となり、チェコスロバキアは解体され、スロバキアのみがドイツの下で自治が許された。また第一次世界大戦後、リトアニア領となっていたメーメルも、三月二三日、ドイツに併合された。

次にヒトラーが要求した所は、ポーランドの領土である。ポーランドは、ヴェルサイユ条約によって独立し、その領域は、旧帝政ロシア領からその西の部分を、ドイツから東の部分を割譲されて成り立っていた。一九三九年三月二一日、ヒトラーは、ドイツ領東プロイセンとドイツ本国とを切り離している「回廊」と呼ばれる地と、旧ドイツ領で、現ポーランドの支配する海港都市のダンチヒの返還を要求した。ポーランドが断固これを拒否すると、九月一日、ドイツ軍が同国に侵入し始めた。すでにポーランドと軍事同盟を締結していた英国は、フランスと共に、ドイツに対しポーランドからの即時撤収を要求したが、ドイツがこれを拒否すると、三日、両国はドイツに対し宣戦布告し、ここに第二次世界大戦が始まったのである。これに先立って、ドイツは五月にイタリアと軍事同盟を八月にソ連と不可侵条約を結んで、かつての第一次世界大戦のように、多くの敵を作らないように工作している。またソ連軍は、ドイツ軍が「電撃戦」によって、首都ワルシャワを包囲すると、これに呼応するかのようにポーランドに侵入し、ヒトラー・ドイツと、この国の分割取得までやってのけた。

再び世界大戦が起った事実に、ドイツ国民は、歓呼の声をあげるどころか、憂慮に満ちた面持ちであったと、九月五日付のスイスの新聞が報じている。しかしドイツ軍のポーランド侵攻は、四週間足らずで、「電撃戦」の勝利で終わり、ドイツ国民は、ヒトラーの手腕に驚嘆した。その後、英仏両国は、宣戦布告したものの、戦闘は起こらず、「奇妙な戦争」という状態が七か月も続いた。

その後も、ヒトラーは、さらなる戦争を決意していた。その必然性は、民族間の闘争の歴史において最優秀のドイツ国民は、次々と敵を求めて戦わねばならない。この絶えざる闘争は、ヒトラーの言によれば、「世界強国か没落か」、つまり「全てか無か」の永遠の闘争をドイツ人に課するものとなる。しかも、この闘争には、担い手すら統御できないダイナミズムが存在し、ヒトラーは、次々と新しい課題＝戦争を作り、現実外交に見られる「現状維持」を忘れさせるのである。この永遠の闘争は、ヒトラーの「四段階計画」に示されていた。その第一は、中欧における強国の地位の再建、第二はヨーロッパ大陸の覇権、第三は海外進出して、名実共に世界強国となる。第四は旧大陸＝ドイツと新大陸アメリカとの世界支配をめぐる決戦であった（クラウス・ヒルデブラント著、中井晶夫、義井博訳、『ヒトラーと第三帝国』南窓社、一九八七年、八七頁以降）。

一九四〇年に入ると、ヒトラーは第二の段階に突入した。四月、デンマーク、ノルウェー無血占領、五月には、オランダ、ベルギーも占領、大陸に派兵されていたイギリス軍を本国に追放した。「ダンケルクの悲劇」である。五月一〇日、対フランス作戦が開始され、六月一四日にパリ占領、二二日には、休戦協定が成立した。ヒトラーにとって、得意絶頂の「電撃戦」の勝利であった。かくて彼は、ドイツ人大衆によって、唯一の救済者にまで高められたのである。

次は英国打倒である。アングロサクソンの英国は、同じゲルマン民族系で、友邦のはずなのに、ドイツに刃をむけている。ヒトラーは、英国との和解を提案したが、英国首相ウィンストン・チャーチルは、ヒトラーという「凶悪さ、過去の不正と恥辱が産み落とした化物」を抹殺しない限り、英国は努力を止めないと誓った。英国の敵意を知ったヒトラーは、英本土上陸作戦（あしか作戦と呼ぶ）を企てたが、優勢な英国海軍の存在のため、実行できなかった。それに先立ち、八月、空軍による英本土の爆撃が実施されたが、英軍の戦闘機の反撃すさまじく、ドイツ爆撃機は撃墜されるもの多く、英空軍の勝利に終わった。この戦闘は、「ブリテンの闘い」として記憶された。ドイツ軍は、初めて勝利しなかったのである。

イタリアは、第二次世界大戦の開始にあっても、中立を宣言していたが、ドイツ軍がフランスでの勝利を誇った後の六月一〇日、初めて英仏に宣戦布告した。日・独・伊三国同盟の調印は九月二七日である。イタリア軍の戦闘は、北アフリカ、ギリシャ、バルカン半島で展開されたが、華々しい勝利を誇ったとは言えず、ドイツ軍の援護による解決も少なくなかった。そこでの戦闘力の消費は、ナチス・ドイツ没落の遠因となった。

しかしその間、ヒトラーは、対ソ作戦を決意していた。「バルバロッサ作戦」と称するソヴィエト連邦攻撃の準備を指令したのは、一九四〇年一二月一八日である。この時点で、ドイツ軍は他の戦線（北アフリカ、バルカン半島）でも戦っていた。一度に多方面での戦闘は、ヒトラーが信じている「各個撃破」の方針にも反している。ドイツ陸軍幹部は、この新たな作戦に反対であった。しかしヒトラーは、今まで反対されたすべての戦闘に驚異的な勝利を収めたことに自信をもっていた。そして全ての開戦を「冒険」Risikoとして、その敢行を強いたのである。それは、また危険な賭けとも言うべきであろう。しかし、今度も必勝だと、ヒトラーは、全国民に信じこませていた。

ドイツ軍が宣戦布告なしにソ連に進攻したのは、一九四一年六月二二日である。半年前の一月一〇日には、独ソ経済協力条約が結ばれていたから、このドイツ軍の襲来は、スターリンにとって寝耳に水の事件であった。先手をとってドイツ軍は東へ進撃した。ヒトラーは、かつてナポレオンがなしえなかった遠征の勝利を、精鋭のドイツ軍が貫徹すると、得意満面であった。スターリンは、今まで弾圧していたロシア正教徒はじめ、全ロシア国民に、愛国者として「大祖国の防衛戦争」への参加を訴えた。英国は大の共産主義嫌いにもかかわらず、七月一二日、ソ連と軍事同盟を結ぶ。米国も、ソ連には不信を抱いていたが、もしソ連が敗北したら、英国も危ない、そして米国にも向かってくる。ソ連がどこまで耐えるかが問題と考えた米国は、七月、特使ホプキンスをモスクワに派遣した。特使はソ連の強固な戦闘意思を確認した。スターリンは米国に第二戦線の結成を要求した。ホプキンスは帰路、英国を訪問し、ここに独対米英ソの戦闘という、第一次世界大戦と同様のドイツ必敗の構図が生じたのである。ドイツ軍が首都モスクワの寸前に達したのは、同年一〇月である。一二月五日、ドイツ軍の最後の首都攻撃は失敗に終わった。そして一五日以降、ソ連軍の冬季攻勢が始まったのである。ドイツ軍は初めて退却した。

眼をアジアに転じると、一二月八日、日本は米英に対して宣戦布告した。その三日後、独伊両国も対米宣戦布告となった。ヒトラーは、対ソ戦に失敗した上、最強のアメリカを敵に回すことによって、かねてからの信念であった「世界強国か没落か」のうち、前者を取ることの不可能を悟ったかと思われる。そして今までアメリカを刺激しないようにとの配慮から遠慮していたユダヤ人の大虐殺を、ソ連領のみならず全ヨーロッパで踏み切ることができたのである。

一九四二年の後半に入ると、一〇月の米英軍の北アフリカ上陸、一一月にはソ連軍の反攻が開始され、翌年一月二三日にはスターリングラードの独軍が全滅した。イタリアでは、七月、ヒトラーの盟友ムッソリーニが失脚し、代わった新政府は、九月八日連合軍に降伏した。一九四四年には、連合軍はノルマンディーに上陸、東進して九月には、ドイツの西部国境を突破した。ソ連軍も、一〇月東プロイセンでドイツに侵入してきた。ドイツの敗北は誰の目にも明らかであった。ドイツ軍の一部の将校は、ヒトラー暗殺によって、ナチス打倒を試みたが、失敗に終わる。しかし一般ドイツ民衆は、なおヒトラーとナチスにすがる思いであった。しかし、ナチス・ドイツの崩壊が明白になった一九四五年三月一九日、ヒトラーは所謂「ネロ命令」によって、連合軍に進入されたドイツ全土の破壊、焦土を命じた。これは実施されなかったが、ヒトラーは、自身とナチ党員のみならず、全ドイツ人の絶滅を決意したのである。四月三〇日、ヒトラーの自殺によって、大戦は事実上終了した。

世界強国への道を諦めたヒトラーは、ついに全ドイツ国民と無理心中を決意したのであろうか。もしそうなら、彼は、ドイツ国民が当然と思っていた愛国者ではなくなってしまう。ヒトラーは、偉大なるドイツについて語ったことはあるが、愛する祖国、愛するドイツ人について語ったことはない。それどころか、戦争中の談話では、「私は氷のように冷たい。ドイツ国家が自ら生存のために献身できないのなら、滅亡すればよいのだ」と言ってのけている(エバーハルト・イエッケル著、滝田毅訳、『ヒトラーの世界観』南窓社、一九九一年、一二六頁)。また、かつてはヒトラーの盟友であり、ナチ党員であったヘルマン・ラウシュニンクも、ヒトラーの破壊的歩みが、あらゆる精神的、伝統的規範の解体から、ついにはニヒリズムに至ることを認めている（ラウシュニンク著、片岡啓治訳、『ニヒリズム革命』学芸書林、一九七二年、一九九頁）。さらにまた、哲学者・心理学者のエーリヒ・フロムによれば、ヒトラーが真に愛した者は、ドイツ民族や国家ではなく、自己（ナルシシズム）と死と破壊（ネクロフィリア）であるという（文末参考文献4）。ヒトラーは青年時代、ワーグナーに熱狂した。楽劇『ニーベルンゲンの指輪』のなかで、かのブルグンド王国の人びとが「死の国々の人々＝ニーベルンゲン」の名にふさわしく、一人残らず死の国に旅立ってしまう大団円を、彼は人生の終わりに臨んで、自分とドイツ国民の運命として、重ね合わせて見ていたのであろうか。

むすびに代えて

第一次世界大戦におけるドイツ政府の開戦への決定は、ロシアに対する「力試し」の賭けによるものであったことは先に述べた。

ヒトラーの戦争への決断は、冒険Risikoをあえて行うことであった。彼のチェコスロバキア侵略、ポーランド攻撃（第二次世界大戦の開始）から、ベルギー、オランダ、ノルウェー、フランスの打倒まで、それは大成功であった。ドイツ国民はヒトラーに信頼を寄せ、その実行力に頼っていた。しかし英国打倒は失敗し、その背後にあると考えたソ連への大遠征は、彼の最後の冒険であった。そしてその敗北が没落に導いたのである。

一二月八日、日本は第二次世界大戦に突入する。海軍のハワイ真珠湾攻撃は、大勝利と報じられて、日本国民は喜びに沸き返った。そして、この大戦の勝利を信じたのである。当時、筆者は中学三年生であったが、当日、N校長が全校生徒を集めて米英と戦争になったことを、嬉しそうに話したのを覚えている。ところが、その直後、国語・漢文担当の岡本優太郎先生が無断で壇に上がって、「いよいよ日本は、米英という強国と戦争することになった。日本はすでにシナと四年間戦い、まだ解決していない。さらに今、シナとは比較にならない強大国と戦争するのである。われわれは、重大な決意で事にあたらねばならない」と、述べた。校長のように喜んでいる事態ではないと批判しているようだった。

岡本先生のように、現況を冷静に考えている人物は例外であった。当時、全ての日本人は、国定教科書による国史の授業によって、日本はかつて外国と戦って敗れたことがなく、ことに明治以後、日清、日露の戦争から日本軍は輝かしい勝利の栄光に包まれて今日に至ったと教えられていた。事実、一二月八日からその後の日本軍の勝利はめざましかった。その後、英国の東洋艦隊の撃滅のニュースが続いた。次いで、英領香港占領、マレイ半島を南下した山下兵団は、翌年二月一五日シンガポールを陥落させた。さらにオランダ領インド（インドネシア）、フィリッピンも日本軍の手中に入った。さらに南半球のビスマルク諸島のラバウルを占領、ニューギニアにも進出して、米豪遮断の作戦をも始める勢いであった。

日本軍の活躍は、開戦後六か月の間は華々しかったが、六月五日のミッドウェイ海戦で、日本海軍は惨敗を喫した。航空母艦四隻を失って、何の目的も果たせずに終わったのである。しかし、大本営発表では、米空母二隻撃沈とし、我が方の損害は、空母一隻喪失、一隻大破と発表し、この尊い犠牲によって勝利を勝ち得たとした。連合艦隊司令長官山本五十六大将は、戦前、当時の近衛首相に、もし戦争となれば、少なくとも半年は十分暴れて見せると語ったという。この敗北後の山本は、どのような気持ちで戦闘に臨んだであろうか。

それから一九四二年末まで、日米の戦闘は激烈で、ほぼ互角の様相に見えた。だが、その損害が同等であれば、戦局は日本軍の不利になった。八月から四か月に及ぶソロモン諸島ガダルカナル島での戦闘で、日本軍は敗退した。しかし大本営発表は、「初期の目的に達したるをもって、同島より転進せしめたり」であった。山本司令長官が戦死したのは、その翌年の四月一八日である。五月二九日には、アリューシャン列島アッツ島の日本守備隊が全滅した。この敗北は「玉砕」と言われた。それは負けではなく、将来の勝利のための名誉ある犠牲とされたのである。その後、米軍は「飛び石作戦」によって太平洋の島々を占領の後、ついには一九四四年六月一五日サイパン島に上陸した。首相・陸相を兼ねていた東条大将は、この島は死守すると豪語していたが、七月七日に「玉砕」し、これによって同島から日本本土への爆撃が可能になった。

ここで東条内閣は総辞職した。この時すでに、戦争指導の枢要にあった要人たちは、冷静に考えて日本の勝利は絶望的と感じていた。事実、次の小磯・米内内閣では、秘かに和平の可能性を模索していたが、一般国民には「聖戦完遂」が説かれ、少しでも日本の勝利を悲観視するものは、敗北主義者として弾劾された。勝利の可能性は、米軍に多大の戦果（膨大な戦傷死者）をあげれば、米国内の世論は、このような損害を受けてまで、日本と戦う意味はないとして、戦闘を打ち切るであろうという儚い望みしかなかった。

一九四五年一月一八日、日本軍部は「本土決戦」に向けての戦争指導を決定した。三月九日、夜の東京大空襲以後、日本の主要都市は米空軍の爆撃によって焦土と化した。四月一日、米軍は沖縄に上陸し、六月二三日にはその戦闘は終わった。小磯内閣に代わった鈴木内閣は、和平の方途を探っていたが、国民にはあくまで「必勝の信念」をもっての戦闘続行を説いているように見えた。七月秘かに中立条約を結んでいたソ連に、和平の斡旋を依頼する試みもあったが、空しい努力であった。八月六日、広島に原爆投下、八日、ソ連が日本に宣戦布告、九日、長崎に原爆と、日本は絶望の底に突き落とされた。それでもなお、軍部の中には、本土決戦によって、最後の大損害を与えた後に講和を説くものがいた。それどころか、神風特攻隊の精神にならって「一億総特攻」まで主張された。これを文字どおり解釈すれば、日本人は戦争によって完全に滅び去る予想すら感じられるのである。

八月九日の夜、昭和天皇臨席の下で開かれた最高戦争指導者会議では、ポツダム宣言受諾（無条件降伏）を主張する鈴木首相、米内海相、東郷外相の三人と、条件付き講和（本土決戦の後）を求める阿南陸相、梅津参謀総長、豊田軍令部総長の三人とで対立した。その時、鈴木首相は天皇の

「御聖断」を乞い、天皇自らの判断によって日本の無条件降伏が決定された。八月一五日の朝、ラジオは天皇陛下の「玉音放送」が正午にあると伝えていた。日本国民は、天皇陛下の声を聞いたことがなかった。天皇陛下が直接何を訴えられるのかも判らなかった。「玉音」はよく聞き取れず、戦争が終わったと分からなかった人びとも多かったが、筆者は「朕は帝国政府をして、米英支蘇四国に対し其の共同宣言を受諾する旨通告せしめたり」の部分をはっきり聞くことができた。

「御聖断」の言葉でも判るように、この時天皇は「神聖にして犯すべからざる」存在であった。天皇御自身が決意を述べられる時、「承詔必謹」の伝統が実現したのである。

一九四一年一二月八日、日本政府はいかなる目算をもって世界大戦に突入したのであろうか。東条首相はこの時、「男児たる者、一生に一度は清水の舞台から飛び降りる勇気が必要である」と述べた。連合艦隊司令長官山本五十六は、平生、ブリッジが趣味であったという。軍令部の反対を押し切っての真珠湾攻撃は、当時は絶賛されたが、この賭博的な攻撃は、後の戦局から見てマイナスではなかったか。ともかく、日本軍の戦闘開始は、両世界大戦におけるドイツの危険な冒険Risikoに似ている。当時の日本政府・軍部は、米英との戦争が冒険であると意識していたとしても、勝利は確信していた。それはナチス・ドイツが、まもなくソ連を打倒し、英国の敗退も間近いと信じたからである。だがその時すでに、ソ連軍の反撃によって、ドイツ軍の敗退が始まっていた。この状況は、例えばスウェーデン駐在大使館付武官の小野寺中佐が、正確な情報を本国に送っていたが、全く信用されず、ナチスの巧みな宣伝のみに頼っていた。「彼を知り、己を知れば百戦殆からず」

の金言は守られず、「必勝の信念」のみが強調されて、敗北の道を歩んでいたのである。

【参考文献】

1. Otfried Nippold, Der deutsche Chauvinismus, Berlin 1913

2. Otfried Nippold, hrsg. von Harald Kleinschmidt, eingeleited von Akio Nakai, Die Wahrheit über die Ursache des Europäischen Krieges, Japan, der Beginn des Ersten Weltkrieges und die völkerrechtliche Friedenswahrung, München 2005

3. Klaus Hildebrand, Das vergangene Reich, Deutsche Außenpolitik von Bismarck bis Hitler, Stuttgart, 1995

4. Erich Fromm im freien Gespräch mit H.J. Schulz, in: Schulz (hrsg.) Der 20. Juli, Stuttgart 1974, S. 8–24

あとがき

『歴史家の調弦』をおとどけする。史学科では、『歴史家』シリーズをほぼ五年ごとに刊行してきており、そろそろ新しいものをということと、「序にかえて」で、笹川前学科長が述べられているように、この五年あまりの間に史学科の教員の顔ぶれが大きくかわり、一年次生の「入門ゼミ」のテキストとして用いる以上、「入門ゼミ」を担当する教員の論文がないのはいかがなものかということのふたつが、いわば強迫観念のようにのしかかっていた。前回につづいて幹事を担当することになった私としては、編集作業が、ともかくもこの文章を書く段階に達したことに、少し安堵している。

「調弦」という書名に関しては、「序にかえて」で、提案者である笹川前学科長が説明されているが、ただ、「仮題」として執筆予定者にお示しした時点で、反対意見が寄せられるなど、すんなりと決まったわけではない。結局入稿まで「仮題」のままひきのばし、御心配をおかけすることになった。なお、候補となっていたのは「饗宴」「船出」「旅路」であるが、五年後のためにここに記録として残しておくことにする。「調弦」は、SUP上智大学出版で本企画の審査にあたった審査員や、SUPおよび㈱ぎょうせいの担当者にも、ユニークだとして当初から評判がよかった由である。

「ちょうげん」の「げん」の漢字表記には、弓偏の「弦」と、糸偏の「絃」とがある（なお、「絃」

は現在常用漢字ではない)。「ちょうげん」は、擦る弓の張り具合を調整することではなく、擦られる楽器の糸の音程を調整することと解されるから、「弦」より「絃」と書いたほうがわかりやすかろう。また雅楽の優雅な調べが聞こえてきそうな「管絃」の語もあり、常用外のしばりがなければ、「絃」の方を使いたい向きもおられるかもしれない。ただ、一定の先入観を補強するような、わかりやすい説明が「真実」を伝えているかというと、必ずしもそうであるとは限らない。

それでは「弦」と「絃」とでは、どちらが由緒正しい字なのであろうか。段玉裁の『説文解字』注の「弦」の項をみると、「弓の弦は糸で作って弓に張る。そこで琴瑟に張る場合も弦という。俗に絃と書くのは誤りである」とある。「絃」は『説文解字』に載っている由緒正しい字ではなく、上記のようなわかりやすさから、後の世に広まったものらしい。この段玉裁の断案によって、本書のタイトルは「調弦」で決定なのであるが(めでたし、めでたし)、それでも気になるのが「絃」の広まった時期である。

北宋陳彭年による韻書『広韻』や、清の『康熙字典』の両者に、権威のあるものとして引用されているのが、唐の張参の『五経文字』(八世紀後半の作)であり、「弦」に関して、「琴瑟の場合もこの字を使う。絃と書くのは誤りである」とある。この八世紀後半の時点で「絃」が広く用いられており、識者が問題視していたことが推測される。また、段玉裁もこの張参の見解に信頼を寄せていたのであろう。少しさかのぼって、唐の玄宗に仕えた顔元孫の『干禄字書』では、「弦」と「絃」を上下に並べ、「上は弓弦、下は琴絃」と注記している。この書によって字体を書き分ければ、禄を干(求)める、つまり仕官するのに役に立つという触れ込みの、いわば受験参考書である本書は、

「絃」の普及に一役買った可能性が高い。

「絃」が広く用いられるようになると、儒教の経典などで、もともと「弦」であったものが、文脈上わかりやすい場合は、「絃」と筆写されることもあったであろう。そして、宋以降活発になった印刷によって「絃」が固定化されると、「絃と書くのは誤りである」という「真実」を唱える正論を貫徹することは、実際上困難になったのかもしれない。『広韻』では、「絃」はまだ「弦」の俗字として扱われていたが、『康熙字典』では、先述の『五経文字』の張参の見解を引用した直後に、按文（編者の意見）を付して「経典では弦と絃は通用する」とし、その例として、『礼記』楽記篇と、『論語』陽貨篇の文をあげているのである。こまかくなるので、引用は省略するが、当該箇所を念のため清の阮元の『十三経注疏校勘記』（『礼記』『論語』など儒教の十三の経典の、テキストクリティークをおこなった著作）で確認すると、『礼記』に関しては、明の李元陽が福建で刊行した、いわゆる「閩本」が、『論語』に関しては、日本にのみ伝存し清の時逆輸入された、南朝梁の皇侃の『論語義疏』が、それぞれ「弦」ではなく「絃」となっていることが指摘されている。こうして、経典以外でも、一般に「弦」と「絃」が通用するという観念が定着していったのであろう。

今回の『調弦』も、従来と同様に企画については、SUP上智大学出版の御支持を、そして編集作業では㈱ぎょうせいの御協力を得ることができた。末筆ながら、ここに心からの感謝の意を表したい。

二〇一九年五月　天皇即位改元にともなう大型連休の余韻のなかで　山内弘一

『歴史家の工房』目次

『歴史家の散歩道』目次

『歴史家の窓辺』目次

通じて」『現代史研究』58号、2012年。『名著で読む世界史120』（共著）山川出版社、2016年。

中井晶夫（なかい・あきお） 1927年生。1956年上智大学大学院西洋文化研究科修士課程修了。1965年スイス連邦ベルン大学博士課程修了、Ph.D. 1997年上智大学名誉教授。主著：『ドイツ人とスイス人の戦争と平和―ミヒャエリスとニッポルト』南窓社、1996年。"Preussen, Die Schweiz und Deutschland aus japanischer Sicht," München 2014.

豊田浩志（とよた・こうじ） 1947年生。1977年広島大学大学院文学研究科博士課程単位取得退学。1997年広島大学博士（文学）。現在、上智大学名誉教授。主著：『キリスト教の興隆とローマ帝国』南窓社、1994年。『モノとヒトの新史料学』(編著) 勉誠出版、2016年。「312年のコンスタンティヌス軍」『軍事史学』54-2、2018年。

中川亜希（なかがわ・あき） 1974年生。2007年東京大学大学院人文社会系研究科博士課程単位取得退学。2008年イタリア共和国ボローニャ大学博士課程修了、Ph.D. (歴史学、古代史)。現在、上智大学文学部史学科准教授。主著：『ラテン語碑文で楽しむ古代ローマ』（共著）研究社、2011年。『ローマ帝国と地中海文明を歩く』（共著）講談社、2013年。『古代地中海の聖域と社会』（共著）勉誠出版、2017年。

藤崎　衛（ふじさき・まもる） 1975年生。2011年東京大学大学院人文社会系研究科博士課程修了。博士（文学）。現在、上智大学文学部史学科准教授。主著・訳書：『中世教皇庁の成立と展開』八坂書房、2013年。『ヴァチカン物語』（共著）新潮社、2011年。G・バラクロウ『中世教皇史』八坂書房、2012年。M・ケルナー他『女教皇ヨハンナ』（共訳）三元社、2015年。

坂野正則（さかの・まさのり） 1976年生。2010年東京大学大学院人文社会系研究科博士課程単位取得退学。2012年東京大学博士（文学）。現在、上智大学文学部史学科准教授。主著：*Religious Interactions in Europe and the Mediterranean World: Coexistence and Dialogue from the Twelfth to the Twentieth Centuries*,（共著）Routledge, 2017.『商業と異文化の接触　中世後期から近代におけるヨーロッパ国際商業の生成と展開』(共著) 吉田書店、2017年。『地中海を旅する62章　歴史と文化の都市探訪』（共著）明石書店、2019年。

吉野恭一郎（よしの・きょういちろう） 1977年生。2011年上智大学大学院文学研究科博士後期課程単位取得退学。2014年上智大学博士（史学）。現在、駒場東邦中学校高等学校ほか非常勤講師。主著・主論文：「1920年代におけるジークフリート・クラカウアーの思想：エルンスト・ブロッホとの比較を科講師。主著・主論文・訳書：「アレクサンダー・フォン・シーボルトと黄禍論」『上智史学』第57号、2012年。国立歴史民俗博物館編『シーボルト日本博物館の概要と解説』（共訳）国立歴史民俗博物館、2018年。国立歴史民俗博物館編『異文化を伝えた人々』（共著）臨川書店、2019年。

大澤正昭（おおさわ・まさあき） 1948年生。1975年京都大学大学院文学研究科博士課程単位取得退学。1997年京都大学博士（農学）。現在、上智大学名誉教授、（公財）東洋文庫研究員。主著：『唐宋変革期農業社会史研究』汲古書院、1996年。『主張する〈愚民〉たち』（共著）角川書店、1996年。『唐宋時代の家族・婚姻・女性』明石書店、2005年。『南宋地方官の主張』汲古書院、2015年。

宮古文尋（みやこ・ふみひろ） 1979年生。2014年上智大学大学院文学研究科博士後期課程修了。2014年上智大学博士（史学）。現在、上智大学文学部史学科ほか非常勤講師。主著：『清末政治史の再構成——日清戦争から戊戌政変まで——』汲古書院、2017年。『悪の歴史（東アジア編【下】南・東南アジア編）』（共著）清水書院、2018年。『ハンドブック近代中国外交史——明清交替から満洲事変まで』（共著）ミネルヴァ書房、2019年。

笹川裕史（ささがわ・ゆうじ） 1958年生。1986年広島大学大学院文学研究科博士課程後期中退。2002年広島大学博士（文学）。現在、上智大学文学部教授。主著：『中華民国期農村土地行政史の研究―国家・社会間関係の構造と変容』汲古書院、2002年。『銃後の中国社会―日中戦争下の総動員と農村』（共著）岩波書店、2007年。『中華人民共和国誕生の社会史』講談社メチエ、2011年。

安田 慎（やすだ・しん） 1983年生。2012年京都大学大学院アジア・アフリカ地域研究研究科五年一貫博士課程修了、博士（地域研究）。現在、高崎経済大学地域政策学部観光政策学科准教授。主著・主論文：『イスラミック・ツーリズムの勃興 宗教の観光資源化』ナカニシヤ出版、2016年。Religious Tourism in Asia: Tradition and Change through Case Studies and Narratives. Wallington: CABI, 2018（Razaq Raj & Kevin Griffinとの編著）。

執筆者紹介（掲載順）

北條勝貴（ほうじょう・かつたか） 1970年生。2000年上智大学大学院文学研究科博士後期課程単位取得満期退学、文学修士。現在、上智大学文学部史学科教授。主著：『環境と心性の文化史』上・下（共編著）、勉誠出版、2003年。『寺院縁起の古層』（共編著）、法藏館、2015年。『パブリック・ヒストリーの可能性』（共編著）、勉誠出版、2019年など。

中澤克昭（なかざわ・かつあき） 1966年生。1995年青山学院大学大学院文学研究科史学専攻博士後期課程退学。1999年博士（歴史学・青山学院大学）。現在、上智大学文学部史学科教授。主著：『中世の武力と城郭』吉川弘文館、1999年。『人と動物の日本史〈2〉 歴史のなかの動物たち』（編著）吉川弘文館、2009年。『真田氏三代と信濃・大坂の合戦』吉川弘文館、2016年。『肉食の社会史』山川出版社、2018年。

川村信三（かわむら・しんぞう） 1958年生。1999年アメリカ合衆国ジョージタウン大学博士課程修了。博士号（Ph.D. in History）を取得。現在、上智大学文学部史学科教授。主著・主論文：「『こんちりさんのりやく』の成立背景と意義—キリシタンの精神的支柱としての特異性—」『総合文化研究所紀要』9号、2001年。『キリシタン信徒組織の誕生と変容』教文館、2003年。「戦国および近世初期日本におけるキリスト教と民衆—キリシタン興隆原因の再検討—」『歴史評論』690号、2007年。『戦国宗教社会＝思想史』知泉書館、2011年。『キリシタン大名高山右近とその時代』教文館、2016年。

長田彰文（ながた・あきふみ） 1958年生。1992年一橋大学大学院法学研究科博士課程単位取得退学。1994年一橋大学博士（法学）。現在、上智大学文学部史学科教授。主著：『セオドア・ルーズベルトと韓国』未来社、1992年。『日本の朝鮮統治と国際関係』平凡社、2005年。『世界史の中の近代日韓関係』慶應義塾大学出版会、2013年。

堅田智子（かただ・さとこ） 1987年生。2017年上智大学大学院文学研究科史学専攻博士後期課程修了、博士（史学）。現在、流通科学大学商学部経営学

歴史家の調弦

2019年7月31日　第1版第1刷発行
2024年9月30日　　　　第2刷発行

編　者：上智大学文学部史学科

発行者：アガスティン　サリ
発　行：Sophia University Press
上　智　大　学　出　版
〒102-8554　東京都千代田区紀尾井町7-1
URL：https://www.sophia.ac.jp/

制作・発売　㈱ぎょうせい
〒136-8575　東京都江東区新木場1-18-11
URL：https://gyosei.jp
フリーコール　0120-953-431
〈検印省略〉

Printed in Japan
印刷・製本　ぎょうせいデジタル㈱
ISBN978-4-324-10670-9
(5300292-00-000)
［略号：(上智) 歴史家の調弦］

Sophia University Press

上智大学は、その基本理念の一つとして、
「本学は、その特色を活かして、キリスト教とその文化を研究する機会を提供する。これと同時に、思想の多様性を認め、各種の思想の学問的研究を奨励する」と謳っている。

大学は、この学問的成果を学術書として発表する「独自の場」を保有することが望まれる。どのような学問的成果を世に発信しうるかは、その大学の学問的水準・評価と深く関わりを持つ。

上智大学は、(1) 高度な水準にある学術書、(2) キリスト教ヒューマニズムに関連する優れた作品、(3) 啓蒙的問題提起の書、(4) 学問研究への導入となる特色ある教科書等、個人の研究のみならず、共同の研究成果を刊行することによって、文化の創造に寄与し、大学の発展とその歴史に貢献する。

Sophia University Press

One of the fundamental ideals of Sophia University is "to embody the university's special characteristics by offering opportunities to study Christianity and Christian culture. At the same time, recognizing the diversity of thought, the university encourages academic research on a wide variety of world views."

The Sophia University Press was established to provide an independent base for the publication of scholarly research. The publications of our press are a guide to the level of research at Sophia, and one of the factors in the public evaluation of our activities.

Sophia University Press publishes books that (1) meet high academic standards; (2) are related to our university's founding spirit of Christian humanism; (3) are on important issues of interest to a broad general public; and (4) textbooks and introductions to the various academic disciplines. We publish works by individual scholars as well as the results of collaborative research projects that contribute to general cultural development and the advancement of the university.

A Historian's Rehearsal:
Approaching the Past through Historical Evidence.

published by Sophia University Press

production & sales agency : GYOSEI Corporation, Tokyo
ISBN978-4-324-10670-9
order : https://gyosei.jp